国家自然科学基金项目（编号：70973072）
山西省高等学校重点学科建设项目（编号：20101017）
山西省自然科学基金项目（编号：2008011035）
山西省软科学研究项目（编号：2009041011－03）
山西省研究生立项优秀创新项目（编号：20093094）

经济管理学术文库 • 其他类

基于信息技术的房地产评价方法与应用研究

Study on Appraisal Methods and Application of Real Estate Based on Information Technology

赵华平 / 著

经济管理出版社
ECONOMY & MANAGEMENT PUBLISHING HOUSE

图书在版编目（CIP）数据

基于信息技术的房地产评价方法与应用研究/赵华平著.—北京：经济管理出版社，2012.3

ISBN 978-7-5096-1809-7

Ⅰ.①基… Ⅱ.①赵… Ⅲ.①信息技术—应用—房地产—研究—中国 Ⅳ.①F299.233.5

中国版本图书馆 CIP 数据核字（2012）第 033478 号

出版发行：经济管理出版社
北京市海淀区北蜂窝 8 号中雅大厦 11 层
电话:(010)51915602　　邮编:100038

印刷：三河市延风印装厂　　经销：新华书店

组稿编辑：张丽生　　责任编辑：张　达
责任印制：杨国强　　责任校对：李玉敏

720mm×1000mm/16　　13.25 印张　217 千字
2012 年 3 月第 1 版　　2012 年 3 月第 1 次印刷
定价：38.00 元
书号：ISBN 978-7-5096-1809-7

前　言

随着科学技术的发展，信息技术对传统产业的渗透正在使传统产业自身发生着质的变化，房地产业与信息化的结合成为现代房地产业的重要标志之一。正如微软公司创始人比尔·盖茨所说："房地产业将会由于技术的进步而发生改变，这种改变已经开始并以极快的速度进行，只有意识到这一点的人，才能在房地产业生存下去。"信息技术使得数字化房地产的评价方法与应用成为重要的研究方向。为此，我们整理了多年来在房地产评估理论、方法、技术和应用研究领域的一些成果，形成了这本《基于信息技术的房地产评价方法与应用研究》。本书重点讨论了基于信息技术的房地产价格评估方法，包括房地产价格影响因素分析、房地产价格评估方法、房地产业信息化发展评价方法、房地产业可持续发展评价方法，从应用角度介绍了金融环境和居民收入预期对住房价格的影响、基于GIS的城镇数字化地产评估系统、基于3S技术的数字化房地产动态评估系统、山西省房地产业可持续发展评价，并从对策建议角度介绍了山西省住房价格变动对居民消费的影响、山西省房地产业信息化发展现状与对策、我国房地产业可持续发展的现状与对策。

在本书的写作过程中，我们坚持理论方法与实践应用、全面系统与学术创新的有机结合，将作者多年来参与的国家自然科学基金项目《城市不动产动态与预期评估模型研究》和《不动产价与回报混合评估系统研究》、山西省高等学校重点学科建设项目《矿产城市不动产动态分析与评价系统研究》、山西省自然科学基金项目《不动产价与回报的非线性二维双层嵌套随机系统建模研究》、山西省教育厅高校高科技开发项目《城镇数字化地产评估系统》和作者主持的山西省软科学研究项目《山西房地产业信息化发展的现状分析与对策研究》、山西省研究生立项优秀创新项目《山西房地产业可持续发展动态评价体系研究》等研究成果进行了系统的汇总，以房地产价格评估、房地产业信息化评价、房地产业可持续发展评价为主线来组织内容，努力提高本书的理论知识和实践指导。

衷心感谢导师张所地教授。导师在课题研究过程中对于研究框架、创新点的突破及具体的研究细节给予了精心而详细的指导，为本书的写作奠定了基础。

衷心感谢吉迎东、史建中、赵文、李斌、郝志鹏、谭立元同志在参与实证研究中的辛勤付出和智慧贡献。

衷心感谢秦作栋教授、张克军教授、任利成教授、王纪山教授、牛冲槐教授、王文寅教授、孔富安教授、王拉娣教授对实证研究部分的指点。

本书可以作为房地产评估研究人员的方法技术指导，也可以作为高等院校管理科学与工程专业研究生和本科生的教学参考，对房地产领域管理人员也有一定的参考价值。

本书引用了许多相关的研究成果，我们都尽可能标注清楚，但由于编者水平有限，加之时间仓促，书中难免存在不足和错漏之处，敬请广大读者批评指正，为本书的进一步完善提出宝贵意见和建议。

赵华平

2012 年 1 月 9 日

目　录

第一章　绪　论

随着科学技术的发展，信息技术对传统产业的渗透正在使传统产业自身发生着质的变化，房地产业与信息化的结合成为现代房地产业的重要标志之一。信息技术使得传统的房地产评价方法和技术受到挑战，使得传统的房地产静态评估向动态预期评估转变为现实。

第一节　研究背景、目的和意义

计算机技术、遥感（RS）、全球卫星定位系统（GPS）、地理信息系统（GIS）、网络技术等技术的发展，使得信息技术成为城市管理决策的手段和平台。房地产业作为关系国计民生的重要产业，如何在信息化平台上实现数字化处理，如何对数字化房地产进行评估及应用研究，为政界、学界、商界提供决策参考，已经成为国内外学术研究迫切需要解决的问题。

一、研究背景

（一）房地产业在国民经济中起着举足轻重的作用

房地产业最显著的特点是产业链长，关联度大，能直接或间接带动上下游 60 多个产业的发展。据一些发达国家统计，房地产业的产值每增加 1 个百分点，能使相关产业的产值增加 1.5~2 个百分点。在我国，每增加 1 亿元的住宅投资，其他 23 个相关产业相应增加投入 1.479 亿元。[①] 房地

① 曹振良等. 房地产经济学通论. 北京：北京大学出版社，2003，6：9-20.

产业作为国民经济的基础产业和支柱产业，对我国的经济发展起着举足轻重的作用。自1998年住房制度改革以来，房地产业增加值在GDP中所占比重呈上升趋势，由1998年的4.1%提高到2009年的5.5%，房地产业在国民经济发展中发挥重要作用。以2009年不变价计算，1998~2009年，房地产开发投资对经济增长的贡献率平均为10.4%，拉动经济增长平均为1个百分点。其中，在2008年国际金融危机爆发的情况下，房地产业对经济增长的贡献率仍高达10.6%，拉动经济增长1.03个百分点。在克服危机冲击最为关键的2009年，房地产业对经济增长的贡献最高，堪称中流砥柱，贡献率达到19.4%，拉动经济增长1.77个百分点。可见，房地产业已经为国民经济发展提供了强有力的保障。

（二）信息技术使得房地产评估的方法和手段发生了革命性的改变

房地产的区位性决定了房地产评估需要对大量的空间数据进行搜集和处理，而3S（GIS、RS、GPS）技术在空间数据的实时精确获取和一体化管理方面有显著的优势，因此，3S技术可以很好地实现房地产空间数据处理由传统的、费时的人工室外勘测房地产空间信息向现代的、简捷的电子室内图上作业的转变。同时，利用3S技术可以很好地实现城市规划预期的数字化模拟，将原来不考虑预期作用的房地产静态评估转变为动态的预期评估方法，提高评估结果的科学性和准确性。计算机技术和网络技术使得房地产评估数据的获取和处理有了更加便捷高效的工具和手段，可以足不出户地利用数据库共享手段采集海量的房地产评估数据，进行呈几何级数增长的数据处理和计算，并得到高精度的处理结果。因此，信息技术使得房地产评估由经验评估向科学评估、由静态评估向动态预期评估、由大量的室外勘测向简捷的室内作业、由低效的人工程序向高效的电子程序转化，促进了房地产评估的规范化、现代化和科学化。

二、研究的目的和意义

在信息化平台上，数字化城市和数字化房地产技术可以使得房地产评估由室外勘测大部分转变为简捷的室内图上作业，可以实现历史数据的数据库存储管理、规划预期的数字化模拟、城市建设信息的动态及时更新，

为房地产静态评估转变为动态预期评估提供技术支持。本书是将作者多年来在参与国家自然科学基金、山西省自然科学基金、山西省高校高科技开发项目和主持山西省软科学基金、山西省优秀研究生创新项目等研究中形成的部分成果进行了系统性的汇总，试图形成信息化平台上的现代房地产评估理论体系和评估技术指引，对房地产评估理论方法进行拓展和创新。因此，本书具有重要的学术价值。

房地产评估是房地产宏观调控、投资、消费决策的重要依据。我国住房和城乡建设部政策研究中心主任陈淮指出："在过去 10 年，中国的房地产业是全世界最活跃、规模最大、最有生命力的房地产市场，未来 5~10 年或者更长一段时间，中国的房地产业仍然是全世界最大的市场，仍然是全世界需求增长速度最快的市场，仍然是全世界需求方的购买力增长速度最高的市场。"[①] 我国作为拥有全世界最大房地产市场的国家，进行基于信息化的房地产评估方法研究，为房地产宏观调控、投资、消费提供决策参考，具有更重要的现实意义。

第二节 国内外房地产评价研究综述

1662 年，英国古典政治经济学的创始人威廉·配第在其著作《赋税论》中指出："劳动是财富之父，土地是财富之母。"他第一次提出了级差地租的概念并对级差地租、土地价格等做了初步阐述，开创了早期房地产业理论研究的先河。20 世纪 20 年代以来，西方主要国家进入城市化高速发展时期，房地产业出现空前繁荣，推动了房地产评价研究的发展。我国的房地产业研究始于 20 世纪 30 年代，标志性的成果就是 1930 年章植的著作《土地经济学》的出版，后来，关于地价、房地产的一系列著作相继出版。新中国成立后，我国消灭了土地私有制，否定了土地和房屋的商品属性，房地产业不复存在，房地产业的研究也受到冷落。自十一届三中全会以来，房地产业在我国逐渐恢复和发育，在房地产业的理论研究方面也开始了探索性研究，尤其是 1992 年房地产热的兴起，使得我国房地产评价理

① 陈淮. 2010 蓝筹地产峰会报告，2010.11.

论研究逐渐活跃起来。

一、房地产价格评估综述

房地产价格评估方法的发展大体上可以分为以下三个阶段：第一阶段是土地经济学派的兴起，奠定了土地价值论基础。这一时期的代表著作有 Irving Fisher（1923）出版的《房地产原理》、Frederick M. Bobcock（1924）出版的《房地产估价》、Richard T. Ely 和 Moorehouse（1925）出版的《土地经济学基础》。第二阶段是 Arthur J. Mertzke（1927）出版的论著《房地产估价过程》，将价值理论与评估理论紧密结合，指出在完全竞争的均衡条件下，正常价值、长期成本和资本效益价值之间可互为等值，这一思想成为房地产价值评估中不同估价方法相互验证的理论基础。第三阶段的代表人物是 K. Lee Hyder、Harry Grant Atkinson、George L. Schmutz，他们分别推广和发展了市场法、收益法和成本法中价值评估技术，特别是 George L. Schmutz（1941）在《估价过程》中构造的估价模型被美国房地产估价师协会于 1951 年收录在首次发表的《房地产估价》一书中，该书已再版 11 次，成为西方房地产界最有权威的房地产估价专著。

从 20 世纪 60 年代起，房地产评估研究向各种不同的层面和方向延伸拓展，由经验、定性、静态向科学、定量、动态拓展，由单一、线性向综合、非线性拓展。Ridker（1967）使用特征价格模型计算了环境质量的改善对住宅价格的影响，成为第一个把特征价格理论应用到房地产价格分析的学者；Rosen（1974）以住宅市场为例，从隐含市场、特征价格方程、需求结构以及福利分析等方面进行了规范分析；Allen C. Goodman（1978）、Halvorsen & Pollakowshi（1981）、Milton（1984）、Coulson & Robins（1987）、Cropper（1988）提出在特征价格函数形式选择中应优先考虑 Box-Cox 变换；Blackley（1984）、Dagenais（1987）提出对特征价格模型应用二次 Box-Cox 变换以选择更加灵活的函数形式；Stocker（1992）首次提出应用平均偏差估计（ADE）对特征价格模型进行评估；Pace（1995），Anglin（1996），Pavlov（2000），Helen X. H. Bao、Alan T. K. Wan（2004），Daniel J. Henderson、Subal C. Kumbhakar、Christopher F. Parmeter（2005）提出对特征价格模型应用非参数估计和半参数估计；Bowes 和 Ihlanfeldt（2001）分析了不同区位的交通站点对附近住宅价格的影响；Fred

Hitzhusen & Alan Randall (2001)、Ioan Voicu & Vicki Been (2008) 利用特征价模型分析了公共环境对邻里房地产价格的影响；Sue-Jing Lin (2004) 和 Michael Iacono、David Levinson (2011) 分别利用特征价模型分析了学校和区位对周边住宅价格的影响。

彭新育、吴甫成 (1998) 结合我国的具体情况，指出 Hedonic 模型可以成为城市地价评估的手段之一；张所地 (1999) 以 Hedonic 理论为基础构建了城市土地定级估价综合模型，并对山西省古交市进行了土地的定级和基准地价评估；温海珍、贾生华 (2003)，王旭育 (2006) 分别对杭州市、上海市的住宅现实特征价进行了实证研究；郝前进 (2007) 利用特征价法研究了到 CBD 的距离和交通可达性对上海住宅价格的影响；王德、黄万枢 (2007)，石忆邵 (2010) 利用特征价模型研究了大型公园绿地对住宅价格的时空影响；徐莹 (2009) 以复旦大学为研究对象，利用特征价模型分析了大学对周边房地产价格的影响。

随着信息的日益丰富和计算机技术的不断发展，房地产估价领域在经典估价方法以外产生了房地产自动估价模式 (Automated Valuation Model)，该模式通过收集房地产交易信息和影响房地产价格的因素资料，建立资料库和数学模型，评估房地产价格或预测房地产价格走势，并能克服估价师主观、片面判断的缺点，因而得到了广泛应用。该模式的主要方法有多元回归估价法、神经网络估价法、空间统计估价法等。张所地 (1998) 提出了房地产评估的动态市场比较法和收益还原法，构建了城市土地定级估价综合模型，并应用计算机技术完成了古交市土地的定级估价更新评估工作；李玉英 (1999) 提出了应用神经网络预测地产价格的方法和流程；张协奎 (2000) 将灰色系统理论应用到地价评估中；孙芸 (2001) 提出应用层次分析法 (AHP) 进行房地产价格评估；张协奎 (2001)、施建刚 (2002)、张勇 (2004) 提出了应用模糊数学进行房地产价格评估；刘兴权 (2004) 探讨了 WebGIS 在房地产估价中的应用；胡石元、李德仁、刘耀林 (2006) 提出了基于云理论的房地产价格影响因素权重确定方法。

综上所述，国内外学者对于房地产价格评估方法早期集中在市场法、收益法和成本法的应用研究，现在更多的研究侧重于 Hedonic 模型的构建、参数估计和实证研究，也有部分学者提出了动态评估方法、神经网络预测法、灰色系统评价法、层次分析法、模糊数学综合评价法、云理论评价法等。这些研究一定程度上给出了基于信息技术的房地产评估方法，但却缺乏房地产价格的预期评估研究，缺乏信息技术在房地产评估方法中的具体应用研究。

二、房地产信息化评价综述

信息技术在美国、欧洲等房地产业的应用已很普及，行业发展的信息化程度较高，尤其是3S技术和智能信息技术已广泛应用于房地产业的各环节。例如，基于3S的房地产投资决策支持系统能够有效利用3S技术获取欲投资项目周围的交通区位条件和楼盘信息，从而有助于进行投资可行性分析，提供决策支持；基于3S的房地产管理信息系统将产权产籍、楼盘空间信息等有效地集成在一起，便于属性数据和空间数据的一体化管理；基于信息网络技术的房地产营销系统以低营销成本、高销售回报的方式进行着房地产的营销；基于智能信息技术的房地产设计开发使得各种智能化小区不断涌现。这些实际应用使得国外学者的多数研究集中在对美国、欧洲房地产业信息化发展中成功经验的总结以及房地产业信息化对促进可持续发展的作用等方面。

在我国，由于房地产业发展的时间不是很长，再加上房地产较强的地域性、产品异质性、土地成本隐性等特定的行业特性，决定了一般的用于传统制造业、商业的信息系统或者是信息平台的技术或产品对房地产相关的部门并不适用，因此，部分学者对我国房地产业信息化的发展现状进行了分析。例如，林增杰（2000）对于房地产领域实施信息化后在房地产消费、企业管理、开发商的发展战略等方面可能出现的管理模式的变革给出了充分的论证；赖明（2002）在理论层面从不同角度介绍了房地产领域信息化的现状和发展、技术和产品、行政与市场管理的经验、数字社区的应用和发展趋势；王要武（2002）从房地产企业、政府和网站建设等方面定性分析了我国房地产业信息化的现状，并通过国内外对比提出了我国房地产业信息化发展的趋势；张仁开（2009）阐述了我国房地产业信息化建设的现状特征，分析了建设中存在的问题及原因，并提出了相应的对策建议。还有部分学者对房地产业信息化标准体系的内容和编制原则提出了思路和建议，如Shang Chunming（2004）以住宅与房地产开发信息化标准、住宅与房地产服务信息化标准、住宅与房地产市场信息化标准、住宅与房地产管理信息化标准四个标准为基础构建了中国住宅与房地产业信息化标

准体系；马智利（2008）分析了我国房地产业信息化发展存在的制约因素，提出了对房地产业信息化进行全面建设，构建标准体系，并对标准体系的内容和编制思路进行了分析总结。也有学者对信息技术如何在房地产业发展中加以应用、我国企业应该如何发展信息化或电子政务进行了研究，如龙胜平（2002）比较深入地研究了房地产业信息化的实现技术；黄曼慧（2002）给出了电子商务在房地产业信息化中的具体应用，分析了房地产企业、行业协会和政府的作用；陆绍波（2006）以上海和青岛为例，对城市房地产信息化的总体框架、子系统构成进行了详细分析，并提出将数据挖掘技术应用于房地产市场供求分析和各类宏观数据的统计；黄曦（2008）分析了信息技术对房地产业的具体影响，并探讨了房地产业信息化标准体系，并对房地产企业办公自动化系统、管理信息系统、智能决策支持系统、电子商务系统等的系统构成进行了详细分析；迟旭锋（2007）从企业微观层面出发，构建了房地产企业信息化的评价体系，并利用 AHP 对指标的重要性进行了排序。

综上所述，国外的研究侧重于总结成功经验，国内的研究侧重于对我国房地产业信息化发展现状的分析、房地产业信息化标准体系的建设以及房地产企业信息化的实施等。从国内外的情况来看，该领域对于我国各省区的房地产业信息化发展现状以及如何开展信息化建设研究甚少。

三、房地产可持续发展评价综述

国外学者对于房地产业可持续发展的研究主要集中在房地产与环境的关系研究、绿色建筑的评价研究，以及可持续发展指标体系构建的研究等方面。Miles Keeping 和 David Shiers（2004）分析了房地产与环境的关系，提出了可持续资产发展理论。Thomas Lützkendorf 和 David Lorenz（2005）应用资产绩效评价理论对“可持续建筑”进行评价。Gary Pivo 和 Paul McNamara（2005）从房地产业的可持续投资理论出发，以投资回报的角度分析得出，房地产业的投资不仅要在经济上可行，而且要与社会和环境相协调，与政府的投资意向相吻合。

国内学者对于房地产业可持续发展的研究大多集中在评价指标体系的设计上，胡学锋（2000）从环境、经济和社会生活三大领域提出了房地产业可持续发展评价指标体系，其中环境领域包括农业用地被征面积增长率、土地开发面积增长率、土地有效利用率、全社会房屋使用效率、建筑垃圾与污水排放量、房地产开发小区绿化覆盖率6个指标；经济领域包括房地产业环保增加值、人均房地产业环保增加值、房地产企业环保总资产贡献率、房地产企业环保全员劳动生产率、房地产企业环保成本费用利润率、房地产增加值在GDP中的比重、房地产银行贷款偿还率、房地产价格总指数8个指标；社会生活领域包括城镇人口增长率、人均居住面积、居民住房成套率、居民居住密度、住房价格收入比、银行住房消费贷款增长率、房地产业从业人员增长率7个指标。郑应亨（2003）从经济、资源利用、环境状况、人口与社会、制度与科教5个方面建立了房地产业可持续发展评价指标体系，共72个指标，并给出了利用层次分析法进行评价的步骤。马茜桦（2006）在“状态—关系—反应”的概念框架下，采用目标层、准则层、领域层和指标层的结构模式从社会、经济、资源、环境四个子系统构建可持续发展的评价指标体系，并应用熵值法和秩和比法相结合对可持续发展水平进行了综合评价。尹子民（2007）利用层次分析法从经济评价因子、人口评价因子、社会评价因子、资源评价因子和环境评价因子5个方面构建了包括5类3层17项指标的房地产业可持续发展评价指标体系，并以大连市为对象，应用模糊数学的方法进行了评价分析。袁炜（2007）根据广州市房地产业的发展状况，建立了包含14个指标的广州市房地产业可持续发展评价体系，并用层次分析法对广州市房地产业可持续发展程度进行了评价。李堂军（2007）从房地产业的经济发展水平、对环境的影响和社会贡献程度三方面出发，建立了城市房地产业可持续发展程度的评价指标体系，并利用分层模糊评价方法对青岛市房地产业发展状况进行了综合评价。

综上所述，他们都从经济、社会、环境等方面提出了房地产业可持续发展评价指标体系，其中有些指标体系的构建仅仅是从理论的角度选取的，并没有考虑数据的可获得性，对于这种指标体系无法进行实证分析。有些指标体系的构建考虑了数据的可获取性，但其中仍包括一些需要专家打分才能进行计算的指标，即定性指标，这样虽然能够对城市进行实证研究，但难以克服主观人为的影响，降低了评价结果的客观性。对于评价模型的研究，多数采用层次分析法和模糊数学的方法，只能对城市房地产业的发展进行静态评价，而不能利用时间序列数据进行动态评价。

第三节 结构安排

本书在汇总作者关于房地产评价成果的基础上，以房地产价格影响因素分析、房地产价格评估方法和系统开发、房地产信息化评价、房地产可持续发展评价为主线进行了内容安排，以动态和预期评估方法为核心进行了基于信息技术的房地产评价方法的创新研究，以理论和实践相结合的思路进行了各部分内容的整理，试图形成数字化房地产的评估方法和应用研究，完善房地产评估理论，为政府部门推进我国房地产业可持续发展提供科学依据。

一、框架结构

房地产业的可持续发展需要建立在稳定的房价和先进的信息化建设水平基础之上。本书针对基于信息技术的房地产价格评估、房地产业信息化发展评价、房地产业可持续发展评价进行了方法的创新和应用研究，其框架结构如图 1-1 所示。从图中可以看出，房地产评价方法的建立是基于影响因素的分析和评价体系的构建，其目的是为了构建评价系统、对国家或地区的房地产价格、信息化建设、可持续发展水平进行评价研究，提出政府进行宏观调控的建议和房地产开发商、消费者投资消费决策的建议。

二、内容结构安排

本书共分为七章，以研究基于信息技术的房地产评价方法及应用为目标，以房地产价格评估、房地产业信息化发展评价、房地产业可持续发展评价为主要内容，以房地产价格影响因素分析、房地产信息化建设内容分析、房地产业可持续发展评价体系分析为解决途径，以构建城镇数字化地产评估系统、房地产价格动态评估系统和评价山西省房地产业信息化发展现状、山西省房地产业可持续发展现状等为应用价值，形成了内容结构安排的逻辑思路。

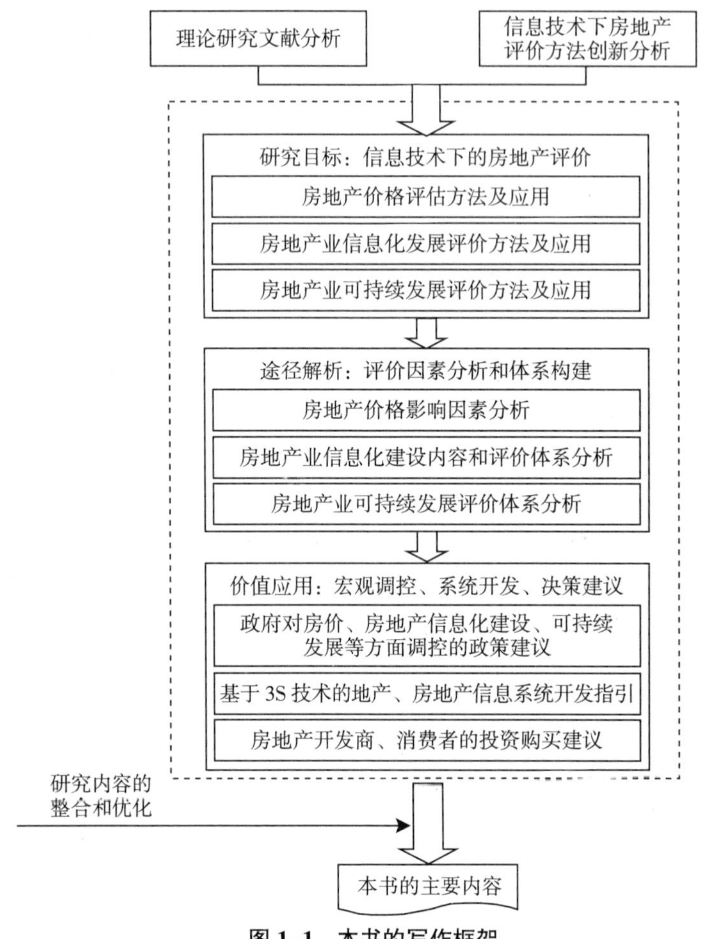

图 1–1　本书的写作框架

第一章为绪论，指出了本书研究的背景、目的、意义和国内外研究现状，以及结构安排、创新特色。

第二章为房地产价格影响因素分析，以国内外研究成果为基础，分析了宏观和微观影响因素与房地产价格的关系，并通过实例研究了金融环境、居民预期对房地产价格的影响，以及房地产价格变动对居民消费的影响。

第三章为房地产价格评估方法，通过介绍房地产静态市场比较法和静态收益还原法的原理和操作流程，总结了静态评估方法的缺陷，以此为解决目标，提出了动态市场比较法、动态收益还原法、房地产价格预期评估

方法的评估模型。

第四章为基于 GIS 的城镇数字化地产评估系统，以城市土地定级估价模型为核心，以基于信息技术的土地价格评估方法和手段创新为关键，给出了基于 GIS 的城镇数字化地产评估系统功能、特点、系统分析、设计和系统中信息技术 GIS 的主要应用。

第五章为基于 3S 技术的数字化房地产动态评估系统，以 3S 集成技术在房地产评估中的应用流程为主线，给出了基于 3S 技术的数字化房地产动态评估系统的总体结构、功能模块结构划分、软件结构和安全性设计。

第六章为房地产业信息化发展评价，通过对房地产业信息化建设内容的分析，构建了房地产业信息化评价指标体系，以山西省为例，进行了山西省房地产业信息化发展环境分析和发展现状分析，针对存在的问题提出了解决的对策建议。

第七章为房地产业可持续发展评价，从宏观上分析了我国房地产业可持续发展存在的问题和发展的对策建议，从微观上构建了房地产业可持续发展评价体系，以山西省为例，以动态灰色评价模型为方法，对山西省房地产业可持续发展现状进行了客观评价。

第八章为结论与展望，主要是对本书的主要观点和结论进行总结，并提出有待进一步研究的内容。

第四节 创新特色

本书在写作内容和结构安排上具有一定的创新特色，主要体现在以下三点：

一、结构安排上以途径、目标和应用为主线

本书围绕房地产价格评估、房地产业信息化发展评价、房地产业可持续发展评价三个主要内容，以途径、目标和应用为主线安排各部分内容。从房地产价格影响因素分析，到房地产价格动态和预期评估方法，再到城

镇数字化地产评估系统和房地产价格动态评估系统的功能设计和开发指引；从房地产业信息化建设内容分析，到房地产业信息化评价指标体系构建，再到山西省房地产业信息化发展现状分析与对策研究；从我国房地产业可持续发展存在的问题讨论房地产业可持续发展的内容，到房地产业可持续发展评价体系构建，再到山西省房地产业可持续发展现状分析。显然，每部分内容都遵循了途径、目标和应用的写作原则。

二、写作内容上以基于信息技术的房地产评价为核心

本书在写作内容上主要以基于信息技术的房地产评价方法与应用为核心。房地产价格评价部分进行了3S技术、计算机技术和网络技术下的房地产动态评价数据获取方法、处理方法、分析方法和结果输出方法的研究；房地产业信息化评价部分进行了房地产企业信息化建设、房地产行政管理部门信息化建设、智能化房地产开发建设的研究；房地产业可持续发展评价部分给出了计算机技术、网络技术、GIS技术下房地产经济效益、社会效益、环境效益、资源效益评价指标的数据获取方法分析。

三、写作方法上坚持理论分析与应用研究紧密结合

本书在写作方法上最突出的特点就是理论分析与应用研究紧密结合。以金融环境、居民预期对房地产价格的影响和房地产价格变动对居民消费的影响作为房地产价格影响因素分析的应用研究；以基于GIS的城镇数字化地产评估系统和基于3S技术的城镇数字化房地产动态评估系统作为房地产评估方法的应用研究；以山西省房地产业信息化发展现状分析和对策研究作为房地产业信息化评价的应用研究；以山西省房地产业可持续发展现状分析作为房地产业可持续发展评价的应用研究。

第二章　房地产价格影响因素分析

房地产价格是在多种影响因素的综合作用下表现出来的使用价值货币形式，这些影响因素不仅包括国家的宏观经济形势、制度政策出台、金融工具使用、投资心理预期等，而且包括城市的交通条件、基础设施、环境状况、城市规划、建筑结构等。综观国内外研究现状，对房地产价格与影响因素的关系研究主要有两大类：一是研究宏观因素与房地产价格的关系，包括货币、存款准备金率、首付款比例等金融面因素，税费、土地供应量等政策面因素，GDP、物价指数、居民收入、利率等经济面因素，人们心理预期等行为面因素与房地产价格的关系；二是分析微观因素对房地产价格的影响程度，包括与商业中心、交通站点的距离等房地产可及性之区位变量，空气质量、噪声污染、治安状况、公共设施、人文因素等邻近地区之环境变量，房屋年龄、建筑结构、朝向、楼层、景观等房地产本身的结构变量对房地产价格的作用。下面将以国内外研究成果为基础，介绍影响因素与房地产价格的关系，并通过实例研究金融环境、居民预期对房地产价格的影响，以及房地产价格变动对居民消费的影响。

第一节　房地产价格与宏观因素的关系

宏观因素对房地产价格的作用主要体现在同一时间不同地区房地产平均价格存在差异、同一地区不同时间房地产平均价格发生变动、同一地区不同时间不同类型房地产平均价格变动水平不同等方面，它是影响城市房地产价格总体走势的重要指标。

一、金融面因素与房地产价格的关系

对金融面因素与房地产价格的关系研究主要集中在三个方面：一是货币政策与房地产价格的关系分析；二是信贷政策对房地产价格的影响分析；三是房地产价格与股票价格的关系研究。

（一）货币政策与住房价格的关系分析

货币政策的调整主要包括货币供应量的变动和存款准备金率的调整。货币供应量变动会导致利率的变动，从房地产供给的角度而言，由于投资者通常会有一部分房地产开发贷款，所以，存款利率上升导致机会成本上升，贷款利率上升导致开发成本上升，从而引起房地产价格上涨；从房地产需求的角度而言，由于房地产的价值量大等特点，使得房地产购买通常是自有资金和抵押贷款的结合，贷款利率上升会导致还贷压力增加，部分消费者会选择延迟消费或放弃消费，存款利率上升又会使部分消费者由房地产消费转向选择银行存款，从而引起房地产需求减少，在供给缺乏弹性的条件下，房地产价格下跌。在供求机制作用下，短期和长期的房地产价格变动存在差异。如宋勃、高波（2007）通过我国 1998~2006 年的数据分析表明，短期内中央银行实际贷款利率、存款准备金实际利率、一年期存款实际利率和一年期商业贷款实际利率对房价存在负向影响，一年期商业贷款实际利率对地价存在负向影响；长期内一年期存款实际利率对房价存在负向影响，而一年期商业贷款实际利率对房价存在正向影响。

还有一种观点认为，房地产价格与货币供应量之间存在强相关性，但影响程度的大小取决于所处的房地产周期阶段。如 Goodhart 和 Hofmann（2008）通过对 1970~2006 年 17 个工业国家的季度数据分析，结果表明货币变量与住房价格之间有强烈的相关性，且在住房市场处于繁荣期时，货币和信用对住房价格的冲击影响更为显著。Ahearne 和 Ammer（2005）通过对 20 世纪 70 年代以来 18 个主要工业国家住房实际价格的涨跌分析发现，宽松的货币政策之后会出现房地产价格的繁荣，之后逐渐减弱的宽松和逐步上升的通胀会使得货币当局在住房价格达到最高点之前开始实施紧缩性的货币政策。

中央银行调整法定存款准备金率主要是通过限制金融机构的信贷扩张

来实现货币调控的目的。存款准备金率上调会使得金融机构放贷资金减少，房地产企业获得融资和房地产消费者获得抵押贷款难度加大，房地产开发和消费速度放缓。如金一鸣、徐鑫鑫（2006）提出存款准备金率的提高能够控制房地产开发和消费贷款的增长速度，抑制房地产市场泡沫的产生，但是提高存款准备金率只能给内资企业施加压力，无法影响外资对房地产市场的注入，所以不能将其作为单一的调控手段。但也有学者提出存款准备金率调整对房地产市场没有显著影响，如杨兆廷、庞如超（2009）提出利率上调会抑制房地产行业的投资增长，而存款准备金率的上调却对投资增长没有明显作用。

（二）信贷政策对房地产价格的影响分析

信贷政策对房地产价格的影响主要通过房地产贷款首付款比例、开发贷款规模、贷款期限、贷款优惠等的调整使得房地产价格变动。宽松的信贷政策使得房地产投资和消费更加容易，房地产市场相对活跃，房地产价格趋于上涨。如 Pavlov 和 Wachter（2006）发现冒进贷款工具的供应由于使得投资者更容易获得贷款而使得潜在住房市场的资产价格上升。张宇、吴璟和刘洪玉（2010）通过对北京、上海、天津等 10 个城市的住房信贷政策与住房价格的面板数据分析发现，开发贷款规模对房价短期偏离具有正向推动作用，其作用大小取决于当地住房市场的活跃程度，且这种作用通常在开发周期完成后才能显现。强林飞、贺娜、吴诣民（2010）通过分析得出，房地产价格与银行信贷总额之间存在双向的因果关系，而与银行贷款利率之间存在单向的 Granger 因果关系。

（三）房地产价格与股票价格的关系研究

房地产价格与股票价格的变动，直接影响着投资者在房地产领域与股票市场上的投资方式选择，这种选择主要取决于投资者对经济的预期，通常二者价格的变动存在显著的同向趋势。如 Ye Sun 和 Na Liu（2009）提出中国的房地产价格和股票价格之间存在长期均衡关系，且互为格兰杰原因。Sim 和 Chang（2006）将韩国的房地产价格与股票价格通过两种转换机制转变为财富效应与信用价格效应，通过分析表明，房地产价格是股票价格的格兰杰原因，而股票价格却不是房地产价格的格兰杰原因。同时，当房地产价格受到一个突然的冲击后，股票价格会立刻显现出正向的反应。胡宗义、刘亦文、戴钰（2009）发现中国房地产市场与股票市场之间存在较高的正相关性，影响股价指数和房价指数的因素主要是宏观经济状况和政策。沈悦、卢文兵（2008）通过实证研究发现，房地产价格上涨对股票价格上升有显著影响，而股票价格上涨对房地产价格上升的影响较为微弱。房地产价格的上升与股票价格的上升存在两季左右的间隔，且二者呈现出螺旋式变化的趋势。

但也有一些学者发现，股票价格与房地产价格的变动方向是反向的，如洪涛、高波（2007）通过分析发现股价与房价之间具有替代效应，即当股票价格持续下跌时，投资者会从股票市场撤离资金而转向投入房地产市场，推动房价上涨，且呈螺旋上升趋势。

二、政策面因素与房地产价格的关系

对政策面因素与房地产价格的关系研究主要集中在两个方面：一是房地产税收变动、地方公共支出变动对房地产价格的影响分析；二是土地供应政策对房地产价格的作用研究。

（一）房地产税收变动、地方公共支出变动对房地产价格的影响分析

房地产税收变动主要表现为房地产税种的增加和税率的调整，物业税的开征增加了房地产投资者持有环节的税收，提高营业税和所得税税率增加了房地产交易卖方的税赋负担，一定程度上抑制了投机需求和投资需求，在供给缺乏弹性的条件下，房地产价格下跌。如况伟大（2009）利用住房存量—流量模型发现，当需求弹性小于零时，提高物业税将导致房价下降；当需求弹性大于零时，若供给弹性大于需求弹性，提高物业税将导致房价下降，若供给弹性小于需求弹性，提高物业税将导致房价上升；对全国和东部而言，开征物业税能有效起到抑制房价上涨的作用，但物业税对中西部作用效果不明显。杜雪君、黄忠华、吴次芳（2009）研究发现，房地产税、营业税和所得税提高抑制了房价增长，其长期影响效应要小于短期影响效应，且这种效应具有显著的区域差异。相反，若对房地产税实行限额征收，则会推动房地产投资，促使房价上涨。如 Hoyt、Coomes 和 Biehl（2011）通过对 23 年的数据分析发现，财产税课税限额使得住房价

格上涨约 2%。

地方公共支出是指地方政府在公共事务和公共建设方面的支出费用。地方公共支出，尤其是教育文化支出、交通支出、警政支出、卫生支出等增加，会改善城市环境、提高城市文明程度、提高市内通行便捷度，自然会带动整个城市房地产价格的上升。如杜雪君、黄忠华、吴次芳（2009）研究发现，地方公共支出增加有利于房地产升值，其长期影响效应要大于短期影响效应。

（二）土地供应政策对房地产价格的作用研究

我国实行的《城镇国有土地使用权有偿有期限出让转让政策》使得土地供应政策可以作为调控房地产价格的手段之一。土地供应价格的提高和供应量的限制，使得房地产开发成本上升，房地产价格通常表现为上涨。如王松涛、刘洪玉（2009）通过实证研究发现，我国城市土地供应量与住房供给量存在显著的正相关关系，而土地供应价格和住房供给量的负相关关系不显著。任荣荣、刘洪玉（2007）对北京的实证研究结果表明，土地供应的减少会引起市场参与者对未来住房价格上涨的预期，这种预期会资本化到当前的房价中，从而推动房价的上涨。

三、经济面因素与房地产价格的关系

对经济面因素的研究主要集中在两个方面：一是房地产价格与经济增长的关系研究；二是居民收入与房地产价格的关系研究。

（一）房地产价格与经济增长的关系研究

房地产作为国民经济的支柱产业，其发展状况直接影响着国民经济的发展状况，且二者通常表现为双向互动关系，但存在地区性差异。如赵昕东（2010）通过实证研究发现，房地产价格与 GDP 之间存在双向互动影响关系，但是房地产价格对宏观经济的影响不稳定。由于房地产市场发展不完善、存在风险等因素的影响，短期内引起房价变化的主要因素是其自身的因素，但是随着时期的增加，GDP 成为影响房价变化的主要因素，宏观经济对房价的影响是持续的。Jie Zhang（2010）通过实证研究发现，房地产投资与 GDP 增长的关系在我国东、中、西部地区存在显著的差异，同时证实了房地产投资对GDP增长存在潜在门限影响，尤其是人均GDP少于1000美元的地区，房地产投资对经济增长没有显著影响。

还有部分学者研究房地产价格与经济增长之间的函数关系，如Jian Zhou（2010）运用美国10个城市的房地产价格数据和经济数据研究发现，仅有1个城市的房地产价格与经济基本面之间存在线性协整关系，6个城市之间呈现非线性协整关系，剩余3个城市之间没有证据能够表明其存在非线性协整关系。

（二）居民收入与房地产价格的关系研究

居民实际收入水平的上升，尤其是中低收入阶层居民实际收入水平的上升，会增加对住房的需求，带动住房价格上涨。但住房价格的上涨，从财富效应来说，会使得居民的财富重新得到分配，贫富差距进一步拉大。如刘丹、霍德明（2010）应用面板时空模型对中国中东部地区25个主要城市进行研究，发现中国房价和居民可支配收入之间存在协整关系。黄瑜（2010）对我国2004~2009年的土地价格、居民收入和商品住宅价格进行了动态分析，结果表明2004~2006年居民收入对商品住宅价格的影响是在波动中减小，但是属于富有弹性；而2007~2009年，居民收入变化对商品住宅价格的影响却显得比较稳定，属于缺乏弹性，且相比土地价格的变化，居民收入的变化对商品住宅价格的影响更大。吴公、龙奋杰（2005）分析发现，房价与收入之间存在长期均衡增长关系，而收入则对房价的影响有两年的滞后关系，且短时期内对房价没有显著影响。沈悦、刘洪玉（2004）实证研究结果表明，城镇居民家庭人均可支配收入增长10%，会引起住宅价格上升9%~11%。陈灿煌（2007）提出房价上涨与城市居民收入差距之间存在长期协整关系，短期内房价上涨是城市居民收入差距增大的格兰杰原因。

但也有部分学者通过实证研究发现，居民收入与房地产价格之间不存在协整关系。如Gallin（2003）对美国95个大城市23年的房屋需求和房屋供给因素数据进行了研究，发现房价与收入、人口等基本面之间没有显著的协整关系，即使引入大样本的面板数据，也没有得到收入与房价协整的关系。

四、行为面因素与房地产价格的关系

对行为面因素的研究主要集中在人们心理预期对房地产价格影响的实证分析。人们基于对房地产价格因素的变动预期，结合所掌握的信息量大小和作出预期的不同方式，形成了房地产价格的不同预期，作用于当前的房地产价格。如况伟大（2010）提出了预期与投机是造成目前高房价的主要因素。通过对中国35个大中城市1996~2007年数据的实证分析表明，理性预期和适应性预期及其投机对中国城市房价波动都具有较强解释力。

还有部分学者认为人们心理预期的形成源于城市对某个因素的规划，但随着时间的推移，规划会逐渐变为现实，而逐步减弱对当前价格的影响，所以人们会动态调整规划预期，形成预期因素对房地产价格影响的时间效应差异。如Knaap（2001）研究了波特兰Max轻轨西部延长线在规划期间对地价的影响，发现宣布建设轻轨消息后，在0.5英里的范围内，土地价格上升了31%，在1英里范围内，土地价格上升了10%。石忆邵、张蕊（2010）实证研究发现，在黄兴公园的规划期，周边地区住宅价格呈现小幅上扬；在黄兴公园的建设期，周边地区住宅价格增幅加大；黄兴公园建成以后所带来的增值幅度更大。王琳（2009）分析了上海市轨道交通8号线对周边房地产价格的影响，发现轨道交通开工建设的第一年与开通运营的第一年对住宅价格的增值幅度最大，建设中期增值幅度有所回落，轨道交通建设引起的噪声、空气污染以及交通不便等因素是造成增幅回落的原因。

第二节 房地产价格与微观因素的关系

微观因素对房地产价格作用主要体现在同一城市不同区位房地产价格的差异、同一区位不同建筑特征的房地产价格的差异，它是影响房地产价格区位差异和个别差异的重要指标。

一、房地产可及性之区位变量与房地产价格的关系

对房地产可及性之区位变量与房地产价格的关系研究主要集中在三个方面：一是商业中心对房地产价格的影响分析；二是交通建设对房地产价格影响的空间效应研究；三是学校临近性及学校质量对房地产价格的影响分析。

（一）商业中心对房地产价格的影响分析

商业中心作为城市经济的集聚，会带动服务业的集聚和交通的建设，降低交易成本和搜寻成本，吸引更多的资金和消费者。因此，距离商业中心越近，房地产价格越高，即商业中心对房地产价格具有带动作用。如李郁、符文颖（2010）和李志等（2009）分别对广州和南京进行了实证研究，结果发现，商业网点在其服务范围内对住宅价格或住宅地均价有明显的提升作用，但对于远离商业中心的区域，对住宅价格或住宅地均价的影响微弱，说明商业中心区具有明显的服务局限性。郝前进、陈杰（2007）通过对上海市住宅板块的实证研究发现，随着到 CBD 距离的增加，住宅价格呈下降的趋势，但下降幅度逐步减缓。

（二）交通建设对房地产价格影响的空间效应研究

不论是商业房地产、住宅房地产，还是工业房地产，交通条件都是影响其价格的重要因素。交通便利可以降低人们通行的时间成本和经济成本，增强人们的吸引力。所以临近交通站点（包括市内公交站点、轻轨站点等和对外长途汽车站、火车站、飞机场、港口码头、高速公路出入口等）通常对房地产价格有显著提升作用。如 Iacono（2010）提出临近高速公路出入口对住房销售价格具有正面影响，而只是临近高速公路线路而不临近出入口对住房销售价格却有负面影响。Debrezion、Pels 和 Rietveld（2006）认为火车站对房地产价格的影响不能简单地以房地产到火车站的距离来衡量，还应该综合考虑火车站的服务等级、网络连接性、服务有效范围和设施，即对于稍微远离重要火车站的房地产的价格可能要比接近不重要的火车站的房地产价格高。Cervero 和 Duncan（2002）研究了圣地亚哥县各条轨道交通沿线商业房地产增值情况，结果表明商业房地产在市中

心铁路车站周围增值 91%，在电车站点周围增值 72%。Strand 和 Vagnes（2001）通过对 Oslo 的数据研究发现，临近铁路对房地产价格有着显著的提升作用，且在 100 米以内距离的加倍可以使房价上涨约 10%。

还有一些学者提出了交通站点对房地产价格影响存在空间差异，如 Bowes 和 Ihlanfeldt（2001）的研究发现，交通站点对附近房地产有直接和间接的吸引力，远离城市商业中心的站点对住房价格有正向作用，而在低收入区域或接近城市商业中心的站点对住房价格有负面作用。王琳（2009）分析了上海市轨道交通 8 号线对周边房地产价格的影响，发现城市轨道交通对住宅价格有显著的增值效应，但存在空间差异，即靠近中心城区的站点对住宅价格影响的空间效应不明显，而远离中心地区的站点对住宅价格影响的空间效应非常显著；随着到 CBD 距离的增加，轨道交通站点对周边住宅价格的影响半径逐渐扩大；越远离中心位置的站点，对距离其同一范围内的住宅价格的增值幅度越大。郝前进、陈杰（2007）通过对上海市住宅板块的实证研究发现，轨道交通通车情况对住宅价格有显著的影响，而且越远离 CBD，对住宅价格的影响程度越大；公共交通方便对住宅价格的影响主要集中在外环内区域，外环线以外区域并不显著。周京奎（2008）利用特征价格模型和 2006 年天津市内六区的调查数据进行了实证研究，结果表明，交通资本特征变量中，地铁对部分地区住宅价格有显著影响，而公共汽车线路对住宅价格的影响不显著。

（三）学校临近性及学校质量对房地产价格的影响分析

现在我国很多大中城市实行中小学就近划片入学，临近学校自然成为家庭选择住宅的重要因素，尤其是临近重点中小学，它不仅可以提高就学子女的教育质量，而且可以降低家庭教育支出的经济成本和时间成本。所以，学校临近性及学校质量成为影响房地产价格的重要因素。如 Sue-Jing Lin（2004）研究了 2000~2002 年台北市国中小明星学区的边际愿意支付，结果发现，不论是国中或国小，明星学区的房价的确比较贵。若与普通学区相比较，同时拥有国中小明星学区边际价值为每坪 2.24 万元，仅拥有明星国中学区的边际价值为每坪 1.83 万元，仅拥有明星国小学区的边际价值则为每坪 0.79 万元。李郇、符文颖（2010）通过实证研究，发现在其他条件相同的情况下，一个有着重点中学可达性的住宅小区价格高出一个仅仅有着普通中学可达性小区价格的 32%左右，一个可提供学位的重点小学在 2006 年，将为其同区内 3 千米范围内的住宅显著带来 2.3%价格的上升，而一个重点中学比重点小学更大，在 2007 年可为其 2 千米范围内的住宅显著带来 12.7%价格的上升。

对于中小学校的质量通常以升学率为重要指标，结合学校的师资力量、教学设施等指标加以衡量。如 Downes 和 Zabel （2002）利用享用价格模型分析了学校对住房价格的影响，研究结论显示，学校的产出（如学生考试成绩）对住房价格有明显作用，而学校的投入（如每个学生的支出）却对住房价格没有作用。

大学作为高等教育方式，重在培育学生的综合素质和专业技能，大学校园也通常以良好的文化氛围、幽雅的自然环境、相对健全的生活设施等吸引着消费者和投资者对周边房地产的需求，成为提升周边房地产价格的重要因素。如徐莹（2009）对复旦大学周围的住宅进行了研究，结果发现在以大学为中心的 250~500 米的半径范围内，住宅价格会受到大学的影响而明显提升。周京奎、吴晓燕（2008）检验了公共物品供给与住宅意愿支付价格之间的关系，实证结果表明教育投资尤其是高等教育投资对住宅的溢价值较高。

二、房地产邻近地区之环境变量与房地产价格的关系

对邻近地区之环境变量与房地产价格的关系研究主要集中在两个方面：一是公共设施状况对房地产价格的影响分析；二是环境质量对房地产价格的影响分析。

（一）公共设施状况对房地产价格的影响分析

公共设施投资主要考虑社区公园、医院、公共停车场等的建设，这些设施的建设有利于提高周围居民的生活舒适度、保健医疗便捷度、出行停车方便度，对周边房地产价格有着显著的提升作用。如 Voicu 和 Been （2008）通过对美国纽约社区公园的影响分析表明，社区公园对周围住房有明显的正向影响，尤其是在贫困区，公园质量越高，其影响越为明显。Wachter 和 Wong（2008）通过实证分析得出，在过去或者未来有园林绿化种植的地区，1 千英尺范围内的住房售价要比范围之外的住房售价高出 2.3%。石忆邵、张蕊（2010）分析了上海市黄兴公园绿地对周边地区住宅

价格的影响效应，结果发现，黄兴公园绿地所带来的住宅价格增值与加权距离存在着显著的二次函数关系，随着距离增加其增值幅度呈下降趋势，但变化幅度随着距离增加而递减，然后渐趋平缓，其增值效应在南北方向上的差异明显大于东西方向。李磊、王博（2010）实证研究发现，住宅到公园绿地的距离是对房地产价格影响较大的因素，排在第三位，住宅到公园绿地的对数距离每增加 1 单位，房价降低 9.2%。李志等（2009）通过实证发现，医院功能多样性集中的高密地区，住宅地价对其表现出较为敏感的增值反应，因此，促进医疗服务的便捷性可以提高住宅地价。

（二）环境质量对房地产价格的影响分析

环境质量的好坏直接影响着居民的身体健康状况和生活质量水平，环境的污染包括空气污染、水污染、噪声污染、基站辐射污染等，都会对房地产价格产生负面影响。如 Sa Chau Ho 和 Diane Hite（2004）构建了住房价格、癌症死亡人数和总的化学释放量的联立模型，对美国东南部 754 个国家环境污染对房地产价格的影响进行了实证研究，结果表明住房价格与化学总释放量和癌症死亡人数呈现负相关。Fuerst 和 McAllister（2011）调查了具有生态环境认证的商业房地产与没有生态环境认证的商业房地产价格，通过享用回归模型分析得出，在同样的建筑子市场中，具有生态环境认证的商业房地产在租金和价格上都有一个明显的溢价。Hite、Chern、Hitzhusen 和 Randall （2001）以垃圾填埋地为对象，利用享用价格模型证实了环境恶劣对房地产价格的负面影响，提出了对于垃圾填埋地附近居民给予补偿的建议。何鸣、柯善咨、文嫣（2009）分析了城市环境特征品质对房地产价格区域差异的作用，结果表明，城市自然环境特征包括年取暖日度数、年降水量和海拔高度，大气污染和地区物价水平是显著的负消费者环境特征品质，而海滨、市内交通条件及城市人口密度是具有正价值的环境特征品质。冯群科、唐根年、王逸芬（2007）对杭州市区商品住宅价格与城市人居环境的相互关系进行了实证研究，结果发现杭州商品住宅价格与城市人居环境之间有很大的一致性，人居环境质量的优劣很大程度上决定了商品住宅价格水平的高低。

三、房地产本身的结构变量与房地产价格的关系

对房地产本身的结构变量与房地产价格的关系研究主要集中在房屋年龄、建筑面积、装修标准、卧室数量、容积率、朝向、楼层、视野景观等对房地产价格的影响。如 Samaha 和 Kamakura（2008）应用地理加权随机前沿模型对美国大陆的一个中等县 1035 家住房进行了实证研究，结果表明，房屋的新旧程度、起居室的数量、标价的高低对成交价格都有显著的影响。Yong Tu、Hua Sun 和 Shi-Ming Yu（2007）对新加坡 4192 栋独立公寓进行了实证研究，发现公寓的使用年龄、面积大小、有无公共停车场和游泳池对于公寓价格有着明显的影响。李志等（2009）通过对南京市的实证研究发现，住宅容积率与住宅地均价有显著的正相关关系，但部分地区容积率具有负边际作用。李郇、符文颖（2010）通过对广州容积率对住房价格影响的实证分析发现，2005 年容积率对住宅价格的影响是显著的并且为正，考虑边际递减效应，在其他因素恒定的情况下，容积率每增加 1%，价格就上升 0.12%，到了 2007 年，容积率对住宅价格的影响发生转变，影响变为负，即容积率每增加 1%，住宅价格就显著下降 0.1%。

通常，坐北朝南、具有良好视野景观对于房地产价格有提升作用。如许军、秦云、陈逸君（2009）通过研究发现，由于朝向、采光、温度、户型等原因导致点式楼盘南北朝向住宅的价格差约 15%。李郇、符文颖（2010）通过广州住房景观对住房价格影响的实证分析发现，2005 年广州人愿意为拥有水景视野的房子支付高于具有公园可达性的房子约 32.5%的价格。吴冬梅、郭忠兴、陈会广（2008）研究发现，南京市对周边住宅价格有显著的正向影响，湖景的舒适性价值或生态服务价值在住宅价格中所占比例达到 13%左右，有莫愁湖湖景视线的住宅比没有湖景的住宅总价高 12.81%。王德、黄万枢（2007）应用特征价格模型对上海市公园绿地对住宅价格的影响进行了定量研究，结果表明，有黄浦江视线的住宅总价高 33.96%，约 38 万元人民币。

第三节 基于面板数据模型的居民收入异质预期对住房价格的影响①

Edwards（1996）将预期定义为经济活动者为了追求个人利益最大化，对同当前决策有关的经济变量（如价格、利率或收入等）在未来的变动方向和变动幅度进行的预测。Shiller（1989）对资产价格的形成过程提出一个一般性的问题，即除了经济基本面外，市场参与者的心理行为是否为资产价格波动的一个主要解释因素。之后，很多学者探索资产价格波动中预期因素的影响。大量对房价波动影响因素研究的文章发现，当前的经济基本面条件和过去房价的增长往往会被用在对未来房价变化的预测中，短期的住房价格变动具有很强的自相关性，说明预期因素在短期内影响着房价的波动。高苛、刘长滨（2008）通过对理性预期、适应性预期和准理性预期不同条件下住房价格变动的分析得出，短期内，住宅市场价格调控政策效果受预期因素影响产生住宅价格的反弹效应，而后住宅价格调控政策效果逐渐显现；长期来看，预期因素对长期均衡价格无影响。Goodman 和 Thibodeau（2008）指出，现有的房地产研究主要集中在三个方面：一是住房市场的长期均衡模型；二是住房价格的短期动态模型；三是对住房供给弹性的估计。但这些研究都忽略了价格预期形成机制对住房价格的影响。况伟大（2010）通过对中国 35 个大中城市实证研究表明，预期及其投机对中国城市房价波动都具有较强的解释力。可见，预期在房价变化中发挥着不可忽视的作用，这使得简单按照当期供求关系来解释房价过高的原因，寻找调控房价的方法很难取得良好的效果。因此，研究预期对房价的作用机制，进而合理引导预期，对于投资者进行理性投资、防止房地产市场的剧烈波动有着重要的意义。

住房均衡价格是在供求关系作用机制下形成的，而房地产建设周期长的特点决定了住房供给在短期内很难增加，即住房供给在短期内是缺乏弹

① 本节的主要研究结果见赵华平和张所地合著的《居民收入异质预期对房地产价格影响的实证研究》，《统计与决策》，拟在 2012 年第 9 期发表。

性的。在供给缺乏弹性的条件下，住房价格主要受居民对住房的需求影响，而居民收入是影响居民住房需求的决定因素。居民收入变动对住房价格的影响具有双重作用，即收入增加不仅会直接引起居民对住房需求的增加，而且会形成居民对未来房价上涨的预期，这种预期作用又会间接引起居民对当期住房需求的增加。在这双重作用下，住房需求明显增加，在供给缺乏弹性的作用下，引起住房价格上涨。Muellbauer 和 Murphy（1997）考察了 1957~1994 年英国住房市场价格的波动，研究发现，金融自由化是房价波动的主要原因，实际利率和收入预期也是房价波动的重要原因。因此，这里将预期因素主要设定为收入预期。另外，一些文献也表明，由于居民所掌握的社会经济状况信息具有不完全性，导致居民对未来经济状况的预期存在异质性，所以，这里主要讨论居民形成的收入异质预期对住房价格的影响。

一、居民收入异质预期的形成

大多数居民的收入主要来源于工资收入，而居民对工资收入信息往往具有不完全性，即居民无法观测到该地区当期的社会平均工资水平，而只能观测到当期自己所从事行业的平均工资水平，因此，居民只能利用他们对所从事行业的当期平均工资收入信息和所掌握的以前各期的社会平均工资收入信息对未来的收入进行估计。由于这种信息的不完全性，不同的居民对未来收入会产生不同预期，从而形成居民对未来收入的异质预期。由于收入是影响住房需求的决定因素，所以，工资收入的冲击就成为人们对住房需求的异质预期，在住房供给缺乏弹性的条件下，即转化成了人们对住房价格的异质预期。因此，居民收入水平的变动不仅会影响居民的住房需求，而且会改变他们对未来住房价格的预期。

设 $W^j_{i,t}$ 为第 t 期 i 地区第 j 行业的职工平均工资，可视为不同行业职工所拥有的个人信息；$\theta_{i,t}$ 为第 t 期 i 地区的职工社会平均工资，可视为职工所拥有的共同信息；$\varepsilon^j_{i,t}$ 为第 t 期 i 地区第 j 行业的职工平均工资受到的冲击，可视为在信息扩散前不同行业职工所拥有的个人信息之间的差异，是形成居民对未来收入异质预期的唯一信息来源，则有：

$$W^j_{i,t} = \theta_{i,t} + \varepsilon^j_{i,t} \tag{1}$$

为简单起见，假设 $\varepsilon_{i,t}^{j}$ 服从标准正态分布，即 $\varepsilon_{i,t}^{j}\sim N(0,\sigma_{\varepsilon}^{2})$。

令 $I_{i,t}$ 为第 t 期 i 地区的工资信息冲击总量，则有：

$$I_{i,t}=\sum_{j=1}^{n}\omega_{i,t}^{j}\left|\varepsilon_{i,t}^{j}\right| \tag{2}$$

其中，n 为该地区的行业数量，权重 $\omega_{i,t}^{j}$ 可通过第 t 期 i 地区第 j 行业的职工人数与所有行业职工总人数的比重来进行计算。$I_{i,t}$ 可以反映第 t 期 i 地区不同行业职工个人信息与共同信息之间的差异。$I_{i,t}$ 越大，说明居民对未来收入的异质预期差异越大。

二、居民收入异质预期对住房价格影响的实证

按照前面所述，居民的收入水平和居民对未来收入的预期都会作用于房地产市场，形成住房价格的影响因素。所以，下面将通过建立住房价格与居民收入、收入异质预期之间的回归模型来分析居民收入异质预期对住房价格的影响。

（一）住房价格面板数据模型

住房价格用地区商品住宅平均销售价格 $HP_{i,t}$ 来表示，作为面板数据模型的被解释变量，居民收入水平用地区职工社会平均工资 $Income_{i,t}$ 来表示，居民收入异质预期用工资信息冲击总量 $I_{i,t}$ 来表示，这两个指标作为模型的解释变量。我们知道面板数据模型有如下三种：

（1）无个体影响的不变系数模型：

$$HP_{i,t}=C+\beta_1 Income_{i,t}+\beta_2 I_{i,t}+\mu_{i,t} \tag{3}$$

模型假设各地区在各时期住房平均价格水平没有显著差异，模型中各方程截距项 C 和系数 β_1、β_2 均相同，可以利用 OLS 法直接求出参数 C 和系数的一致有效估计，故也被称作联合回归模型。

（2）个体效应变截距模型：

$$HP_{i,t}=C_{i,t}+\beta_1 Income_{i,t}+\beta_2 I_{i,t}+\mu_{i,t} \tag{4}$$

模型假设各地区之间或各时期住房平均价格水平存在个体效应但没有结构效应，个体效应可用截距 $C_{i,t}$ 的差异来说明，即模型中各方程截距项 $C_{i,t}$ 不同，而系数 β_1、β_2 均相同。根据个体效应的处理方式不同，模型又

可以分为"固定效应"和"随机效应"两种模式。"固定效应"将个体差异表现为每个个体都有一个特定的截距项，"随机效应"将个体差异主要反映在随机干扰项的设定上。一般来说，当数据中所包含的个体成员是研究总体的全部单位，即个体单位之间的差异可以被当作回归系数的参数变动时，固定影响模式比较合适。当个体单位是随机抽取的样本，并用于推断总体时，则随机影响模式比较合适，即把反映个体差异的特定常数项看作是跨个体成员的随机分布。由于实证研究所用面板数据范围包括全部31个省、市、自治区的数据，使用固定影响模式比较合适，所以这里只分析固定影响变截距模型。固定影响变截距模型又分为地区影响的变截距模型和时间影响的变截距模型。

地区影响的变截距模型：

$$HP_{i,t} = C + C_i + \beta_1 Income_{i,t} + \beta_2 I_{i,t} + \mu_{i,t} \tag{5}$$

时间影响的变截距模型：

$$HP_{i,t} = C + \gamma_t + \beta_1 Income_{i,t} + \beta_2 I_{i,t} + \mu_{i,t} \tag{6}$$

（3）变系数面板模型：

$$HP_{i,t} = C_i + \beta_{1i} Income_{i,t} + \beta_{2i} I_{i,t} + \mu_{i,t} \tag{7}$$

模型假设各地区在各时期既存在个体效应也存在结构效应，用不同的截距项 C_i 解释各地区住房价格的个体效应，用不同的系数向量 β_{1i}、β_{2i} 说明各地区收入和居民收入异质预期对住房价格的结构效应，即模型中各方程截距项和系数向量均不同。作者认为收入和居民的异质预期对住房价格的影响在不同地区不存在结构效应，所以不适合采用变系数模型。

（二）研究数据及来源

考虑到1997年重庆市成为直辖市，《中国统计年鉴》将其单列，并对其进行了完整的数据统计，所以这里以1997~2009年全国31个省、市、自治区作为研究对象，研究数据来源于1998~2010年《中国统计年鉴》，考察的样本点共403个。考察的被解释变量为各地消除物价因素后的商品住宅平均销售价格HP，利用实际住房价格可以避免各省价格差异给模型估计带来的影响，物价水平以1996年为基期。解释变量包括各地区职工的实际收入水平Income和收入异质预期I，分别用各地消除物价因素后的职工社会平均工资和利用公式（2）计算的行业工资收入与社会平均工资收入差异的加权和来表示。由于我国在2003年对国民经济行业分类进行了第

二次修订，所以，在计算收入异质预期时，2003 年之前以 16 个行业统计数据为基准进行计算，2003~2009 年以 19 个行业统计数据为基准进行计算。

（三）实证分析

利用 1997~2009 年全国 31 个省、市、自治区的面板数据，采用 Eviews 6.0 软件对住房价格的不变系数模型和固定影响变截距模型进行估计，如表 2-1 所示。从表 2-1 中可以看出，采用地区影响的变截距模型拟合优度最高，因此选择包含地区影响的变截距模型进行分析。

表 2-1　面板数据模型的估计结果

模型类型	估计方程	R^2
不变系数模型	$HP_{i,t} = 315.82 + 0.0698\ Income_{i,t} + 0.215I_{i,t}$	0.6526
固定影响变截距模型	地区影响：$HP_{i,t} = 886.4642 + C_i + 0.04\ Income_{i,t} + 0.174\ I_{i,t}$	0.9390
	时间影响：$HP_{i,t} = -579.9629 + \gamma_t + 0.132\ Income_{i,t} + 0.211\ I_{i,t}$	0.7309
	地区和时间影响：$HP_{i,t} = 164.425 + C_i + \gamma_t + 0.083\ Income_{i,t} + 0.202\ I_{i,t}$	0.9242

通过估计得出的包含有地区影响的变截距模型为：

$$HP_{i,t} = 886.4642 + C_i + 0.04Income_{i,t} + 0.174I_{i,t}$$

$$\quad(34.79)\qquad\qquad(7.80)\qquad(8.96)$$

$$R^2 = 0.9390 \quad F = 177.91 \quad P = 0.0000 \qquad (8)$$

模型（8）中，括号里的值为 t 统计量；C = 886.4642，代表全国 31 个省际的平均住房价格基础水平为 886.4642 元/平方米，C_i 反映各地区住房价格相对于平均住房价格基础水平的偏离，其估计如表 2-2 所示。$\beta_1 = 0.04$，表示收入每增加 1 个百分点，住房价格约增长 0.04%；$\beta_2 = 0.174$，表示居民对收入的异质预期每增加 1 个百分点，住房价格约增长 0.174%。$\beta_1 > 0$ 反映了收入对住房价格的正向作用，$\beta_2 > 0$ 反映了居民对未来收入的异质预期对住房价格的正向作用，即居民对未来收入预期差异越大，住房价格越高。

表 2-2　变截距模型 C_i 估计值结果

地区	C_i 估计值	地区	C_i 估计值	地区	C_i 估计值	地区	C_i 估计值
北京	2495.230	上海	2066.202	湖北	19.797	云南	-23.891
天津	731.954	江苏	48.262	湖南	-487.600	西藏	-1250.718
河北	19.797	浙江	168.154	广东	1179.336	陕西	-175.648
山西	-517.905	安徽	-262.004	广西	-43.206	甘肃	-358.469

续表

地区	C_i估计值	地区	C_i估计值	地区	C_i估计值	地区	C_i估计值
内蒙古	-694.444	福建	526.571	海南	647.664	青海	-788.976
辽宁	322.476	江西	-534.176	重庆	-213.815	宁夏	-633.770
吉林	-158.123	山东	-243.258	四川	-307.207	新疆	-575.285
黑龙江	-178.354	河南	-353.050	贵州	-425.546		

从表 2-2 可以看出，住房价格比全国平均房价水平偏高的前三个地区是北京、上海、广东；其次是天津、海南、福建等沿海开放城市；比全国平均房价水平明显偏低的地区是西藏、青海等西部地区，这正反映了经济发展造成的地区住房价格差异过大的现象。

Hong 和 Stein（1999）假定股票市场中有信息观察者和动量交易者两类主要的投资者，通过对股票市场中信息扩散形成的投资者异质预期的研究发现，由于信息观察者依赖于自己所获得的利好或利空信息进行投资决策，而动量交易者则依赖于观察到的价格变动进行投资决策，所以导致股票市场在两类投资者的作用下表现出短期内反应不足，而长期会出现反应过度的现象，即所谓的短期动量和长期反转现象。为了检验住房市场在居民对未来收入存在异质预期条件下是否会出现类似于股市的这种现象，在模型（5）的基础上，右端项引入了住房价格的滞后项。通过估计得出的包含有地区影响的变截距模型为：

$$\begin{aligned} HP_{i,t} = {} & \underset{(2.25)}{151.86} + C_i + \underset{(9.46)}{0.6464}HP_{i,t-1} + \underset{(4.88)}{0.4628}HP_{i,t-2} - \underset{(-3.22)}{0.2910}HP_{i,t-3} \\ & + \underset{(2.86)}{0.0165}Income_{i,t} + \underset{(1.66)}{0.0308}I_{i,t} \end{aligned} \tag{9}$$

$R^2 = 0.9613 \quad F = 194.53 \quad P = 0.0000$

从回归结果可以看出，$HP_{i,t-1}$ 和 $HP_{i,t-2}$ 的系数均为正值，而 $HP_{i,t-3}$ 的系数为负值，说明在存在居民异质预期的条件下，住房价格在 2 年内存在短期动量现象，而在 3 年及以上会出现长期反转现象。

Giovanni Favaray 和 Zheng Song（2007）假定居民只能通过购买住房或租赁住房来满足基本的住房需求，并且他们可利用未来房价的变化进行投机，则市场上的乐观主义者会通过购买住房来满足自住需求，并且会将多余的住房用于出租，待房价上涨到一定程度时选择时机售出，从而获取资

本收益；而市场上的悲观主义者会选择在租赁市场承租住房来满足居住的生活需求，以避免未来市场波动产生的资本损失。这样，悲观主义者由于选择租赁住房而退出了交易市场，他们的预期对住房价格不会产生影响。为了检验住房市场价格的波动是否主要由正向预期所决定，对模型（5）中居民收入异质预期 $I_{i,t}$ 变量进行分解，分为正向信息冲击 $Pos_{i,t}$ 和负向信息冲击 $Neg_{i,t}$，分别用公式（10）和（11）表示。

$$Pos_{i,t} = \sum_{j=1}^{n} \omega_{i,t}^{j} \varepsilon_{i,t}^{j} \quad \varepsilon_{i,t}^{j} > 0 \tag{10}$$

$$Neg_{i,t} = \sum_{j=1}^{n} \omega_{i,t}^{j} \varepsilon_{i,t}^{j} \quad \varepsilon_{i,t}^{j} < 0 \tag{11}$$

这样，模型（5）可以转换为模型（12）：

$$HP_{i,t} = C + C_i + \beta_1 Income_{i,t} + \beta_2 Pos_{i,t} + \beta_3 Neg_{i,t} + \mu_{i,t} \tag{12}$$

利用我国 31 个省、市、自治区 1997~2009 年的数据对模型（12）进行回归分析得出：

$$HP_{i,t} = 897.1369 + C_i + 0.0388 Income_{i,t} - 1.94 Pos_{i,t} - 2.325 Neg_{i,t}$$

$$(37.18) \qquad (8.09) \qquad (-6.93) \quad (-8.18)$$

$$R^2 = 0.945 \quad F = 191.67 \quad P = 0.0000 \tag{13}$$

从回归结果可以看出，居民对收入的正向预期会促使住房价格下跌，这可能是由于我国的政策实施不具有连贯性，使得居民在得到收入增加信号时，往往预期这种增加只是暂时现象，而不具有持久性，因此增加的收入也只能用于提高日常消费支出，却不敢用于增加大额的住房消费。但住房供给商在获得这种信息后可能会增加住房投资和开发，使得潜在供给增加，居民预期房价下跌，需求下降，致使住房价格出现下跌；而居民对收入的负向预期会促使住房价格上涨，这可能是由于居民对收入的负向预期往往源于物价的上涨，在名义收入不变的条件下，其实际收入下跌，此时居民认为物价的上涨必然会带来住房价格的随之上涨，因此部分居民决定提前购买以应对通胀或者利用机会进行投资投机行为，增加了当期住房的需求，在供给缺乏弹性的条件下，使得住房价格出现了上涨。

三、异质预期对住房价格的影响分析

通过上述分析，我们至少可以得出以下结论：

第一，地区经济发展水平的差异造成了地区间住房价格基础水平存在明显差异，其中基础价格最高的北京市比最低的西藏自治区住房平均价格高出近 3750 元/平方米。

第二，居民对收入的异质预期对住房价格有明显的正向影响，即居民异质预期越大，住房价格越高。因此，要想稳定住房价格，国家必须尽可能地公开各种收入和价格信息，以降低居民异质预期的差异。

第三，住房市场存在类似于股市的短期动量和长期反转现象，因此，国家宏观调控政策的出台在短期内会影响居民的预期，进而作用于房地产市场，显示出宏观调控的短期作用。但是长期反转的现象说明稳定房价不能简单依靠国家的宏观调控，从长期来说，还必须通过信息公开机制加以保证。

第四，由于我国政策实施的不连贯性，导致居民对未来收入增加的预期不但没有促使房价上涨，反而减少了对住房的需求，引起房价的下跌；而物价上涨形成的居民实际收入下跌预期会引发居民提前购买，增加需求，引起房价的上涨。

第四节　基于 ECM 的金融环境对房地产价格的影响①

价值高大性是房地产的一大特性，这一特性决定了房地产市场对金融支持的高度依赖，即对于房地产开发商而言，土地的征购、住房的开发与建筑，建筑完成后的销售，每个环节对资金的需求量都非常大，都需要金融的支持；对于房地产需求者来说，购买房地产的大资金一般也需要金融的支持。另外，价值高大性也决定了房地产价格是在长时间下形成的，即需要者不仅要长时间去寻找合适的卖者讨价还价，而且需要长时间的资金积累。因此，房地产业的健康发展要求适宜的金融环境与之相适应。在对房地产实行宽松的货币政策时，房地产需求不断增加，房地产价格逐渐上涨，同时，会有过多的资金拥入房地产业，形成房地产投资的快速增加，

① 本节的主要研究结果见 Zhao Huaping，Yuan Baorong. Analysis on Effect of Financial Environment on Real Estate Price Based on ECM，Proceedings of the International Conference on Management of Technology，2010 年第 1 期第 512~519 页。

引起房地产供给的增加。因此，有必要探究我国当前金融整体环境与房地产价格之间的关系。

在国外经济发展过程中，由于过度宽松的货币政策导致房地产泡沫，甚至金融危机例子并不少见，比如日本、美国曾经经历的泡沫经济等。1985 年，日本在“广场协议”之后，为了刺激经济发展，实施了包括 1986 年连续 4 次降低再贴现率在内的一系列旨在刺激经济增长的扩张性货币政策。1987 年，日本经济开始强劲复苏，股票价格和房地产价格急剧攀升。此后两年，日本商业银行对房地产和建筑业的贷款继续大幅度增加，房地产投资急剧增加，形成严重的泡沫经济。1991 年，房地产泡沫破灭，银行形成巨额的房地产贷款坏账，日本经济由此进入了 1990~2000 年长达 10 年的停滞时期。20 世纪 80 年代初期，美国金融自由化热潮打破了银行业进入门槛，更多的中介机构应运而生，它们业务增长点纷纷瞄向进入新的周期房地产行业。1985 年，美国商业银行发放的房地产抵押贷款额为其总资产的 30.3%，到 1989 年为其总资产的 40%，达到 7270 亿美元。过多的资金进入房地产业，在较短时间内促使美国房地产价格大幅上涨，房地产泡沫开始出现。20 世纪 80 年代末 90 年代初，美国房地产价格大幅度下跌，爆发了举世闻名的储贷协会的住房信贷危机。

目前，中国有许多学者研究金融变量和房地产市场之间的关系，研究重点放在单一变量对房地产价格、房地产投资的影响，而研究整体金融环境与房地产价格之间的关系的学者为数不多。梁云芳、高铁梅和贺书平（2006）通过构造变参数模型，动态分析了房地产投资产出弹性、利率弹性和国内贷款弹性，发现了由于利率缺乏弹性，通过利率来调控房地产市场成效不大，但是信贷规模的变化对房地产投资有较大的影响。宋勃和高波（2007）研究发现不同利率种类对房地产价格影响是不同的：短期内各种利率都对房地产价格有负向作用，但长期而言，一年期存款实际利率对房价存在负向影响，而一年期商业贷款实际利率对房价存在正向影响。周京奎（2006）利用中国 4 个直辖市季度数据研究发现，各城市住宅价格水平与投资额、销售额和滞后一期的价格存在协整关系。由于投资额和销售额中大部分是银行贷款，说明住宅价格上涨与宽松的货币政策有紧密的联系。鉴于此，这里不分析单个变量和房地产市场之间的关系，而是从多个金融变量出发，建立涵盖多个金融变量与房地产价格之间的误差修正模型（ECM），分析金融环境和房地产价格之间的长期稳定关系和短期动态关系。

一、房地产金融市场环境和价格模型中变量的选择

我们使用国内生产总值、货币供给量、5 年期贷款利率、中长期贷款来刻画当前房地产市场面临的金融环境，用全国房屋销售价格指数衡量房地产价格的变化。

（一）货币供给量

货币供给量是影响房地产投资的主要原因之一。胡慧萍和秦梓华的实证分析都显示了货币供给量无论长短期对房地产价格和投资都具有正向影响，扩张性的货币政策会导致房地产投资的增长和房地产价格的上涨。稳定的货币供应增长，可以避免房地产价格和投资增长过快，有效稳定房地产市场。

（二）利率水平

利率水平的变动直接影响房地产的价格。对于房地产投资者而言，低利率水平降低了房地产开发者和投资者的利息支出，即降低了房地产的开发成本，房地产价格下跌。对于房地产需求者而言，低利率水平使得居民的利息支出成本降低，消费者会把资金转向住房消费，增加对房地产的需求，在房地产供给短期无法增加的情况下，会使得供不应求，房地产价格上涨。另外，从房地产的收益价格来看，房地产的收益价格与折现率负相关，而折现率与利率正相关，利率下降会使房地产价格上升，如果提高利率，作用效果相反。因此，利率水平的高低对于房地产价格的变动有明显的影响。考虑到房地产贷款大多是中长期贷款，因此，选择 5 年期贷款利率来反映利率水平的变化。

（三）中长期贷款

从目前我国房地产投资的资金来源来看，主要包括国内贷款、利用外资、自筹资金和其他资金。而在目前房地产融资渠道缺乏的情况下，从银行贷款成为其中主要渠道之一。尤其在房地产投资过快增长时期，必然有大量的资金需求，因此，中长期贷款直接决定了房地产投资资金的融资难易程度，也就成为影响房地产价格的因素之一。中长期贷款容易取得，房

地产的建造成本相对低，房地产价格降低。

（四）国内生产总值

国内生产总值反映一个国家的经济发展水平，通常经济发展水平较高时，人们对房地产的需求也会增加，带动房地产价格的上涨。相反，经济萧条时，首先会反映为对住房需求的大幅下降，使得房地产价格呈现下跌趋势。

（五）房屋销售价格指数

房地产指数主要有房屋销售价格指数、房屋租赁价格指数和土地交易价格指数，其中土地交易价格指数是房地产价格变动的先行指标，而房屋租赁价格指数主要反映房地产的回报。因此，选择房屋销售价格指数来反映房地产价格的变动。

二、误差修正模型的构建

由于数据的可获得性，选择 2000 年第 1 季度至 2010 年第 4 季度的数据[①] 进行分析，构建模型。我们用以 1999 年为基期的房屋销售价格指数（P）作为房地产价格指标值，以 5 年期贷款利率（R）作为利率指标值，以 M2 作为货币供给量指标值，GDP、Loan 分别代表季度国民生产总值和中长期贷款额。除利率和房屋销售价格指数外，各变量的取值均为原统计数据的自然对数值，这样可以避免异方差问题。另外，GDP 数据存在明显的季节波动，对其进行了季节调整，调整后的数据如表 2–3 所示。

表 2–3 调整后各变量的季度数据

年/季度	GDP	货币供给量	中长期贷款	贷款利率	房屋销售价格指数
2000Q1	9.8077	11.6986	10.1107	6.03	94.14
2000Q2	9.9673	11.7320	10.1387	6.03	96.31
2000Q3	10.0272	11.7625	10.1782	6.03	100.14
2000Q4	10.2139	11.7942	10.2375	6.03	102.03
2001Q1	9.8982	11.8271	10.4433	6.03	96.71
2001Q2	10.0453	11.8628	10.4919	6.03	99.53

① 具体数据根据中宏数据库和中国人民银行统计数据库整理得到。

续表

年/季度	GDP	货币供给量	中长期贷款	贷款利率	房屋销售价格指数
2001Q3	10.0976	11.8843	10.5371	6.03	103.68
2001Q4	10.2649	11.9375	10.5774	6.03	104.71
2002Q1	9.9532	11.9972	10.6316	5.58	102.18
2002Q2	10.1071	12.0309	10.6793	5.58	103.15
2002Q3	10.1715	12.0740	10.7349	5.58	108.71
2002Q4	10.3325	12.1186	10.7922	5.58	109.26
2003Q1	10.0674	12.1696	10.8596	5.58	107.96
2003Q2	10.1846	12.2213	10.9333	5.58	109.19
2003Q3	10.2772	12.2625	11.0057	5.58	114.09
2003Q4	10.5342	12.2979	11.0572	5.58	115.78
2004Q1	10.2083	12.3530	11.1180	5.58	117.23
2004Q2	10.3623	12.3818	11.1597	5.58	121.53
2004Q3	10.4450	12.4039	11.1928	5.58	126.41
2004Q4	10.6775	12.4420	11.2478	5.85	129.33
2005Q1	10.3531	12.4859	11.2908	5.85	129.77
2005Q2	10.4931	12.5274	11.3136	5.85	132.33
2005Q3	10.5675	12.5688	11.3420	5.85	135.22
2005Q4	11.2391	12.6074	11.3789	5.85	138.86
2006Q1	10.6780	12.6459	11.4352	5.85	138.02
2006Q2	10.7800	12.6847	11.4895	6.12	141.02
2006Q3	10.8205	12.7125	11.5391	6.48	143.82
2006Q4	11.1262	12.7530	11.5760	6.48	147.42
2007Q1	10.8255	12.8052	11.6387	6.75	146.95
2007Q2	10.9417	12.8422	11.6984	6.93	151.13
2007Q3	10.9899	12.8818	11.7534	7.65	156.89
2007Q4	11.2970	12.9077	11.7871	7.74	163.73
2008Q1	11.0266	12.9553	11.8501	7.74	164.39
2008Q2	11.1437	13.0016	11.8956	7.74	166.33
2008Q3	11.1706	13.0234	11.9314	7.56	166.50
2008Q4	11.5033	13.0714	11.9512	5.76	165.85
2009Q1	11.0935	13.1818	12.0671	5.76	163.92
2009Q2	11.9055	13.2515	12.1711	5.76	166.85
2009Q3	12.3508	13.2801	12.2553	5.76	171.05
2009Q4	12.7382	13.3216	12.3123	5.76	176.90
2010Q1	11.3205	13.3846	12.4353	5.76	182.82
2010Q2	12.0719	13.4209	12.4945	5.76	185.59
2010Q3	12.5142	13.4538	12.5407	5.76	185.90
2010Q4	12.9022	13.4951	12.5739	6.14	186.39

对于时间序列数据而言，当使用非平稳序列进行回归时，会造成虚假回归，即当变量存在着单位根时，传统的统计量，如 t 值、F 值、DW 值和 R^2 将出现偏差。因此，为了避免金融变量的不平稳产生虚假回归，我们首先采用单位根检验来判断数据的平稳性。

对上述 5 个变量进行平稳性检验，原假设 H_0：$\rho = 1$，备选假设 H_1：$\rho < 1$。接受原假设意味着时间序列含有单位根，即序列是非平稳的。其检验结果如表 2-4 所示。

表 2-4 单位根检验结果

变量	ADF 值	5%临界值	10%临界值	截距项	趋势项
ln（GDP）	-2.108780	-3.529758	-3.196411	Y	Y
ln（Loan）	-1.379179	-3.533083	-3.198312	Y	Y
ln（M2）	-2.004493	-3.526609	-3.194611	Y	Y
R	-1.643928	-2.931404	-2.603944	Y	N
P	-3.158876	-3.533083	-3.198312	Y	Y
D.ln（GDP）	-2.712736	-2.938987	-2.607932	N	N
D.ln（Loan）	-3.170177	-2.941145	-2.609066	N	N
D.ln（M2）	-2.958129	-2.936942	-2.606857	N	N
D.R	-5.337238	-2.933158	-2.604867	N	N
D.P	-4.533253	-2.941145	-2.609066	N	N

从表 2-4 中可以看出，各变量的时间序列在显著水平为 10%的 ADF 检验中都存在单位根，说明原序列都不平稳，但各变量的一阶差分都在 5%的显著水平下拒绝了单位根假设，从而各变量都是 I（1）序列，这样我们就可以在平稳序列的基础上进行协整分析。协整分析可以发现变量之间的长期均衡关系，但是无法得知这些变量的短期动态关系，这里我们用误差修正模型解决这个问题。Granger（1988）指出，若一组变量之间具有协整关系，则这些变量具有误差修正模型的形式，并且这些变量至少存在一个方向的 Granger 因果关系。因此，在协整检验的基础上进一步建立误差修正模型，研究房地产投资与其他变量之间的短期动态关系和因果关系。

$$\begin{aligned}\Delta p_t = {} & 2.11 + 0.28\Delta p_{t-1} - 0.25\Delta p_{t-2} - 5.03\Delta \ln GDP_{t-1} - 0.82\Delta \ln GDP_{t-2} \\ & - 2.00\Delta \ln Loan_{t-1} + 4.90\Delta \ln Loan_{t-2} - 37.51\Delta \ln M2_{t-1} + 40.54\Delta \ln M2_{t-2} \\ & + 1.55\Delta R_{t-1} - 1.30\Delta R_{t-2} - 0.32\ (573.07 + P_{t-1}) - 14.46 \ln GDP_{t-1} \\ & + 17.40 \ln Loan_{t-1} - 57.27 \ln M2_{t-1} - 5.06 R_{t-1}) + \varepsilon_t\end{aligned}$$

上式的误差修正模型反映了国内生产总值对房地产价格有反向作用，即国内经济发展速度的加快会导致房地产价格下跌。货币供应量、中长期贷款规模和中长期贷款利率对房地产价格具有同向作用，即利率上升，房地产价格上涨，这主要是由成本增加所造成。货币供给量增加、中长期贷款规模扩大，都会使房地产价格上涨，这说明当金融支持过度时会使房地产价格快速上涨。从偏离长期均衡来看，误差修正项的系数为-0.32，符合反向修正原则，表明当短期波动偏离长期均衡时，将以（-0.32）的调整力度将短期的非均衡状态逐渐向长期的均衡状态拉会。从短期效应来看，货币供给量对房地产价格的影响最为明显，中长期贷款规模对房地产价格的影响次之；从长期效应来看，利率对房地产价格的影响最为明显。

三、金融环境对房地产价格影响的结论

房地产业的发展离不开金融支持，其供给和需求都需要大量的资金支持。然而当金融支持过度时，会使得大量资金进入房地产行业，导致房地产投资和价格快速增加，滋生房地产泡沫。从短期来说，政府可以通过控制货币供给量和中长期贷款规模来控制房地产价格的上涨；从长期来说，要通过调整利率来抑制房地产泡沫的发生。

第五节　基于 VAR 的住房价格变动对居民消费的影响
——以山西省为例①

自 20 世纪 90 年代以来，全球住房市场激烈变动，住房价格变动对实体经济产生了巨大的影响（如日本泡沫经济、亚洲金融危机和美国次贷危机等）。因此，住房市场波动对宏观经济的影响效应研究成为全球各国政府和学术界关注的焦点。居民消费作为国民经济的重要组成部分，是经济

① 本节的主要研究结果见赵华平和张所地合著的《住房价格变动对居民消费的影响效应研究——基于山西省的实证分析》，发表于《未来与发展》2010 年第 10 期第 56~61 页。该成果获 2010 年度山西省“百部（篇）工程”优秀成果三等奖。

持续和稳定发展的持久原动力。只有居民的消费需求得到有效提高，中国才能从根本上促进生产规模的扩大，保证投资取得预期的经济效益，为经济发展提供坚实的基础。而房地产业作为国民经济的支柱性产业，可以通过与其他产业的高度关联性作用，以其不断发展来刺激居民消费，进而对国民经济做出持续稳定的贡献。住房市场作为房地产业的重要组成部分，其发展可以有效促进居民消费规模的扩大和结构升级，因此，研究住房价格变动对居民消费的影响进而对宏观经济增长的作用，已经成为房地产业和宏观经济关联性的问题。

Paiella（2007）证明了住房价格对居民消费的长期作用；Chen（2006）对瑞典的实证研究表明住房价格对消费具有长期和短期作用；Goh 和 Downing（2002）对新西兰的分析发现住房对消费只有短期作用，而没有长期作用；国内学者骆祚炎（2007）研究证明了住房价格对消费具有较强的作用；段忠东（2007）研究证明了短期内房地产价格对通货膨胀与产出的影响十分有限，长期则对通货膨胀与产出产生重要的影响，且在房价与通货膨胀、产出之间存在正反馈作用机制；丁攀（2008）通过扩展 Lettau-Ludvigson 模型证明了房地产市场与居民消费之间存在着较高的正相关；张夕琨（2007）研究证明了我国房地产价格与居民可支配收入具有长期的正向关系，且在房地产价格和居民可支配收入均保持较快增长的条件下，房价收入比却呈下降趋势。在近期国际范围内的金融危机中，中国出台了一系列刺激房地产业投资的政策，这种政策对促进经济增长的作用必须加以研究。这里借鉴国内外学者的研究成果，以山西省为对象，分析住房价格变动对居民消费的影响效应。

一、住房价格变动对居民消费影响的理论分析

住房价格波动主要是由住房市场的供给和需求不均衡而引起的，而供给和需求的变动很大程度上取决于人们对于住房市场和宏观经济的预期。当住房价格快速上涨时，消费者会产生上涨预期，部分消费者会将购房计划提前实施，增加有效需求，导致住房价格进一步上涨。在住房价格不断上涨的情况下，消费者会产生不敢消费的心理，在消费与储蓄的选择决策行为上进行调整。同时，房地产投资者在房价不断上涨的预期下会增加对住房的供给，但由于房地产开发建设周期长，短期内投资带动经济效益可

能不明显，因此，住房价格的快速上涨短期内可能对经济有负面作用。从中期来看，由于房地产业的关联产业较多，所以房地产投资的增加会带动其他关联产业的发展，从而带动地方经济的发展。但是，当住房价格上涨到一定程度时，普通消费者由于其支付能力受到过高房价的影响被迫退出市场，减少对住房的有效需求。若此时住房供给开始增加，则不断增加的供给和逐渐减少的需求会使得住房价格开始出现下跌。此时，房地产投机者会及时抛出手中的住房，增加供给，使价格进一步下跌。如果消费者在普遍预期没有改变的情况下，会持观望态度，等待时机购买，即期需求下降，供给和需求的变化会形成住房价格加速下跌。当住房价格跌到一定程度时，房地产投资者由于无利可图将从房地产市场撤出，转向其他产业，房地产的萎缩会引起关联产业的下滑。此时，地方经济陷入萧条阶段，之后又会进入到下一轮波动。因此，从中期来看，住房价格的上升会引起经济的波动；从长期来看，由于住房的刚性需求，缺乏弹性，会使得有限的供给不能满足日益增加的需求，住房价格有上涨趋势。房地产业与其他产业的高度关联性会使得房地产市场的发展带动整个经济的发展，提高居民的消费水平，改善居民的生活条件。

二、基于山西省住房价格与居民消费水平的实证分析

（一）变量、数据和分析方法

现有文献在分析房地产市场与居民消费关系时，房地产市场大多选择住房财富或住房价格，居民消费指标大多数选择居民消费支出、居民消费水平、人均可支配收入；借鉴国内外学者的研究成果，住房价格指标选择商品住宅销售价格（CHP），因为商品住宅价格更能体现市场机制作用下住房价格的真实水平，而房地产价格指数在我国是从 1998 年才开始统计的，所以，利用商品住宅的销售额和销售面积计算得到的商品住宅销售价格作为衡量指标。居民消费水平指标主要选择地区人均国内生产总值（PGDP）、城镇居民人均可支配收入（PDI）、城镇居民消费水平（HCL）、城镇居民人均住房使用面积（PLA），这些数据分别从产出、收入、消费和住房反映居民的经济、消费和生活条件。其中，人均国内生产总值是通过 GDP 和地区人口数计算得出；对于城镇居民住房面积，山西省的数据

在 1990~1999 年采用城镇居民人均居住面积统计，在 2000~2008 年采用城镇居民人均住房使用面积统计，为了保持数据的连续性和可用性，使用城镇居民人均住房使用面积指标，按照居住面积与使用面积之间的一定比例进行换算得出相应的数据。

邓小平在 1980 年提出了出售公房、调整租金、提倡个人建房买房的改革总体设想，此后，中共中央、国务院正式允许实行住房商品化政策。但开始阶段只有一些试点城市，直到 1990 年才在全国范围内推进房改，所以商品住宅销售面积和销售额只能收集到 1990 年以来的统计数据。为了消除通货膨胀的影响，利用 1989 年为基期的 CPI 定基指数对 PGDP、PDI、HCL 指标序列进行平减，调整后的数据如表 2-5 所示，上述指标均选择 1990~2008 年的数据。

表 2-5 调整后的数据

年份	PGDP（元）	PDI（元）	HCL（元）	PLA（平方米）	CHP（元/平方米）	定基 CPI（%）
1990	1448.897	1263.112	1197.652	12.79	501.50	102.20
1991	1486.910	1316.645	1286.581	12.74	339.78	107.11
1992	1665.094	1412.095	1416.585	13.37	566.20	114.92
1993	1768.193	1479.824	1456.026	13.83	693.17	132.28
1994	1692.903	1549.206	1484.797	13.71	702.74	165.61
1995	1833.751	1707.632	1423.551	14.24	890.30	193.60
1996	2013.863	1772.515	1633.837	14.94	887.23	208.89
1997	2188.069	1852.584	1937.127	15.38	1009.88	215.37
1998	2376.782	1930.128	1837.487	15.61	962.10	212.36
1999	2407.663	2053.187	1859.050	16.69	983.06	211.51
2000	2303.161	2149.721	1962.189	17.87	985.45	219.75
2001	2480.731	2458.130	1781.455	17.58	1248.59	219.32
2002	2838.397	2888.872	2207.538	17.22	1252.87	215.81
2003	3373.100	3187.844	2354.125	17.82	1263.08	219.74
2004	4681.298	3454.782	2651.788	18.35	1573.91	228.75
2005	5323.134	3809.158	3035.734	19.64	1876.33	234.01
2006	5853.633	4201.089	3383.427	20.36	1805.52	238.69
2007	6768.730	4632.043	3596.308	21.02	2052.41	249.67
2008	7601.130	4901.584	3665.246	21.25	2252.58	267.65

注：上述指标的原始数据来自《中国统计年鉴》、《山西统计年鉴》、《山西五十年》、国家经济信息网、中宏数据库。

对上述 5 个指标利用 VAR 构建山西省住房价格与居民消费水平之间的关系模型，得出住房价格与居民消费关系的长期均衡和短期波动，定量分析住房价格对居民消费的作用，测定住房价格对居民消费作用的时间动态差异。同时，通过构建全国住房价格与居民消费的长期均衡和短期波动模型，以全国平均水平和山西省进行比较研究，分析差异和原因。

（二）实证检验

构建 VAR 模型首先需要对变量进行平稳性检验，只有当各变量都是平稳序列或各变量之间存在协整关系时才能用来构建模型。采用单位根检验，对各变量的时间序列进行 ADF 检验，如表 2-6 所示。从表中可以看出，各变量的时间序列均为平稳时间序列，因此，可利用上述指标构建 VAR 模型。

表 2-6 单位根检验结果

变量	ADF 值	1%临界值	5%临界值	10%临界值	时间趋势	截距	结论
PGDP	4.218222	-3.857386	-3.040391	-2.660551	无	有	平稳
CHP	3.092524	-2.699769	-1.961409	-1.606610	无	无	平稳
PDI	5.130630	-3.857386	-3.040391	-2.660551	无	有	平稳
PLA	4.288447	-2.699769	-1.961409	-1.606610	无	无	平稳
HCL	3.755801	-2.699769	-1.961409	-1.606610	无	无	平稳

基于上述结论，利用 1990~2008 年的样本数据，采用 Eviews 5 估计 VAR 模型，其中最优滞后阶数在 AIC 和 SC 准则下确定为 2，如表 2-7 所示。

表 2-7 VAR 模型估计结果

	CHP	PDI	PGDP	PLA	HCL
CHP（-1）	0.378998	0.042641	0.035229	-0.002053	0.085729
	[1.46057]	[0.14756]	[0.07941]	[-1.36948]	[0.20214]
CHP（-2）	-0.286001	-0.210888	-0.635193	0.004142	0.700942
	[-0.99923]	[-0.66162]	[-1.29808]	[2.50432]	[1.49841]
PDI（-1）	-1.177414	0.600266	-0.243499	0.003746	0.526301
	[-2.27392]	[1.04099]	[-0.27507]	[1.25211]	[0.62191]
PDI（-2）	2.213712	0.715663	3.045591	-0.006420	-0.253165
	[2.83092]	[0.82181]	[2.27811]	[-1.42093]	[-0.19809]
PGDP（-1）	-0.153497	-0.063766	-0.154615	0.002591	0.489574
	[-0.72552]	[-0.27064]	[-0.42746]	[2.11909]	[1.41585]

续表

	CHP	PDI	PGDP	PLA	HCL
PGDP（-2）	0.105917	0.193487	0.261210	-0.002446	-0.188357
	[0.61125]	[1.00267]	[0.88173]	[-2.44315]	[-0.66509]
PLA（-1）	-66.20229	-35.39718	-246.7959	1.566542	85.03256
	[-0.90312]	[-0.43361]	[-1.96928]	[3.69845]	[0.70975]
PLA（-2）	98.50162	141.9385	-9.114605	-0.736214	-80.10904
	[1.34500]	[1.74035]	[-0.07280]	[-1.73977]	[-0.66928]
HCL（-1）	-0.261106	-0.294213	0.044384	-0.000327	-0.369471
	[-0.98718]	[-0.99884]	[0.09815]	[-0.21427]	[-0.85469]
HCL（-2）	-0.225492	-0.409479	0.169251	0.001405	-0.309811
	[-0.91070]	[-1.48501]	[0.39983]	[0.98192]	[-0.76558]
C	-337.8368	-869.1254	1241.293	3.048257	958.1694
	[-0.83043]	[-1.91838]	[1.78471]	[1.29674]	[1.44107]
R-squared	0.991245	0.997925	0.998239	0.988844	0.990050
Adj.R-squared	0.976654	0.994466	0.995304	0.970252	0.973467
F-statistic	67.93353	288.5227	340.1131	53.18491	59.70294
Log likelihood	-89.13113	-90.96086	-98.24786	-1.518894	-97.48253
Akaike AIC	11.78013	11.99540	12.85269	1.472811	12.76265
Schwarz SC	12.31927	12.53453	13.39183	2.011949	13.30179

（三）脉冲响应及结果分析

VAR 模型的系数通常是难以解释的，而脉冲响应函数可用于衡量来自随机扰动项一个标准差信息的冲击对内生变量当前和未来取值的影响，因此，通常要通过系统的脉冲响应函数来推断 VAR 模型的内涵。图 2-1、图 2-2、图 2-3、图 2-4、图 2-5 分别为商品住房价格、人均国内生产总值、人均住房使用面积、居民消费水平和人均可支配收入对商品住房价格波动的脉冲响应图形。

由图 2-1 可以看出，商品住房价格对自身的冲击反应是前 2 期为正，之后出现负向响应和正向响应的不断变化，即表现出不确定性，直至第 8 期开始产生正向响应，且这种响应表现为一个逐渐增加的过程。商品住房价格在短期内对自身的冲击响应表现为正，主要是因为人们对房地产价格上涨预期的影响，使得部分消费者提前购买，而房地产的供给由于开发建

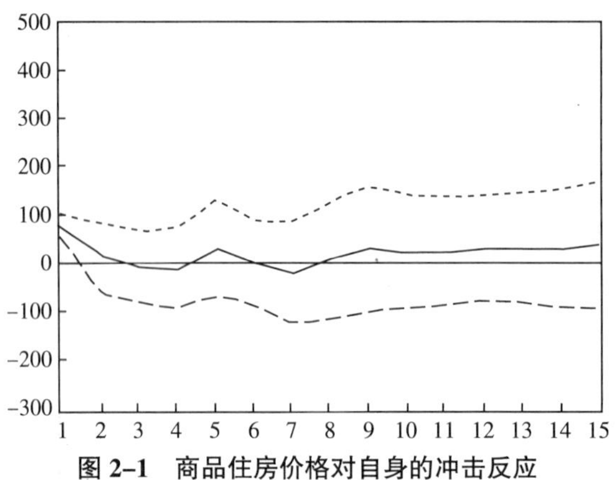

图 2–1　商品住房价格对自身的冲击反应

设周期长却不能及时调整开发建设规模，形成有效供给。因此，住房价格在供求关系作用下不断上涨。但是，房地产投资者在房价不断上涨的预期下会增加对住房的供给，鉴于大多数房地产的开发建设期为 2~3 年，所以第 3 期住房供给明显增加，再加上普通消费者由于其支付能力受到过高房价的影响而被迫退出市场减少了住房需求，因此，供求关系的变化会导致房价的逐渐下跌，表现出负向响应。此时，消费者预期房价继续下跌，会持观望态度，等待时机。待价格跌到最低开始逐渐恢复时，居民又会快速增加住房需求，在需求的带动下又会出现房价的逐步上升，在中期表现出不确定性。但从长期来说，由于住房的刚性需求，缺乏弹性，会使得有限

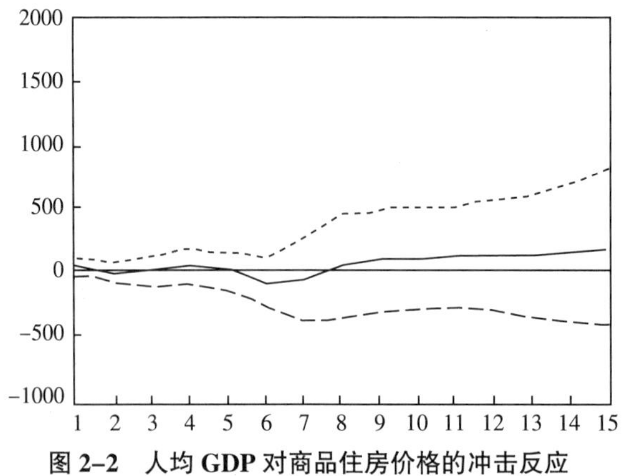

图 2–2　人均 GDP 对商品住房价格的冲击反应

的供给不能满足不断增加的需求，住房价格持续上涨，即长期脉冲响应表现为正。

由图 2-2 可以看出，商品住房价格对人均国内生产总值（PGDP）的冲击反应是：商品住房价格在短期内对人均国内生产总值的影响是非常弱的，这主要是由于房地产开发建设周期长所引起的。从中期来看，人均国内生产总值对商品住房价格的响应是不确定的。第 3、4 期住房价格对人均国内生产总值表现出微弱的正向作用，第 5~7 期，住房价格对人均国内生产总值表现出负面影响。因为住房价格的不断变动会使得房地产投资在不断调整，居民在消费与储蓄之间不断调整，人均国内生产总值出现波动。第 8 期，人均国内生产总值对商品住房价格的冲击响应转为正，且不断增加，即商品住房价格在长期内会促进人均国内生产总值的不断提高。第 8 期房价的逐步上涨会带动房地产投资的增加，再加上居民的消费惯性作用，都会促进经济的发展、人均国内生产总值的提高。

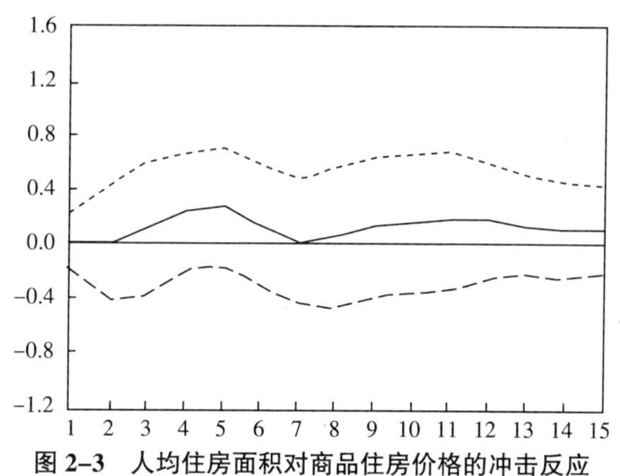

图 2-3　人均住房面积对商品住房价格的冲击反应

由图 2-3 可以看出，商品住房价格对人均住房使用面积（PLA）的冲击反应是：当商品住房价格在本期受到一个正的外部冲击后，在当期人均住房面积基本没有变化，即商品住房价格变化在短期内对人均住房使用面积没有影响，其原因在于住房供给短期内无法增加。第 2 期开始人均住房使用面积对商品住房价格的响应为正，且逐渐增加。其原因在于商品住房价格受到冲击表现为高价格时，房地产投资者会加大对住宅房地产的投资，住房供给逐渐增加，且房价不断上涨会使得部分居民在抱有上涨预期的心理下，提前消费，形成对住房的有效需求，造成商品住房成交量上升，人均住房条件得到改善。因此，商品住房价格在本期受到一个正的冲击，在短期内对居民居住条件基本没有影响，但在中长期内会改善居民的居住条件。

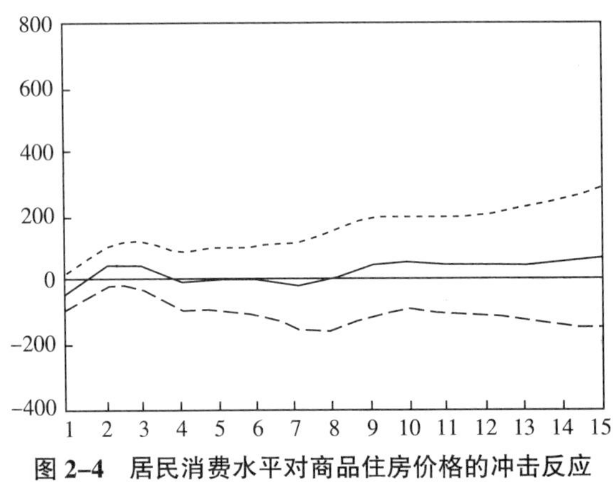

图 2-4 居民消费水平对商品住房价格的冲击反应

由图 2-4 可以看出，商品住房价格对居民消费水平（HCL）的冲击反应是：商品住房价格对居民消费水平的影响在短期和中长期是不同的。居民消费水平对商品住房价格的短期响应是负的，因为普通消费者在住房价格持续不断上涨的情况下产生了不敢消费的心态，将消费变为储蓄，降低了消费水平。因此，短期内居民消费水平呈现出下降趋势。第 2~4 期居民消费水平对商品住房价格的响应变为正向，因为随着住宅房地产投资的不断增加，理性的消费者会逐步调整心理预期，使得自己的消费水平逐步恢复到原来的水平，并由于居民的消费惯性，会逐渐提高。第 4~8 期商品住房价格对居民消费水平的影响是非常弱的，但第 8 期之后表现为持续正向，即居民消费水平不断提高。因此，商品住房价格在短期内对居民消费水平有抑制作用，但很快居民会恢复到原来消费水平。从中长期来看，居民消费水平对商品住房价格的冲击是正向的，即商品住房价格在本期受到一个正的冲击，会促进居民消费水平在中长期内不断提高。

由图 2-5 可以看出，商品住房价格对人均可支配收入（PDI）的冲击反应是：商品住房价格在短期和中期内对人均可支配收入的影响是非常弱的，至第 5 期后开始表现出明显的正向关系。短期内住房价格的上涨没有

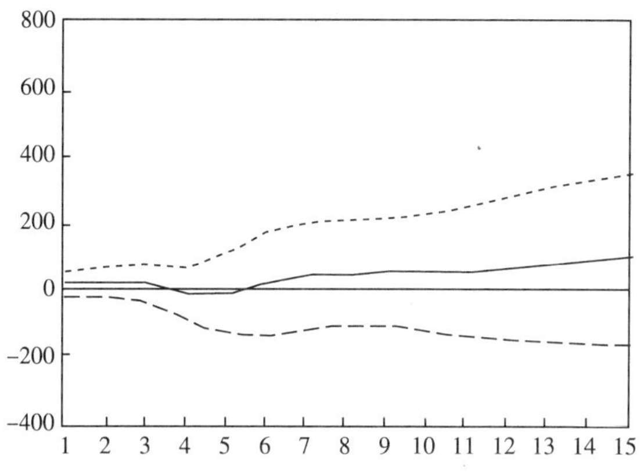

图 2-5 人均可支配收入对商品住房价格的冲击反应

带动经济的增长，居民人均可支配收入基本不变。中期内房地产投资带动了经济的发展，居民收入增加，但房价的上涨也会引起物价的上涨，增加的居民收入可能被上涨的物价所抵消，因此，中期内住房价格的上涨对实际的人均可支配收入影响不明显。但从长期来看，住房价格的上涨带动经济的持续稳定增长，居民的实际可支配收入也会不断得到真正的提高。

三、结论及政策建议

从理论和实证的结果都可以看出，住房价格的上涨在短期内可能对地方经济产生负面影响；中期内由于供求关系的变化可能会造成房地产市场和地方经济的波动，但这种市场机制下的波动会引导居民的合理消费；在长期内会引起住房市场投资的增加，活跃房地产市场，并带动其他相关产业的发展，居民收入逐步增加，生活水平逐步改善，消费水平逐步提高，国民经济得到发展，即长期内房地产市场的发展与地方经济的发展呈正相关关系。因此，政府必须注意房地产业发展对经济的滞后作用。但是，政府也不应该过分依赖住房投资刺激经济增长的模式，因为这种模式会引起社会资源的无效率配置，经济发展的结构性失衡，不利于房地产业的可持续发展。

综上所述，市场机制下住房价格的上涨长期内能够带动地方经济的发展，因此，山西省政府要实现经济的稳定持续增长，必须坚持将住房问题推向商品化和市场化的原则，而不能过多介入。对于国务院提出的“切实保障居民的改善性住房”这一方针，山西省政府可以采取对低收入阶层实行低租金和保障性住房建设的政策，而不是实行住房市场的限价政策。

第三章　房地产价格评估方法

传统的房地产评估方法在运用时主要是从估价时点出发选择比较实例或者搜集待估房地产的收益费用资料进行价格的估算，所以称之为静态评估方法。静态评估方法由于只利用了房地产估价时点的信息资料，而没有充分利用过去的信息，即没有考虑房地产价格或收益的动态变化过程，所以评估结果的科学性受到影响。下面将通过传统的市场比较法和收益还原法的操作步骤和原理总结静态市场比较法和静态收益还原法存在的缺陷，以改进缺陷为目标给出房地产的动态预期评估方法。

第一节　房地产价格静态评估方法

常用的房地产价格评估方法主要有市场比较法、收益还原法和重置成本法。其中，重置成本法主要是通过利用估价时点的土地价格与估价时点建筑物的重置价格扣除折旧来计算标的物的价格，由于成本不具有变化的规律性，所以不需要利用成本的时间序列数据进行动态估算；市场比较法主要是通过利用与标的物相似的房地产的历史成交价格来估算标的物的价格；收益还原法主要是通过利用标的物未来收益流的折现来估算标的物的价格，考虑到价格和收益随时间变动往往呈现某种规律性，所以可采用历史数据来评估房地产的价格，形成动态评估方法。

下面将通过介绍传统的静态市场比较法和静态收益还原法的原理和操作流程来总结静态评估方法的缺陷，为后面的动态市场比较法和动态收益还原法的基本思想提供理论基础。

一、静态市场比较法

市场比较法是房地产评估最广泛使用的一种方法，主要是通过标的物与市场上最近已出售、出售中或已签订购买契约的房地产比较，来估算标的物价格的方法。

（一）市场比较法的理论依据

市场比较法的理论依据是房地产价格形成的“替代原理”。在竞争的市场上，一宗房地产的价格必定与市场上该资产的替代物（提供等量服务或未来收益的房地产）的价格相等，否则，市场的参与者将只购入定价过低的资产而售出定价过高的资产，直到市场上没有这种套利现象存在，就会达到价格均衡。因此，具有相似特征的房地产必然有相同的市场价格，所以待估房地产的价格必然近似于近期所售出的房地产的价格。

（二）适用对象和条件

市场比较法的适用对象是同种类型数量较多且经常发生交易的房地产。适用的条件是该地区的房地产市场比较发达，且在估价时点附近有较多的类似房地产实现了交易，即能够找到较多的比较实例。

（三）静态市场比较法的操作步骤

（1）辨识标的物价格的影响因素。房地产价格的影响因素有经济因素、社会因素、行政因素、区域因素和自身因素五个方面，其中，构成房地产价格差异的主要因素是区域因素、自身因素和行政因素。因此，要认真辨识标的物的主要影响因素，包括标的物所在区域的繁华程度、交通便捷程度、环境状况、基础设施完备程度、城市规划限制等；标的物的土地面积大小、形状、临街状况、土地平整程度、地势、地质水文状况、土地使用年限等；建筑物的新旧程度、装修、设施设备、平面布置、工程质量、建筑结构、楼层、朝向等；还有标的物的所有权形式。

（2）辨识与标的物价格特征相同或相似的房地产子市场。确定的影响因素即为标的物的价格特征，分析标的物的价格特征值，以相同或相似作为标准限定搜集交易实例的房地产子市场。

(3) 搜集所选子市场内的所有销售实例及销售条件和可观测到的影响因素信息。搜集销售实例时应注意所搜集内容的统一性和规范化，同时要保证搜集到的每个销售实例、每项内容的真实性和可靠性，尽可能做到准确无误。

(4) 选择"最相似于"标的物的销售实例作为比较实例。判断销售实例是否能作为比较实例，主要是根据其实体状况、权益状况、区位状况、用途类型、交易类型、交易期日等方面是否与标的物相似来确定的。具体选择的标准参见后面关于比较实例选择准则的相关内容。

(5) 辨识比较实例的销售条件并进行修正，得到比较实例的正常成交价格。房地产的销售条件，通常反映买卖双方的动机。在许多情况下，销售条件会显著影响房地产的交易价格。常见的导致房地产成交价格偏离正常成交价格的情况主要有：父子之间、兄弟之间、亲友之间、母子公司之间等有利害关系人之间的交易，其成交价格通常低于正常市场价格；资金周转不灵，无奈出售房地产变现等急卖或者办理婚姻大事急需房子等急买，其成交价格通常偏低或偏高于正常成交价格；买卖双方不了解市场行情，利益受损下的成交；交易双方的某一方对房地产有特殊偏好形成的成交；招标、拍卖等交易方式下实现的价格；为了手续的简化形成的交易税费非正常负担下的价格；相邻房地产的合并交易；受债权债务关系影响的交易等。

(6) 对比较实例的每个影响因素与标的物之间的差异进行估算，修正由因素特征差异引起的比较实例与标的物在售价方面的差异，得到比较实例的因素调整评估值。针对房地产的实体状况、权益状况和区位状况等因素，将比较实例与标的物逐一进行比较，寻找其存在的差异，并对各种因素作用于房地产价格的具体强度进行估计，即估算每个影响因素的作用系数。

(7) 使用房地产价格指数将前一步得到的调整评估值从交易期日调整到估价期日，得到比较实例在估价期日的调整评估值。比较实例的成交价格是其交易期日的价格，是在其交易期日时的房地产市场状况下形成的。要求评估的标的物的价格是估价时点时的价格，应是在估价时点时的房地产市场状况下形成的。如果交易期日与估价期日不同，房地产市场状况可能发生了变化，价格就有可能不同。因此，应将比较实例在其交易期日的价格调整为在估价期日的价格，如此才能将其作为标的物的价格。

房地产成交期日调整的关键，是要把握标的房地产这类房地产的价格自某个时期以来的涨落变动情况，具体是调查在过去不同时间的数宗类似房地产的价格，找出这类房地产的价格随着时间的变化而变动的规律，据此再对比较实例的成交价格进行成交期日的调整。调整的具体方法可通过房地产价格指数进行。

$$调整到估价期日的价格=交易期日的价格\times\frac{估价期日价格指数}{交易期日价格指数}$$

（8）加权平均比较实例的调整评估值，得到标的物的评估价格。假设有 m 个比较实例，为了得到标的物的最终评估价格，需要对这 m 个调整评估价值进行加权平均。其权重的大小主要根据可比实例与标的物的相似程度确定，相似程度越高，则对该可比实例赋予的权重越大。

（四）静态市场比较法的缺陷

从静态市场比较法的操作步骤和基本原理可以看出，静态市场比较法存在以下缺陷：

（1）很难得到标的物所在子市场的房地产价格指数。由于多种不确定性因素共同作用，使得房地产价格随着时间的推移而变化，整个房地产价格变化的平均规律就是房地产价格指数。但对于目标房地产所在的子市场中房地产价格的变化规律怎样，很难用人力物力去编制该子市场的房地产价格指数，那么就得使用一个很大范围内的房地产价格指数进行比较实例的期日调整。从调整公式不难看出，只要使用的房地产价格指数与实际子市场中房地产价格指数有点偏差，就会造成最终估价有很大的偏误。只有当所考虑的子市场的房地产价格变动时所用的房地产价格指数所涉及的市场的房地产价格变动的均值相接近时，用这种房地产价格指数作期日调整才能保证最终估价不会有较大的偏差，但这是不可能的。

（2）得不到标的物未来估价期日的房地产价格指数。如果估价时点是未来，对于标的物未来估价期日的房地产价格指数更不可能编制或测算出来。而且，未来估价期日离现时工作日越远，估价的结果的误差将会越大，这是不可避免的。

（3）未给出比较实例的权重与期日调整系数的联合确定准则。静态市场比较法仅考虑权重调整准则与方法问题，并未对比较实例的权重与期日调整系数的联合确定准则进行科学的探讨研究。而这个问题的实质是：如

何利用不同时点的比较实例的交易价，对标的物未来某个时点的最可能售价作出最优估价，即如何用动态变化的数据资料进行估价的问题。

（4）最小方差与最小变异系数选择比较实例准则，实际上是多多益善准则。Gau 等人已严格证明了，增加比较实例的个数，不增加最终估价的方差（或变异系数）。也就是说，按 Vandell 的最小方差准则（或按 Gau 等人最小变异系数准则）进行比较实例的选择时，比较实例越多越好。这与实际中选择比较实例的经验矛盾。例如，假设存在一个比较销售实例，其影响房地产质量的特征向量值与标的物完全相似，且交易日与估价期日非常接近，则标的物最优的最终评估价就是该比较实例的售价，不必与其他比较实例售价的调整值进行加权。但是，如果按 Vandell 的最小方差准则（或按 Gau 等人最小变异系数准则）进行比较实例的选择，则需要将所有的比较实例都进行选择加权，这与经验市场比较选择法相悖。

二、静态收益还原法①

持有收益性房地产特定权利的利益，包括拥有所有权期间可获得的该房地产的所有收益与在终结期该房地产的处置收入。因此，收益还原法是将收益性房地产未来各期的收益和终结期的净销售收入通过适当的还原率还原成房地产现值的评估方法。

（一）收益还原法的理论依据

收益性房地产的价值是由未来可产生的期望利益所创造，即收益性房地产的价值可定义为这些未来利益所有权利的现在价值。也就是说，决定房地产价值重要的不是过去的因素，而是未来的因素。但是未来的收益还没有获得，只能通过房地产的历史收益数据进行估算，而且收益的历史数据必须采用客观经营收益，不能采用主观经营收益，这就要求在收益数据估算中，以替代原则为标准进行客观经营收益的确定。因此，收益还原法的理论依据可简单概括为预期原理和替代原理。

① 本处部分研究结果见赵华平和张所地合著的《高速公路工程不动产价值评估动态收益还原法研究》，发表于《工业技术经济》2011 年第 9 期第 10~13 页。

（二）适用对象和条件

收益还原法广泛应用于收益性房地产的市场价值和投资价值的评估。这里所谓的收益性房地产，不限于该房地产本身现在是否有收益，只要它所属的这类房地产有收益即可，即收益性房地产包括具有稳定经营收益的房地产和具有潜在收益的房地产。适用条件为具有持续稳定、安全收益的房地产。

这里所谓的市场价值是指对于市场内众投资者的典型代表而言的房地产价值，是客观的、非个人的、独立的价值；投资价值是指对于一个特定的投资者而言的房地产价值，是主观的、个人的因素。当且仅当该投资者的投资符合市场投资者的典型标准，投资价值才会等于市场价值，在此情况下，两种价值量虽然相同，但其价值形态不能互换。

（三）静态收益还原法的操作步骤

（1）搜集房地产有关经营收益和费用的资料。收益包括拥有所有权期限内的房地产所有利润、投资结束时对房地产的处置收益，费用包括固定费用、变动费用和重置提拨款。

（2）估算潜在毛收益、有效毛收益和经营费用。

①潜在毛收益（Potential Gross Income，PGI）是一项房地产在100%出租的情况下，未扣除任何经营成本的总收益。通常以一年为基础来分析潜在毛收益，由该房地产的所有出租空间租金和因租金调涨条款而增收的租金所构成。

②有效毛收益（Effective Gross Income，EGI）是指潜在毛收益减去空置与欠租损失后的余额。其中，空置与欠租损失是指因空置、承租人变动、欠租而发生的可能收益酌减额。由于房地产的年收缴租金通常少于潜在毛收益，故在收益性房地产评估中要考虑空置与欠租损失。此酌减额一般以潜在毛收益的某一百分率来计算，该百分率又因房地产项目的类别特性、承租人品质、市场的供需状况，以及当地经济条件而异。

③固定费用是指不随出租率变动，无论出租或空置都必须支付的经营费用。

④变动费用是指会随出租率或提供服务的范围不同而变动的经营费用。

⑤重置提拨款为建筑物中比建筑物本身折耗更快，必须在建筑物的使用寿命期内定期更换重置的零件。这些建筑物零件可能包含：屋顶遮盖

物、地毯、电梯、锅炉、走道等。

（3）计算净经营收益、税前现金流量、税后现金流量。

①净经营收益（Net Operating Income，NOI）是指有效毛收益扣除经营费用后，但尚未扣除贷款本息偿还额及账面折旧额的余额。这里的经营费用是指为维护房地产以持续产生有效毛收益，必须发生的期间性开支。

②税前现金流量（Pre-Tax Cash Flow，PTCF），也称为权益股利，是指净经营收益扣除贷款本息偿还额后，但尚未扣除一般经营所得税的余额。

③税后现金流量（After-Tax Cash Flow，ATCF）是指税前现金流量扣除一般经营所得税后的余额。所有权人支付的一般所得税额，决定于房地产所有权所产生的可课税所得。在计算应税所得额时，该税额受到从净经营收益中扣除的利息及折旧额的影响。

（4）估算房地产的回收处置收益。回收处置收益（Reversion Income，RI）是指终结期所获得的对房地产的处置收益（再销售收益），它可能是扣除贷款余额及所得税后的数字。

（5）选择适当的还原率。还原率又称资本化率，是一种投资收益率。这里所谓的适当的还原率是指根据评估对象的实物形态来确定还原率的选择，要求价格和还原率之间必须存在对应关系。即如果评估对象为包括土地和建筑物的房地产，则还原率要选择综合还原率；如果评估对象为土地，则还原率要选择土地的还原率；如果评估对象为建筑物，则还原率要选择建筑物的还原率。

设土地还原率为 i_l，建筑物还原率为 i_b，综合还原率为 i_s，土地的市场价格为 v_l，建筑物的市场价格为 v_b，则有：

$$i_s = \frac{i_l v_l + i_b v_b}{v_l + v_b}$$

（6）利用公式求出标的房地产的收益价格。设 v，v_m 分别表示标的物在现期的评估价和第 m 期标的物的净销售收入；i_j 表示第 j 期末到期初的贴现率；a_j 表示第 j 期初到期末的净收益，则房地产的收益价格计算公式为：

$$v = \sum_{j=1}^{m} \frac{a_j}{\prod_{l=1}^{j}(1+i_l)} + \frac{v_m}{\prod_{l=1}^{m}(1+i_l)}$$

（四）静态收益还原法的缺陷

从静态收益还原法的操作步骤和基本原理可以看出，静态收益还原法存在以下缺陷：

（1）计算公式未包含所有权权益价值部分。一般地，拥有房地产权益的价值包括使用权权益价值及所有权权益价值。而收益还原法用于房地产结合体估价时，一是以租金或经营收益作为估算收益的基础，而实际上租赁收益（租金收入及保证金利息收入）仅属于使用权权益价值的实现部分，并未包括所有权权益（增值、融资及陪衬等效用）的价值；二是以市场上若干销售实例的收益、售价之比来确定还原率，也未考虑资产的增值、融资及陪衬效用。

（2）计算公式在形式上是完美的，但到目前为止，尚无文献研究过具体应用方法。

（3）计算公式未给出收益流与还原率确定的准则。

（4）大多数的研究都把资本要素作为对房地产价值的主要影响因素，但在具体实证分析时很难获取观测值，不得不放弃重要的资本要素。

（5）资本的还原价值和房地产的市场价值不一定存在系统性的关系。

第二节　房地产价格动态评估方法

一、动态市场比较法

（一）动态评估准则

设在t时刻的公开市场上，房地产所有权的交易价为V（t），由于受不确定因素的影响，所以V（t）是随机变化的，它的分布为P（V（t）），则在公开市场上最可能实现的市场交易最高价格$MV_t=\max\limits_{V_t^*}\{V_t^*|P(V_t^*)=\max\limits_{V_t}P(V_t)\}$。

偏差很大或很小的交易价的概率一般均很小，可假定V（t）的概率分

布 P (V (t)) 具有单峰性，其峰值点就是概率最大值点，也就是说，在这个交易价位进行成交的概率最大，是最可能实现的最高交易价，所以 MV_t 满足下式

$$P(MV_t)=\max_{V_t}\{P(V_t)\}$$

如果进一步假设 P (V (t)) 的分布是正态的，则 $MV_t=E(V(t))$。

而实际中，往往是在估价工作日 t，获得了标的物所在的公开市场上到 t 时为止的有关房地产的信息，对估价期日 t + q 时的房地产市场价 MV_{t+q} 做出估计，那么使这个估计最优的准则一般为估计误差的方差最小。

用 F_t 来表示到 t 时刻为止的有关房地产交易的信息所构成的 σ 域，用 $\hat{V}_{t+q}$ 表示在信息域的条件下对 MV_{t+q} 所作的最小均方误差估计，即对于在 F_t 条件下，对 V_{t+q} 所作的任一估计 V_{t+q} 都有 $E(EV_{t+q}-\hat{V}_{t+q})^2=E(MV_{t+q}-\hat{V}_{t+q})^2=\min_{V^*_{t+q}}\{E(MV_{t+q}-V^*_{t+q})^2\}$。

所谓到 t 时刻，标的物所在子市场的信息域 F_t 包括：

（1）有 m 宗比较交易实例，第 j 宗在 t_j 时刻交易价为 $V_j(t_j)$，影响因素向量值为 $x_j=(x_{j1},\cdots,x_{jn})^T$，$j=1,2,\cdots,m$，$t_1<t_2<\cdots<t_m\leq t$。

（2）在 t_j 时刻，调整系数向量值为 $B(t_j)=(b_1(t_j),\cdots,b_n(t_j))^T$，$j=1,2,\cdots,m$，这可以通过建立该期的享用价格模型或经验格式调整方法得到。当市场处于稳定状态时，诸 $B(t_j)$，$j=1,2,\cdots,m$ 可认为近似相等，即 $B=(b_1,\cdots,b_n)^T$。

（3）标的物在 t_j 时刻用第 j 个比较实例进行影响因素差异的调整评估价为：

$$\bar{V}_s(t_j)=V_j(t_j)+\sum_{i=1}^{n}b_i(t_j)(x_{si}-x_{ij}),\ j=1,2,\cdots,m$$

当市场处于稳定状态时，

$$\bar{V}_s(t_j)=V_j(t_j)+\sum_{i=1}^{n}b_i(x_{si}-x_{ij}),\ j=1,2,\cdots,m$$

综合上述三点，可以认为到 t 时刻，标的物所在子市场的信息域为 $F_t=\sigma\{V(s),s\leq t\}$。可以把上述 m 个调整评估值 $\bar{V}_s(t_1)$，$\bar{V}_s(t_2)$，…，$\bar{V}_s(t_m)$ 视为随机过程 $\{V(s)\}$ 的观测值。

按经验市场比较法，需对 $\bar{V}_s(t_j)$ 进行期日调整。设从交易期日 t_j 到估价期日进行期日 t + q 调整的系数为 $\alpha_j(t_j,t+q)$，则标的物在估价期日 t + q

由比较实例所调整评估价为：

$V_{sj}=\alpha_j(t_j,\ t+q)\overline{V}_s(t_j),\ j=1,\ \cdots,\ m$

Vandell 及 Gau 等人正是从上述诸 V_{sj}，$j=1,\ 2,\ \cdots,\ m$ 出发，也就是在假定诸 $\alpha_j(t_j,\ t+q)$ 已知的情况下，用非负的最优加权方法，得到标的物在 $t+q$ 时，最小均方误差（变异系数）的最终评估价为：

$$\begin{cases} V_{s,t+q}=\sum_{j=1}^{m}\omega_j V_{sj}=\sum_{j=1}^{m}\omega_j\alpha_j(t_j,\ t+q)\overline{V}_s(t_j) \\ \sum_{j=1}^{m}\omega_j=1,\ \omega_j\geqslant 0,\ j=1,\ \cdots,\ m \end{cases}$$

使得：

$var(V_{s,t+q})=E(V_{s,t+q}-MV_{t+q})^2=\min$

可是，在实际中，诸 $\alpha_j(t_j,\ t+q)$ 是未知的、待估的，所以原问题等价于寻找如下形式的具有时间变化的合成参数：

$\beta_j=\beta_j(t_j,\ t+q)=\omega_j\alpha_j(t_j,\ t+q)\geqslant 0,\ j=1,\ 2,\ \cdots,\ m$

使得标的物的最终评估价为：

$$V_{s,t+q}=\sum_{j=1}^{m}\beta_j\overline{V}_s(t_j),\ \beta_j\geqslant 0,\ j=1,\ \cdots,\ m$$

满足 $\beta_j=\beta_j(t_j,\ t+q)=\omega_j\alpha_j(t_j,\ t+q)\geqslant 0,\ j=1,\ 2,\ \cdots,\ m$

这就综合考虑了最优比较实例集的选择、权重的确定及时间因素的影响，将权重与期日调整系数的确定结合在一起，得到了一种“动态化”选择最优比较实例集的准则——最终评估价的“动态”最小均方误差准则。

当不考虑时间因素的影响，也就是期日调整系数为：

$\alpha_j(t_j,\ t+q)\equiv 1,\ j=1,\ 2,\ \cdots,\ m$ 时，$\beta_j=\beta_j(t_j,\ t+q)=\omega_j\geqslant 0,\ j=1,\ 2,\ \cdots,\ m$

则这个“动态化”选择最优比较实例集的准则就变为 Vandell 的最终评估价的“静态化”最小均方误差准则。

（二）市场比较的动态评估方法

根据前面的讨论，可以把由 m 个比较实例通过影响因素差异调整而得到的调整评估值 $\overline{V}_s(t_1)$，$\overline{V}_s(t_2)$，…，$\overline{V}_s(t_m)$ 视为标的物售价随机过程 $\{V(s)\}$ 分别在时刻 t_1，t_2，…，t_m 的观测值。现在的问题是，在已知这些观测值的情况下，要对标的物未来时刻 $t+q$ 的市场价作出最优预测（或评

估）。为此，先做一些近似处理。

假设 1：诸比较实例的交易期日 t_j，j = 1，2，⋯，m，按统计期日（如：按月度、季度或年度）可作等时间间隔处理，即可设 $t_m - t_{m-1} = t_{m-1} - t_{m-2} = \cdots = t_2 - t_1 = h$；进一步假设：$t + q = t_{m+k}$；为书写方便，可把 t_j 记为 j，j = 1，⋯，m，m + 1，⋯，m + k。

在假设 1 的情况下，原“动态化”比较实例选择问题变为：知道了标的物市场交易价随机序列 $\{V(t)\}$ 在 m 时刻及 m 时刻以前的观测值 $\bar{V}_s(1)$，$\bar{V}_s(2)$，⋯，$\bar{V}_s(m)$，要预测标的物在未来 m + k 时刻的市场价 $MV(m+k)$。所以原“动态化”问题，现变为寻找诸参数 $\beta_j(k) \geqslant 0$，j = 1，⋯，m；k = 1，2，⋯，使

$$E[V(m+k) - \sum_{j=1}^{m} \beta_j(k)\bar{V}(j)]^2 = \min,\ k = 1,\ 2,\ \cdots$$

其一阶条件和约束条件为：

$$\begin{cases} \sum_{j=1}^{m} \beta_j(k) E[V(i)V(j)] = E[V(m+k)V(i)],\ i = 1,\ 2,\ \cdots,\ m \\ \beta_j(k) \geqslant 0,\ j = 1,\ \cdots,\ m;\ k = 1,\ 2,\ \cdots \end{cases}$$

由于无法用 $\{V(t)\}$的观测值 $\bar{V}_s(1)$，$\bar{V}_s(2)$，⋯，$\bar{V}_s(m)$ 来直接估计 $E[V(m+k)V(i)]$，即得不到 $E[V(m+k)V(i)]$观测值或估计值，所以不能直接求解上式。为了得到标的物在估价期日市场价的最优最终评估价，先对 $\{V(t)\}$ 做简单化假设，得到一种理想化评估模型；然后再扩展该模型与实际相适应。

（1）稳定市场情况下的房地产价格评估模型。先对固定的 p（分别取 p = 1，2，⋯），选择参数 $b_j \geqslant 0$，j = 1，2，⋯，p 使：

$$RSS(p) = \sum_{t=p+1}^{m} \{\bar{V}_s(t) - \sum_{j=1}^{p} b_j \bar{V}_s(t-j)\}^2 = \min$$

然后用 BIC 准则来确定 p^*，使 $BIC(p^*) = \min\{BCI(p) | p = 1,\ 2,\ \cdots\}$

其中，$BIC(p) = m \ln(RSS(p)) + 2p \ln m$

就得到了 p^* 阶自回归估价模型 $V(t) = \sum_{j=1}^{p^*} b_j^* V(t-j)$

将观测值 $\bar{V}_s(1)$，$\bar{V}_s(2)$，⋯，$\bar{V}_s(m)$ 代入上式，便可得到标的物在估价期日 m + 1，⋯，m + k 的最终评估价分别为：

$$\begin{cases}\hat{V}(m+1)=\sum_{j=1}^{p^*}b_j^*\overline{V}_s(m+1-j)\\ \hat{V}(m+k)=\begin{cases}\sum_{j=1}^{k-1}b_j^*\hat{V}(m+k-j)+\sum_{j=k}^{p^*}b_j^*\overline{V}_s(m+k-j) & 1<k\leqslant p^*\\ \sum_{j=1}^{p^*}b_j^*\hat{V}(m+k-j) & p^*<k\leqslant n\end{cases}\end{cases}$$

（2）趋势市场情况下的房地产价格评估模型。如果由 m 个比较实例通过影响因素差异调整而得到的调整评估值 $\overline{V}_s(t_1)$，$\overline{V}_s(t_2)$，…，$\overline{V}_s(t_m)$ 具有明显的趋势性，可先进行趋势性拟合。设拟合的趋势性函数为 f（t）（通常取 f（t）为线性函数，或二次函数，或指数函数进行拟合），则拟合残差 $x_s(t)=\overline{V}_s(t)-f(t)\geqslant 0$，t = 1，…，m 可认为是二阶矩平稳的。完全类似稳定情况下建模的方法，可得到其最优拟合的 p^* 阶自回归模型

$$x_s(t)=\sum_{j=1}^{p^*}b_j^*x_s(t-j),\ t=p+1,\ \cdots,\ m$$

则可得标的物在估价期日 m + 1，…，m + k 的最终评估价分别为：

$$\hat{V}(m+k)=f(m+k)+\hat{x}(m+k),\ k=1,\ 2,\ \cdots$$

其中，

$$\begin{cases}\hat{x}(m+1)=\sum_{j=1}^{p^*}b_j^*x_s(m+1-j)\\ \hat{x}(m+k)=\begin{cases}\sum_{j=1}^{k-1}b_j^*\hat{x}(m+k-j)+\sum_{j=k}^{p^*}b_j^*x_s(m+k-j) & 1<k\leqslant p^*\\ \sum_{j=1}^{p^*}b_j^*\hat{x}(m+k-j) & p^*<k\leqslant n\end{cases}\end{cases}$$

（3）周期波动市场情况下的房地产价格评估模型。如果由 m 个比较实例通过影响因素差异调整而得到的调整评估值 $\overline{V}_s(t_1)$，$\overline{V}_s(t_2)$，…，$\overline{V}_s(t_m)$ 具有明显的周期性，可先进行周期性拟合。设拟合的周期性函数为 g(t)，通常取 sin 与 cos 进行拟合，则拟合残差 $x_s(t)=\overline{V}_s(t)-g(t)$，t = 1，…，m，可认为是二阶矩平稳的。完全类似前面的方法，可得到其最优拟合的 p^* 阶自回归模型

$$x_s(t)=\sum_{j=1}^{p^*}b_j^*x_s(t-j),\ t=p+1,\ \cdots,\ m$$

则可得标的物在估价期日 m+1，…，m+k 的最终评估价分别为：

$$\hat{V}(m+k)=g(m+k)+\hat{x}(m+k),\ k=1,\ 2,\ \cdots$$

其中，

$$\begin{cases}\hat{x}(m+1)=\sum_{j=1}^{p^*}b_j^*x_s(m+1-j)\\ \hat{x}(m+k)=\begin{cases}\sum_{j=1}^{k-1}b_j^*\hat{x}(m+k-j)+\sum_{j=k}^{p^*}b_j^*x_s(m+k-j) & 1<k\leqslant p^*\\ \sum_{j=1}^{p^*}b_j^*\hat{x}(m+k-j) & p^*<k\leqslant n\end{cases}\end{cases}$$

（4）趋势周期波动市场情况下的房地产价格评估模型。如果由 m 个比较实例通过影响因素差异调整而得到的调整评估值 $\bar{V}_s(t_1)$，$\bar{V}_s(t_2)$，…，$\bar{V}_s(t_m)$ 具有明显的趋势性，可先进行趋势性拟合，如果拟合残差还具有明显的周期性，再进行周期性拟合。设拟合的趋势性与周期性函数分别为 f(t)和 g(t)，则拟合残差 $x_s(t)=\bar{V}_s(t)-f(t)-g(t)$，t=1，…，m，可认为是二阶矩平稳的。完全类似前面的方法，可得到其最优拟合的 p^* 阶自回归模型

$$x_s(t)=\sum_{j=1}^{p^*}b_j^*x_s(t-j),\ t=p+1,\ \cdots,\ m$$

则可得标的物在估价期日 m+1，…m+k 的最终评估价分别为：

$$\hat{V}(m+k)=f(m+k)+g(m+k)+\hat{x}(m+k),\ k=1,\ 2,\ \cdots,\ n$$

其中，

$$\begin{cases}\hat{x}(m+1)=\sum_{j=1}^{p^*}b_j^*x_s(m+1-j)\\ \hat{x}(m+k)=\begin{cases}\sum_{j=1}^{k-1}b_j^*\hat{x}(m+k-j)+\sum_{j=k}^{p^*}b_j^*x_s(m+k-j) & 1<k\leqslant p^*\\ \sum_{j=1}^{p^*}b_j^*\hat{x}(m+k-j) & p^*<k\leqslant n\end{cases}\end{cases}$$

二、动态收益还原法

（一）长期稳定性经营收益流的动态评估

假设待估标的物是具有长期稳定性经营的收益性房地产，在 m 时期前，各期的净经营收益流为 a_1，a_2，…，a_m；对该标的物再拥有期为 n，且在这段期间内，无竞争性房地产再加入。即可以把标的物的经营收益流 $\{a_t\}$ 视为随机过程（或时间序列），现已知标的物净经营收益流随机序列 $\{a_t\}$ 在 m 时刻及以前的观测值 a_1，a_2，…，a_m，要预测标的物在未来 m + k 时刻的净经营收益流 a_{m+k}，k = 1，2，…，n，用 $a^*_{m+k} = E(a_{m+k}/a_1a_2\cdots a_m)$ 来表示在 a_1，a_2，…，a_m 的条件下对 a_{m+k} 的条件预期，k = 1，2，…，n，则应满足如下的最小二乘性，即

$$E(a_{m+k} - a^*_{m+k})^2 = E[a_{m+k} - E(a_{m+k}/a_1a_2\cdots a_m)]^2 = \min，k = 1，2，\cdots，n$$

其一阶条件为：

$$\sum_{j=1}^{m} b_j(k)E[a_l a_j] = E[a_{m+k}a_l]，l = 1，2，\cdots，m；k = 1，2，\cdots，n$$

由于无法用 $\{a_t\}$ 的观测值 a_1，a_2，…，a_m 来直接估计 $E[a_{m+k}a_l]$，即得不到 $E[a_{m+k}a_l]$ 观测值或估计值，所以不能直接求解上式。为了得到标的物未来收益流的最优评估值，先对 $\{a_t\}$ 做简化假设，得到理想化评估模型；然后再扩展该模型与实际相适应。

（1）稳定市场情况下的收益流评估模型。设标的物所在的子市场从期 1 到期 m + n 是稳定的，即标的物净经营收益流的随机过程 $\{a_t\}$ 是平稳的，一般情况下，可设 $\{a_t\}$ 是二阶矩平稳的，即均值方差平稳。由时间序列分析理论，可以假设 $\{a_t\}$ 满足如下的 p 阶自回归模型：

$$a_t = b_0 + b_1a_{t-1} + b_2a_{t-2} + \cdots + b_pa_{t-p} + e_t，t = m，m-1，\cdots，p+1$$

其中 b_j，j = 0，1，…，p 是待估参数，e_t 是随机误差项，服从均值为0，方差为 σ^2 的正态分布。

先对固定的 p（分别取 p = 1，2，…），选择参数 $\hat{b}_j$，j = 0，1，…，p使

$$RSS(p) = \sum_{t=p+1}^{m} \{a_t - b_0 - \sum_{j=1}^{p} \hat{b}_j a_{t-j}\}^2 = \min$$

然后按照 BIC 准则选择 p^*，使 $BIC(p^*)=\min\{BIC(p)|p=1, 2, \cdots\}$，则得到了 p^* 阶自回归估价模型为：$a_t=b_0^*+\sum_{j=1}^{p^*}b_j^*a_{t-j}$。

将观测值 a_1，…，a_m 代入上式，便可得到标的物在时刻 m + 1，…，m + n 的收益流最优评估值为：

$$a_{m+k}^*=\begin{cases}b_0^*+\sum_{j=1}^{p^*}b_j^*a_{m+1-j} & k=1\\ b_0^*+\sum_{j=1}^{k-1}b_j^*a_{m+k-j}^*+\sum_{j=k}^{p^*}b_j^*a_{m+k-j} & 1<k\leqslant p^*\\ b_0^*+\sum_{j=1}^{p^*}b_j^*a_{m+k-j}^* & p^*<k\leqslant n\end{cases}$$

（2）趋势市场情况下的收益流评估模型。设标的物所在的子市场在期1到期 m+n 具有趋势性，即标的物净经营收益流具有明显的趋势性，可先进行趋势性拟合。设拟合的趋势性函数为 f(t)（通常取 f(t)为线性函数，或二次函数，或指数函数进行拟合），则拟合残差 $x_f(t)=a_t-f(t)$，t = 1，…，m 可认为是二阶矩平稳的。完全类似前面的方法，可得到其最优拟合的 p^* 阶自回归模型为：

$$x_f(t)=\sum_{j=1}^{p^*}b_j^*x_f(t-j),\ t=p+1,\ \cdots,\ m$$

则可得到标的物在时刻 m + 1，…，m + n 的收益流最优评估值为：

$$a_{m+k}^*=f(m+k)+\hat{x}(m+k)\quad k=1,\ 2,\ \cdots,\ n$$

其中，

$$\hat{x}(m+k)=\begin{cases}\sum_{j=1}^{p^*}b_j^*x_f(m+1-j) & k=1\\ \sum_{j=1}^{k-1}b_j^*\hat{x}(m+k-j)+\sum_{j=k}^{p^*}b_j^*x_f(m+k-j) & 1<k\leqslant p^*\\ \sum_{j=1}^{p^*}b_j^*\hat{x}(m+k-j) & p^*<k\leqslant n\end{cases}$$

（3）周期波动市场情况下的收益流评估模型。设标的物所在的子市场，在期 1 到期 m + n 具有周期性，即标的物净经营收益流具有明显的周期性，可先进行周期性拟合。设拟合的周期性函数为 g（t）（通常取 g(t)

为周期函数 sin 与 cos 进行拟合)，则拟合残差 $x_g(t)=a_t-g(t)$，$t=1$，…，m 可认为是二阶矩平稳的。完全类似前面的方法，可得到其最优拟合的 p^* 阶自回归模型为：

$$x_g(t)=\sum_{j=1}^{p^*}b_j^*x_g(t-j),\ t=p+1,\ \cdots,\ m$$

则可得到标的物在时刻 m+1，...，m+n 的收益流最优评估值为：

$$a_{m+k}^*=g(m+k)+\hat{x}(m+k),\ k=1,\ 2,\ \cdots,\ n$$

其中，

$$\hat{x}(m+k)=\begin{cases}\sum_{j=1}^{p^*}b_j^*x_g(m+1-j) & k=1\\ \sum_{j=1}^{k-1}b_j^*\hat{x}(m+k-j)+\sum_{j=k}^{p^*}b_j^*x_g(m+k-j) & 1<k\leqslant p^*\\ \sum_{j=1}^{p^*}b_j^*\hat{x}(m+k-j) & p^*<k\leqslant n\end{cases}$$

(4) 趋势周期波动市场情况的收益流评估模型。设标的物所在的子市场，在期 1 到期 m+n，既具有趋势性，又具有周期性，可先进行趋势性拟合，再进行周期性拟合。设拟合的趋势性函数与周期性函数分别为 f(t) 和 g(t)，则拟合残差 $x_s(t)=a_t-f(t)-g(t)$，$t=1$，…，m 可认为是二阶矩平稳的。完全类似前面的方法，可得到其最优拟合的 p^* 阶自回归模型为：

$$x_s(t)=\sum_{j=1}^{p^*}b_j^*x_s(t-j),\ t=p+1,\ \cdots,\ m$$

则可得到标的物在时刻 m+1，…，m+n 的收益流最优评估值为：

$$a_{m+k}^*=f(m+k)+g(m+k)+\hat{x}(m+k),\ k=1,\ 2,\ \cdots,\ n$$

其中，

$$\hat{x}(m+k)=\begin{cases}\sum_{j=1}^{p^*}b_j^*x_s(m+1-j) & k=1\\ \sum_{j=1}^{k-1}b_j^*\hat{x}(m+k-j)+\sum_{j=k}^{p^*}b_j^*x_s(m+k-j) & 1<k\leqslant p^*\\ \sum_{j=1}^{p^*}b_j^*\hat{x}(m+k-j) & p^*<k\leqslant n\end{cases}$$

（二）潜在收益性房地产未来收益流的预期评估方法

潜在收益性房地产指还未产生稳定经营收益流或等待投资的房地产。设待估标的物为潜在收益性房地产，对该标的物的拥有期为 n，且在这段期间内，无竞争性房地产再加入。按照具有长期稳定经营收益的房地产未来收益流的估算方法，只要能够获取标的物在期 1 到期 m 的收益流数据，即可估算出未来的收益流。但由于潜在收益性房地产目前还未产生稳定经营收益，无法获取期 1 到期 m 的收益流，所以可以考虑采用市场比较法来获取历史数据。即在标的物所在的子市场中，选择若干个具有较长时期稳定经营收益的、与标的物具有相似收益的房地产，通过修正和调整的方法获取标的物的历史收益数据。

（三）收益性房地产终结期净销售收入的预期评估方法

标的物在终结期净销售收入（或标的物在终结期处置收入）v_{m+n} 的预期评估，按是否存在较多的比较销售实例，可用以下两种方法分别进行评估。

（1）当存在较多的比较销售实例时，可采用动态市场比较法获得标的物在终结期净销售收入 v_{m+n} 的最优评估值 V^*_{m+n}。

（2）当标的物的比较销售实例较少时，可采用收益性房地产收益流的动态评估方法来获得标的物在终结期净销售收入 v_{m+n} 的最优评估值 V^*_{m+n}。设标的物在终结期及以后拥有相同的净经营收益流 $a_{m+n+j}=a_{m+n}$，$j=1, 2, \cdots$，按照上述长期稳定性经营收益流的动态评估方法可得到 a_{m+n} 的最优评估值 a^*_{m+n}，再按照下面给出的还原率动态预期评估方法得到第 m + n 期以后的永久还原率 i_{m+n} 的最优评估值 i^*_{m+n}，则标的物在终结期净销售收益的最优评估值为：$V^*_{m+n}=a^*_{m+n}/i^*_{m+n}$。

（四）还原率的动态预期评估方法

目前确定还原率的方法还只是一些静态的方法，不能满足房地产估价的要求，因此必须从还原率的历史数据出发来对其进行动态化预测，而大量的还原率历史数据对于房地产交易发达的西方国家较易获得，对于我国这种房地产市场正处于起步阶段的国家，很难直接获得待估的房地产的还原率历史数据。因此，只能根据相关因素的历史数据间接测算该房地产过去各时期的还原率。下面介绍两种测算房地产还原率历史数据的方法。

(1) 比较实例法。设标的物所在的市场中，存在 m 宗与标的物相似的具有较长时期稳定经营收益的房地产在公开市场上均已销售，其销售价格分别为 $v_1(t_1)$, $v_2(t_2)$, …, $v_m(t_m)$，相应的净经营收益流分别为 $a_1(t_1)$, $a_2(t_2)$, …, $a_m(t_m)$，则可得到相应的还原率为：

$$i_{t_j} = \frac{a_j(t_j)}{v_j(t_j)}, \ j = 1, \ \cdots, \ m$$

(2) 资本资产定价模型法。

$$i_t = i_t^f + (i_t^s - i_t^f)\beta_t + i_t^r + \varepsilon_t$$

其中，i_t 为待估标的物在过去 t 期的收益率，它就是该房地产在 t 时期的还原率；i_t^f 为 t 期的无风险资产收益率（或称安全利率）；i_t^s 为 t 期市场资产组合的收益率，β_t 为 t 时期该类房地产的风险系数，它反映了该类房地产收益率的不确定性和变异程度；i_t^r 为通货膨胀率（若使用可比价格则通货膨胀率 i_t^r 为 0）；ε_t 为随机误差项 $\varepsilon_t \sim N(0, \sigma^2)$。

上式说明还原率由无风险收益率和风险报酬率（或风险调整值）及通货膨胀率构成。只要合理地确定出 i_t^f，i_t^s，i_t^r，β_t 的期望值，就可以测算出该房地产过去 t 时期的还原率 i_t 的期望值。通常情况下，i_t^f 可选用同期国债利率和银行定期存款或贷款利率，或采用该类房地产所在行业的同期平均资产收益作为其安全收益率；i_t^s 基于我国现有的资本资产市场测度；i_t^r 可由国家统计部门每年公布同期通货膨胀率数据确定；$\beta_t = cov_{jM}(t)/\sigma_M^2(t)$，$cov_{jM}(t)$ 为 t 时期 j 类房地产收益率与市场资产组合收益率的协方差，可用证券市场地产指数与市场指数来测算；$\sigma_M^2(t)$ 为 t 时期市场资产组合收益率的方差，可用证券市场指数来测算。

当测算出的还原率的历史值较少时 m = q，可用这 q 个还原率的历史值拟合多项式函数或指数函数等，按一般的拟合方法，找到一种最优拟合函数 f(t)，用此函数作为预期模型对未来的还原率进行外推预测；当比较实例的个数较多时，假设 q≈m，将这 m 个还原率值 i_j, j = 1，2，…，m 所对应的时间 t_1，…，t_m 视为是等间隔的（如果某两个之间的间隔相比较长，这时可用插值方法得到中间点处对应的还原率之值）。为书写方便，用下标 j = 1，2，…，m 表示时间。这种情况下，视 i_1，…，i_m 为标的物还原率随机过程 $\{i_t\}$ 的观测值。采用类似于具有稳定经营收益房地产的收益

流动态评估方法，就可得到未来所对应时刻 $t=m+1, \cdots, m+n$ 还原率的评估值 $\hat{i}_{m+1}, \cdots, \hat{i}_{m+n}$。

第一，稳定市场情况下还原率的预期评估模型。设标的物所在的子市场，从期 1 到期 $m+n$ 是稳定的，即测算出的标的物还原率的随机过程 $\{i_t\}$ 是平稳的，可设 $\{i_t\}$ 是二阶矩平稳的。由时间序列分析理论，可以假设 $\{i_t\}$ 满足如下的 p 阶自回归模型：

$$i_t = b_0 + b_1 i_{t-1} + b_2 i_{t-2} + \cdots + b_p i_{t-p} + e_t, \quad t=m, m-1, \cdots, p+1$$

其中，b_j，$j=0, 1, \ldots, p$ 是待估参数，e_t 是随机误差项，服从均值为 0，方差为 σ^2 正态分布。

先对固定的 p（分别取 $p=1, 2, \ldots$），选择参数 $\hat{b}_j$，$j=0, 1, \cdots, p$ 使：

$$RSS(p) = \sum_{t=p+1}^{m} \{i_t - b_0 - \sum_{j=1}^{p} \hat{b}_j i_{t-j}\}^2 = \min$$

然后按照 BIC 准则选择 p^*，使 $BIC(p^*) = \min\{BIC(p) | p=1, 2, \cdots\}$，则得到了 p^* 阶自回归估价模型为：$i_t = \hat{b}_0 + \sum_{j=1}^{p^*} \hat{b}_j i_{t-j}$

将观测值 $i_1, \cdots, i_m$ 代入上式，可得到标的物在时刻 $m+1, \cdots, m+n$ 的最优评估值为：

$$\hat{i}_{m+k} = \begin{cases} \hat{b}_0 + \sum_{j=1}^{p^*} \hat{b}_j i_{m+1-j} & k=1 \\ \hat{b}_0 + \sum_{j=1}^{k-1} \hat{b}_j \hat{i}_{m+k-j} + \sum_{j=k}^{p^*} \hat{b}_j i_{m+k-j} & 1<k \leqslant p^* \\ \hat{b}_0 + \sum_{j=1}^{p^*} \hat{b}_j \hat{i}_{m+k-j} & p^* < k \leqslant n \end{cases}$$

第二，非稳定市场情况下还原率的预期评估模型。设标的物所在的子市场，从期 1 到期 $m+n$ 是非稳定的，这意味着在 $\{i_t\}$ 中存在着某种固定成分。一般来说，这种固定成分可分为趋势性和周期波动性成分或二者兼而有之的混合性成分。对于这种具有固定成分的非平稳随机时间数据序列，需首先建立 $\{i_t\}$ 中固定成分的拟合模型，然后用固定成分拟合模型将相应固定成分从 $\{i_t\}$ 中分离出来，对剩余的随机成分建立相应的拟合模型，最后将固定成分模型和随机成分模型相加即可得到非平稳性还原率数据序列 $\{i_t\}$ 的拟合模型，它事实上是一个混合模型。利用混合模型可对未来各期还原率进行动态预期评估。

设趋势性成分拟合模型为 f(t)，周期波动性成分拟合模型为 g(t)，随机成分为 $\{s_t\}$，则 m + k 时期还原率的预期评估值 $\hat{i}(m+k)(k=1,2,\cdots,n)$ 为 $\hat{i}(m+k)=f(m+k)+g(m+k)+\hat{s}_{m+k}$。若 g(t) = 0，即 $\{i_t\}$ 中只有趋势性成分时，g(m + k) = 0（k = 1, 2, …, n）；若 f(t) = 0，即 $\{i_t\}$ 中只有周期波动性成分时，f(m + k) = 0，（k = 1, 2, …, n）。$\hat{s}_{m+k}$ 的预期评估模型如下：

$$\hat{s}_{m+k}=\begin{cases}\sum_{j=1}^{p^*}\hat{a}_j s_{m+1-j} & k=1\\ \sum_{j=1}^{k-1}\hat{a}_j\hat{s}_{m+k-j}+\sum_{j=k}^{p^*}\hat{a}_j s_{m+k-j} & 1<k\leqslant p^*\\ \sum_{j=1}^{p^*}\hat{a}_j\hat{s}_{m+k-j} & p^*<k\leqslant n\end{cases}$$

第三节　房地产价格预期评估方法①

面对国际金融危机，扩大居民消费是保持经济持续稳定发展的主要动力，而居民在消费与储蓄上的选择行为很大程度上受房地产价格波动的影响。健康平稳的房地产市场和社会环境，能够引导居民的理性消费行为，降低因房地产价格波动引致的宏观经济风险，相反，房地产价格的过度波动会导致经济稳定性下降，促使居民非理性消费，特别是投机性消费，从而放大房地产市场对宏观经济的影响，对整体经济带来负面效应。因此，研究房地产价格波动对于中国经济的持续稳定发展有着重要意义。

由于房地产投资价值大，中国的房地产市场不完善，在信息不完全条件下，房地产价格波动更容易受人们心理预期的影响，包括消费者的心理预期和投资者以及投机者的心理预期。因此，研究预期对房地产价格波动影响、构建房地产价格预期评估模型对于稳定房地产市场、促进国内经济

① 本节的主要研究结果见赵华平和张所地合著的《房地产价格预期评估模型研究》，发表于《中国房地产》（学术版）2011 年第 5 期第 33~36 页。

持续稳定增长具有重要的意义。

一、预期对房地产价格作用的文献综述

关于预期影响房地产价格波动的研究主要是通过实证分析得出预期对房地产价格的作用。Hanushek 和 Quigley（1979）提出行为主体对经济因素变动的不同预期导致了房价的波动。Clayton（1996）在住房存量—流量模型基础上，采用加拿大温哥华数据检验了房价与基本价值和理性预期之间的关系。实证结果表明，住房市场基本价值能够解释房价波动的大部分，但理性预期对房价波动的解释微乎其微，这说明房价波动是非理性的。Muellbauer 和 Murphy（1997）考察了 1957~1994 年英国住房市场价格的波动问题。研究发现，金融自由化是房价波动的主要原因，实际利率和收入预期也是房价波动的重要原因。张所地（2002）指出人们的预期对于收益性房地产的价格有着决定作用，构建了收益性房地产未来收益和还原率的预期评估方法。Malpezzi 和 Wachter（2005）在住房存量调整模型和适应性预期基础上，建立了一个房地产投机模型。模拟结果显示：与需求一样，不仅供给对房价波动产生重大影响，投机对房价波动也产生重大影响。特别当供不应求时，投机对房价波动影响更大。Michael Nwogugu（2005）提出现有的住房需求模型和住房价格预测模型由于没有考虑人们的心理因素，其构建的模型都是不正确的，社会心理、环境心理、财产税、资产评估过程和家庭内部关系都是影响住房需求和价格的主要因素。Goodman 和 Thibodeau（2008）指出，现有的房地产研究主要集中在三个方面：一是住房市场的长期均衡模型；二是住房价格的短期动态模型；三是对住房供给弹性的估计。但这些研究都忽略了价格预期形成机制对住房价格的影响。高苛、刘长滨（2008）指出我国的房地产市场具有典型的预期特征，房地产市场参与主体的预期具有准理性预期的特性，预期机制使得房地产市场参与主体以自己的特殊行为抵消政府调控政策的影响。同时，构建了房地产理性预期、适应性预期和准理性预期模型。梁以德、徐佳娜等（2009）研究了异质预期行为人对房价波动的影响，分析了需求弹性、供给弹性、供给延滞、折旧率等因素对房价波动的影响。张娟锋、刘洪玉（2010）分析得出，人口数量、财富水平、建筑成本、住宅预期收益和土地市场化程度是造成中国城市间住宅价格、土地

价格差异的决定因素。况伟大（2010）通过中国35个大中城市1996~2007年数据的实证分析表明，理性预期和适应性预期及其投机对中国城市房价波动都具有较强解释力，而且适应性预期大于理性预期的作用。

综上所述，预期是房地产价格波动的重要原因，构建房地产价格预期评估模型是实现客观、合理评估房地产价格的有效方法。但综观现有文献，主要是从实证角度研究房价波动原因，理论研究较少，尤其是预期评估模型及模型的识别和估计缺乏。因此，下面将分析预期形成的主要来源，构建房地产价格预期评估模型，并给出模型的识别过程。

二、预期形成的主要来源

预期能够影响房地产价格的变动方向和变动程度，所以在房地产价格评估中必须考虑预期因素。预期的形成主要来源于以下三个方面：

（一）城市化进程的加速

城市化是指乡村分散的人口、劳动力和非农业经济活动不断进行空间上的聚集而逐渐转化为城市经济要素，城市相应地成长为经济发展的主要动力的过程。从量的方面主要表现为农村人口不断向城市转移，城市规模和数量迅速增加；从质的方面主要表现为人们的生产、生活方式逐渐向城市转化，社会经济进一步集约化、高级化。城市化可以通过生产要素集聚、人口集聚形成产业集聚和经济集聚，带动房地产业需求的增加、结构的改善和产业的升级，最终促进房地产业发展。目前，我国的城市化进程正在不断加速，所以人们对城市房地产价格会形成上涨预期。

（二）国家宏观政策的实施

国家的财政政策、货币政策以及房地产政策都会形成人们对国家宏观调控方向和国民经济发展方向的预期，房地产业作为国民经济的支柱产业，会直接受到这种预期的作用，使得价格偏离基本价值。如2011年2月24日央行再度上调存款准备金率，自然会形成人们对房地产贷款难度增加、房地产价格上涨的预期。2010年，国家调整房地产交易环节的营业税、契税、个人所得税等税率，以一部分城市作为试点推行物业税等，人们会基于政策实施连续性和政策作用滞后性的思考，形成城市房地产价

格上涨预期。

（三）经济和社会发展规划

近期中央和各地政府都制定了国民经济和社会发展第十二个五年规划，提出了“十二五”末的经济发展和社会发展目标，相关部门制定了各个产业的具体规划实施方案，尤其是城市规划会形成人们对城市房地产价格空间结构演变的预期。城市规划作为政府对城市发展的有意识的人为控制方式，对于城市未来的产业结构布局、城市土地配置、用地布局、用地结构、基础设施建设布局和规模、交通建设的格局等都有着指导和控制的作用，是影响和决定着城市房地产价格的空间结构演变的重要因素，因此会成为人们对城市不同区位房地产价格预期的重要参考依据。

三、房地产价格预期评估模型

（一）模型的构建

Muth（1991）对传统的静态预期、外推型预期和适应性预期三种预期理论提出了批判。他认为，传统的预期理论的基本出发点在于仅仅依据过去来预期未来，违反了新古典经济学对经济活动者做出的行为的最优化假定，形成了传统预期理论的缺点。事实上，人们做决策时并非只依赖经验，还会利用一切可得的有用信息，包括过去、现在和将来的信息。基于上述批判，Muth 提出了理性预期假说，认为人们将基于所有可得信息而不是仅仅过去的信息来做预测。根据 Muth 的说法，理性预期是指每个经济主体对数据的主观判断是一个条件均衡概率分布，这个条件是基于经济主体的信息集。因此，经济主体的预期同模型得出的结果是相一致的，而且也是最优的。

鉴于理性预期计算结果的优势，所以下面在房地产享用价格模型中引入预期因素，构建房地产价格预期评估模型时做出以下假定：一是对未来价格预期以理性预期为前提；二是未来价格预期仅有一期。则房地产价格预期评估模型为：

$$P_{k,t} = A_k P_{k,t} + B_k E\left[P_{k,t+1} \middle| I_{k,t}\right] + C_k E\left[P_{k,t} \middle| I_{k,t-1}\right] + \sum_{i=1}^{7} D_{k,i} X_{k,i,t} + u_{k,t}$$

$k=1, 2, \cdots, m$

式中，$P_{k,t}$表示t时刻k类房地产的价格，是一个$k\times 1$维内生变量向量；信息集$I_{k,t}$包括当前和过去的内生和外生变量，即$I_{k,t}=\{P_{k,t}, P_{k,t-1}, \cdots, X_{k,t}, X_{k,t-1}, \cdots\}$；$A_k$，$B_k$，$C_k$，$D_{k,i}$为结构参数，矩阵$A_k$，$B_k$，$C_k$均为$k\times k$维，矩阵$D_{k,i}(i=1, 2, \cdots, 7)$为$k\times G$维；$X_{k,i,t}$表示t时刻k类房地产的影响因素，是一个$G\times 1$维外生变量向量，其中，$X_{k,1,t}$，$X_{k,2,t}$，$X_{k,3,t}$，$X_{k,4,t}$，$X_{k,5,t}$，$X_{k,6,t}$，$X_{k,7,t}$分别表示t时刻影响k类房地产价格的经济因素、政策因素、自然条件、环境因素、人文因素、区位因素、建筑特征；$u_{k,t}$是随机误差项。

（二）模型的识别

假设$E[\mu_{k,t}|\Omega_{k,t-1}]=0$，其中$\Omega_{k,t-1}=\{P_{k,t-1}, \cdots, X_{k,i,t}, X_{k,i,t-1}, \cdots\}=I_{k,t-1}\cup\{X_{k,i,t}\}$。

定义$\widetilde{\mathfrak{Y}}^*_k=\{\mathfrak{Y}^*_{A_k, B_k, C_k, D_{k,i}}(A_k, B_k, C_k, D_{k,i})\in\Lambda\}$，结构参数的容许值有$(A_{k,0}, B_{k,0}, C_{k,0}, D_{k,i,0})\in\Lambda$。则对于特定的解$P^*_k$，当且仅当$\forall(A_k, B_k, C_k, D_{k,i})\in\Lambda$：$\mathfrak{Y}^*_{A_k, B_k, C_k, D_{k,i}}\cap\mathfrak{Y}^*_{A_{k,0}, B_{k,0}, C_{k,0}, D_{k,i,0}}\neq\emptyset\Rightarrow\begin{cases}A_k=A_{k,0}\\B_k=B_{k,0}\\C_k=C_{k,0}\\D_{k,i}=D_{k,i,0}\end{cases}$时，房地产预期评估模型的结构参数$(A_{k,0}, B_{k,0}, C_{k,0}, D_{k,i,0})$是一阶可识别的。

（三）参数的估计

模型的解应满足下列递归方程：

$(I-A_h-C_h)P_{k,t}-B_kP_{k,t+1}=u_{k,t}'+\sum_{i=1}^{7}D_{k,i}X_{k,i,t}+B\varepsilon^0_{k,t+1}+C\varepsilon^0_{k,t}$，$k=1, 2, \cdots, m$，其中，$\varepsilon^0_{k,t}$为鞅差序列。

模型的线性平稳解可以写成如下形式：$P_{k,t}=\sum_{j=0}^{\infty}\prod_{k,j}\eta_{k,t-j}+\sum_{j=0}^{\infty}\Phi_{k,j}\mu_{k,t-j}$，其中，$\prod_{k,j}$和$\Phi_{k,j}$分别是$k\times G$维、$k\times k$维矩阵。则有：$P_{k,t}-E[P_{k,t}|I_{k,t-1}]=\varepsilon^0_{k,t}=\prod_{k,0}\eta_{k,t}+\Phi_{k,0}\mu_{k,t}$。因此，模型的线性平稳解满足下列模型：

$$(I - A_h - C_h)P_{k,t} - B_k P_{k,t+1} = u_{k,t} + \sum_{i=1}^{7} D_{k,i} X_{k,i,t} + B(\prod_{k,0} \eta_{k,t+1} + \Phi_{k,0} \mu_{t+1}) + C(\prod_{k,0} \eta_{k,t} + \Phi_{k,0} \mu_{k,t})$$

模型中的 $\prod_{k,0}$ 和 $\Phi_{k,0}$ 被称为辅助参数，这些参数的每一个解都对应着房地产价格预期评估模型的一个线性平稳解。

对于上述结构参数 A_k，B_k，C_k，$D_{k,i}$ 可采用 OLS 或者工具变量进行估计，对于辅助参数 $\prod_{k,0}$ 和 $\Phi_{k,0}$ 可采用 OLS 进行估计。[①]

① Laurence Broze, Ariane Szafarz. The Econometric Analysis of Non-Uniqueness in Rational Expectations Models, Elsevier Science Ltd., 1991: 188-197.

第四章　基于 GIS 的城镇数字化地产评估系统①

城镇数字化地产评估系统（Appraisal System for Digitized Urban Landed Property，ASDULP）是以张所地博士提出的“城市土地定级估价综合模型”为核心，用 Visual FoxPro 6.0 开发系统主界面，集成 MapX 组件技术实现地图操作，SPSS 11.5 进行数据分析，旨在为中小城镇实现地产评估的自动化、动态化和信息化而开发的软件成果。

ASDULP 系统是由张所地主持的 2001 年山西省教育厅资助的高校科技研究开发项目，项目编号 200143。课题组成员经过认真分析、设计，于 2002 年成功研制开发了该系统，并在 2004 年 8 月 24 日经由山西省科技厅组织的曾建潮、梁吉业等 7 位专家组成的鉴定委员会成员对研究报告及附件材料的仔细审读和对系统演示的现场观看，以及认真讨论，一致认为该系统具有较高的学术价值和广阔的推广应用前景，可直接应用于中小城市或县级以下城镇的地产动态评估，对其他地产评估具有重要的借鉴意义。

第一节　城市土地定级估价综合模型

西方城市经济学者在 20 世纪 60 年代末就把回归分析引进了城市经济的研究中，建立了异质的不动产价值与其影响因素之间的关系式——享用价格函数（Hedonic Price Function）。有鉴于此，将影响城市土地的因素作用分值与用地效益数据结合在一个回归方程中，构成城市土地定级、基准

① 本章的主要研究成果见张所地、吉迎东和赵华平完成的山西省高校高科技开发研究项目“城镇数字化地产评估系统”（国家科技成果 041167）研究报告。该项目通过了山西省科技厅组织的专家鉴定，总体达国内领先水平，并于 2006 年获山西省教育厅科技进步一等奖。

地价与宗地地价的综合评估模型。

一、城市土地定级估价综合模型的建模思想

城市土地定级的基本思想是：选择出因素列 x_1，x_2，…，x_n；定出其权重 w_1，w_2，…，w_n；$w_1+\cdots+w_n=1$，$w_j>0$，$j=1$，…，n，计算综合加权值 $z=w_1x_1+\cdots+w_nx_n$；对 z 进行聚类的结果，就是该城市土地的定级结果。这实质上已经假定了因素的综合加权值 z 能适当地反映城市土地的质量、地价的变化规律，也就是说，城市土地的地租 r（或地价 p）与因素的综合加权值 z 之间存在如下的近似关系：

$r \sim f(z)$，$df/dz>0$，$df/dx_j=w_j df/dz>0$，$j=1$，…，n

其等价的近似关系式为：$f^{-1}(r) \sim z=w_1x_1+\cdots+w_nx_n$

这也说明：只要测算出因素作用分值，将地租或地价经过适当的变换，就能用因素的综合加权值来表示，即地租 r 经过适当的变换就可用因素作用分值的线性关系来表示。所以，可用如下的线性回归模型来表示城市土地定级的基本思想：

$f^{-1}(r)=a_0+b_1x_1+\cdots+b_nx_n+e$；$b_j \geqslant 0$；$j=1$，…，n；$e \sim N(0,\ \sigma^2)$

一般可先取 f 为线性函数，即先假定 $f^{-1}(r)=r$，进行建模理论分析；建模时再考虑 f 的具体形式。

二、城市土地定级估价综合模型形式

基本假设：设某城市有 K 种用地类型（一般有三种：住宅类、商业类、工业类），影响 h 类用地效益（或单位地租）r 的因素为 x_1，x_2，…，x_n，将 r 作为因变量，而将 x_1，x_2，…，x_n 作为自变量，可构成如下形式的享用价格模型：

$r=a_0+b_1(x_1-\bar{x}_1)+\cdots+b_n(x_n-\bar{x}_n)+e_0$

$e_0 \sim N(0,\ \sigma^2)$

其中 $\bar{x}_j$ 表示第 j 个因素的均值，$e_0 \sim N(0,\ \sigma^2)$ 表示 e_0 服从均值为 0、方差为 σ^2 的正态分布。

设按第 h 类用地划分的匀质用地单元有 m_h 个，第 i 个单元的作用分值向量为 ${}_i\mathbf{x}^h=(x_{i1}^h,\ \cdots,\ x_{in}^h)^T$，该单元内有样本用地的单位地租为 r_i^h（这可由

房地租金分离而得到，或利用交易不动产价可分离得到单位地价，再转换成单位地租，具体方法见《估价规则》)。为了书写方便，在无歧义的情况下，以后将略去用地类型的脚码 h。不失普遍性，可假定因素作用分值都是正向的，即分值越大，地价应当越高。

$\mathbf{R}=(r_1,\ r_2,\ \cdots,\ r_m)^T$

$\mathbf{e}=(e_1,\ e_2,\ \cdots,\ e_m)^T$

$\mathbf{B}=(b_1,\ b_2,\ \cdots,\ b_n)^T$

$\mathbf{X_0}=(1|X)$

$\mathbf{B_0}=(a_0,\ b_1,\ b_2,\ \cdots,\ b_n)^T=(a_0|B^T)^T$，其中：$\mathbf{1}=(1,\ 1,\ \cdots,\ 1)^T$

$$\mathbf{X}=\begin{pmatrix} x_{11}-\bar{x}_1 & \cdots & x_{1n}-\bar{x}_n \\ x_{21}-\bar{x}_1 & \cdots & x_{2n}-\bar{x}_n \\ \cdots\ \cdots & \cdots & \cdots \\ x_{m1}-\bar{x}_1 & \cdots & x_{mn}-\bar{x}_n \end{pmatrix}$$

则：**R** 是一随机向量，满足如下线性模型：

$\mathbf{R}=X_0B_0+\mathbf{e}$

其中，随机误差向量 $\mathbf{e}\sim N(0,\ \sigma^2 I_m)$，$I_m$ 是单位矩阵，$b_i\geqslant 0$，$i=1,\ \cdots,\ n$。

现在的目的是在约束条件 $b_i\geqslant 0$，$i=1,\ \cdots,\ n$，求未知参数 $a_0,\ b_1,\ \cdots,\ b_n$ 使模型的拟合误差最小，即变为求解如下的二次规划问题。

$\min L(B_0)=\min\{\|R-X_0B_0\|/2\}$

约束条件 $b_i\geqslant 0$，$i=1,\ \cdots,\ n$。

该二次规划问题的解必然满足 Kuhn-Tucker 条件：

$$\begin{cases} a_0-\bar{r}=0 \\ X^TXB-X^TR-Y=0 \\ b_iy_i=0 \\ b_i\geqslant 0 \\ y_i\geqslant 0 \quad i=1,\ \cdots,\ n \end{cases}$$

其中，$Y=(y_1,\ y_2,\ \cdots,\ y_n)^T$，加入人工变量 $Z=(z_1,\ z_2,\ \cdots,\ z_n)^T$，记 $C=(c_1,\ c_2,\ \cdots,\ c_n)^T=X^TR$，$\Lambda_{sgn}$ 是主对角元素为 $Sgn(c_i)$ 的对角矩阵，当 $c_i\geqslant 0$ 时，$Sgn(c_i)=1$；当 $c_i<0$ 时，$Sgn(c_i)=-1$，则上述模型变为：

$$\begin{cases} a_0 - \bar{r} = 0 \\ X^T XB - Y + \Lambda_{sgn} Z = X^T R \\ b_i y_i = 0 \\ b_i \geqslant 0 \quad z_i \geqslant 0 \\ y_i \geqslant 0 \quad i = 1, \cdots, n \end{cases}$$

这等价于求解如下的线性规划问题：

$$\min V(B) = \min(z_1 + z_2 + \cdots + z_n)$$

约束条件为：

$$\begin{cases} a_0 - \bar{r} = 0 \\ X^T XB - Y + \Lambda_{sgn} Z = X^T R \\ b_i y_i = 0 \\ b_i \geqslant 0 \quad z_i \geqslant 0 \\ y_i \geqslant 0 \quad i = 1, \cdots, n \end{cases}$$

上述线性规划问题的解为：$a_0^* = \bar{r}$及 b_i^*，$i = 1, \cdots, n$，这样，就得到了城市地租与影响地租的因素作用分值向量之间的经验关系式——称为城市土地定级估价综合模型：

$$r = a_0^* + b_1^*(x_1 - \bar{x}_1) + \cdots + b_n^*(x_n - \bar{x}_n)$$

或

$$\begin{cases} r = b_0^* + b_1^* x_1 + \cdots + b_n^* x_n \\ b_0^* = a_0^* - b_1^* \bar{x}_1 - \cdots - b_n^* \bar{x}_n \end{cases}$$

将第 j 单元因素作用分值代入上式，便可得到地租 R_j 的拟合回归值为：

$$R_j^* = a_0^* + b_1^*(x_{j1} - \bar{x}_1) + \cdots + b_n^*(x_{jn} - \bar{x}_n) \quad j = 1, \cdots, m$$

它们是因素作用分值与地租的观测值的合理综合，用它们进行城市土地定级与基准地价的测算将更为合理。

三、城市土地定级估价综合模型应用的具体过程

（一）城市土地级别划分

将 R_j^*，$j = 1, \cdots, m$ 聚类，即按它们之间的疏密程度将其分成若干

类。设已分成了 u 个不同的类别，将相应单元的土地归为同一级别的土地类中，这就是该城市某用地类型的土地定级结果。用实际观测值 R_j，j = 1，…，m 进行柯尔莫哥洛夫检验，可检验这种定级是否合理。若定级的合理性检验不太理想，可适当调整级别的划分，然后再进行检验，直至通过检验为止。

（二）城市土地级差地租（或收益）测算

设第 k 级土地所含单元的回归拟合值为 $R^*_{k_1}$，$R^*_{k_2}$，…，$R^*_{k_{vk}}$，将其取均值即为第 k 级土地的级差地租（或收益）$\bar{R}^*_k$，确定适当的土地还原利率 i（见《估价规程》），就可将城市土地的级差地租（或收益）还原为地价 $P_k = \bar{R}^*_k/i$，这就是该城市某类型用地的第 k 级土地的基准地价，k = 1，…，u。

（三）市场比较法的格式调整模型

城市土地定级估价综合模型为宗地地价评估使用市场比较法提供了格式调整模型与方法，具体步骤简述如下：

（1）测算目标宗地的因素作用分值向量 $_sx = (x_{s1}, \cdots, x_{sn})^T$，将其代入城市土地定级估价综合模型，单位初评地租为 $R^*_s = a^*_0 + b^*_1(x_{s1} - \bar{x}_1) + \cdots + b^*_n(x_{sn} - \bar{x}_n)$。

（2）选择比较实例。设目标宗地所在的市场中，近期内已交易不动产有 w 宗，第 j 宗的因素作用分值向量为 $_jx = (x_{j1}, \cdots, x_{jn})^T$，单位地租为 R_j，j =1，…，w。究竟哪些与目标宗地相似？应用 Irohns 提出的马氏距离相似准则来判断，即比较 $\Delta_{sj} = (_sx - {_jx})^T (X^TX)^{-1} (_sx - {_jx})$，j = 1，…，w 的大小，并将其按从小到大排序，为方便仍用原记号，并设 $\Delta_{s1} \leqslant \Delta_{s2} \leqslant \cdots \leqslant \Delta_{sw}$，即第 1 宗不动产与目标宗地最相似，第 2 宗次之……选择最相似的前 k（一般取 3~4 个就可以了）宗作为目标不动产的比较实例，用这些比较实例的观测地租 R_j 与回归拟合地租 R^*_j(j = 1，…，k）之差来修正目标宗地的初评地租，得到目标宗地的地租评估值为：

$$R_s = R^*_s + \sum_{j=1}^{k} \omega_j(R_j - R^*_j),\quad \sum_{j=1}^{k} \omega_j = 1,\ \omega_j > 0,\ j = 1,\ \cdots,\ k$$

为了使最相似的比较实例的调整有较大的权重可取：

$$\omega_j = \Delta_{sj}^{-1} \Big/ \sum_{i=1}^{k} \Delta A_{si}^{-1},\ j=1,\ \cdots,\ k。$$

四、城市土地定级估价综合模型的优点

第一，城市土地定级估价综合模型以科学的理论方法为基础，综合应用了经济理论、城市经济理论、现代回归分析方法，建立了用地收益（地租）对其影响因素的经验关系式，使得定级与估价工作既使用了因素作用分值数据，又使用了用地效益数据。这两类数据有机结合在一个统一的模型中，不仅能综合平衡、充分有效地利用可贵的数据资料进行定级评估、基准地价评估及宗地地价评估，而且能对评估过程和结果进行相互检验（相互佐证），从而能保证得到较为合理科学的评估结果。

第二，与传统方法相比，应用城市土地定级估价综合模型进行地产评估，可省去专家选择因素和定权这一环节，一方面，可避免综合众多专家的评价意见时所出现的合成谬误，另一方面，可节省经费开支，并可极大地缩短评估时间。

第三，城市土地定级估价综合模型法完全可以程序化、智能化，达到适时评估，具有较普遍的适用性。

第四，由于城市土地定级估价综合模型法前面的优点，不需要请众多有关专家进行因素权重的确定，使得城市土地定级与基准地价的更新评估变得容易进行。

第二节　城镇数字化地产评估系统的功能与特点

城镇数字化地产评估系统利用了 MapX 组件处理空间数据的优势，将地产评估中所需的空间数据和属性数据协同输入和处理，得到影响地产质量的因素作用分值数据库和用地效益数据库，综合利用这两类数据，调用 SPSS 11.5 建立、优选城镇地产评估综合模型，利用模型一次性完成城镇土地定级和基准地价、宗地地价评估，避免利用单类数据进行评估所造成的偏差，并以图形、报表、文本等多种形式输出其评估成果。

一、城镇数字化地产评估系统的功能

（一）数据输入和管理

属性数据主要包括因素因子专家打分数据、因素因子规模调查资料、样点地价调查资料等数据，空间数据包括评估区域工作底图、基础设施分布图、商业网点分布图、公交线路图等数字化图件。工作底图分为土地级别总图工作底图、土地级别边界工作底图、定级因素作用分值工作底图和其他辅助工作底图。各类底图采用能覆盖城镇整体范围的城镇平面图、地形图或地籍图。

系统为属性数据的采集和编辑设计了专门的界面，可在系统支持下大批量输入，按照系统格式手动录入新数据，并可随时进行编辑和查询。

空间数据输入的编辑功能主要利用MapInfo所提供的地图数字化和编辑功能，分层、分色输入各作用源专题地图，包括商业、服务业中心、中学、小学、道路、医院等。在得到以上所需的各种数字化地图作为工作底图后，根据需要分层创建和编辑作用源，建立因素因子专题地图。在属性数据管理中，建立与空间数据相关联的属性数据库，输入各因素因子的详细属性数据，如功能分、服务半径、级别等。

（二）指标体系设定和权重管理

系统提供了指标体系设定界面，整个设定过程采用向导式输入界面，共分四步完成，分别是因素选择、因子选择、子因子选择、规模指数指标选择。系统中提供了常用的指标体系作为参考，供用户选择，用户可以结合当地实际进行选择，所选的因素因子必须是对城镇土地有重大影响，并能体现土地区位差异的经济、社会、自然条件的因素。

系统提供的可供选择的因素因子范围：

繁华程度方面的因子有：商业服务业繁华影响度、集贸市场繁华度；

交通条件方面的因子有：道路通达度、公交便捷度、对外交通便利度、路网密度；

基础设施方面的因子有：生活设施完善度、公用设施完备度、文体设施完善度；

自然条件方面的因子有：地面承载力强度、坡度、绿化覆盖度、洪水淹没影响度；

环境条件方面的因子有：环境污染影响度、采掘对地表破坏度；

资源条件方面的因子有：资源开采影响度；

人口状况方面的因子有：人口密度。

用户可以直接用鼠标选定所需要的指标，也可以自行添加或者将不再需要的指标删除。全部完成后即可建立起整个地产评估工作中的指标体系。系统会根据所选择的指标体系自动生成相关的空间数据结构、用于记录各个因素因子作用分的数据库等。然后可以通过属性数据界面完成因素因子属性数据的采集、规模指数的计算。

在权重管理中，可以采用专家打分设置权重和直接赋权两种方法，如果采用专家打分法赋权重，可通过录入界面将各个专家打分表的数据输入计算机，并可进行浏览和权重计算，得到均值、方差和标准差。

（三）网格单元划分和作用源编辑

（1）评价单元网格自动生成。根据《规程》中关于定级单元划分的原则和方法，以在工作底图上划分的网格作为地产评估工作的基本单元，单元网格是各定级因素、因子、子因子分值计算的基础。系统提供的网格创建功能可自动测出工作底图的范围，并且可以根据用户设定的边长，将工作底图划分成大小相同的网格单元。在自动化生成过程中，可使网格尽可能小，以逼近实际。但考虑到在评估实际工作中并非划分得越小越好，因为划分过小有许多单元无法获得样点地价调查资料，所以在自动生成网格的基础上，系统也提供网格合并和拆分的功能。可以将一些相邻的单元合并成一个较大的单元，也可将一个单元拆分成多个单元，这样既充分利用了计算机高速运算功能，又尽量符合实际要求。单元网格合并的程序流程如图 4-1 所示。

（2）作用源的创建和编辑。通过系统的作用源创建和编辑功能，可以在工作底图上拾取各子因子作用源的范围（如面状作用源）和位置（如点状和线状作用源），进行空间数据的采集及编辑，并进行标注形成与指标体系对应的专题图层。通过功能分计算界面可以输入各作用源的规模指数，确定其服务半径、级别，并最终确定功能分。创建作用源程序设计框图如图 4-2 所示。

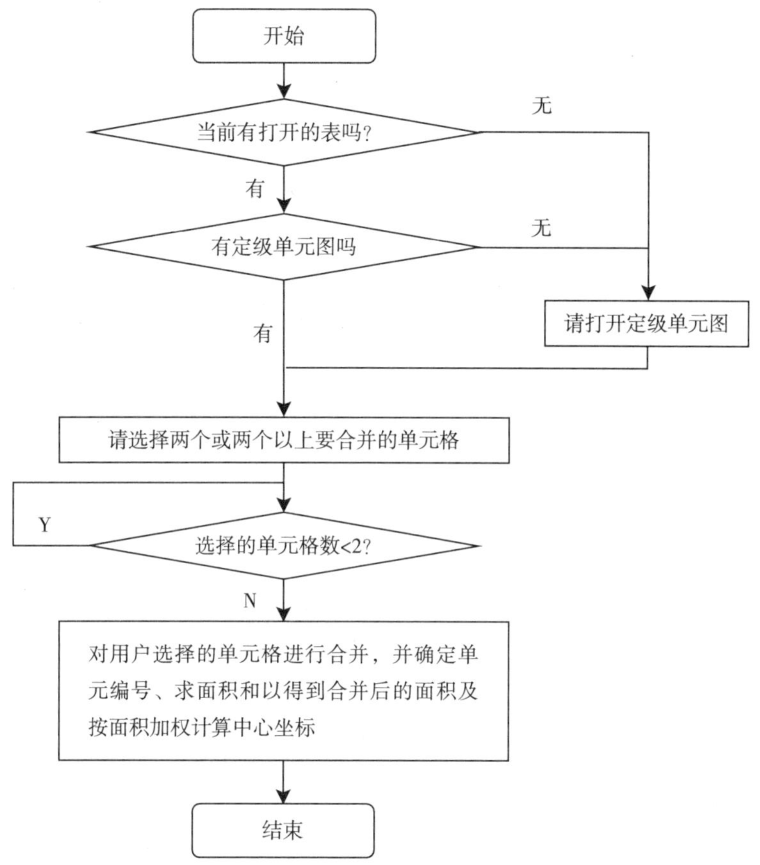

图 4-1 单元网格合并的程序流程

(四) 作用分值计算

根据网格单元信息和各作用源的信息，把定级因素作用源视为数据源，评价单元网格视为数据流动目标，因素作用衰减方式视为流动方式，系统可以分别建立评估区域内每个单元上的作用分值，并且可以将子因子作用分值加权叠加到因素作用分值，再将各因素作用分值加权叠加得到各个单元的总分值。系统在计算的过程中，将作用源按点状、线状、面状进行分类，分别按不同的模型进行计算，计算部分的程序框图如图 4-3 所示。

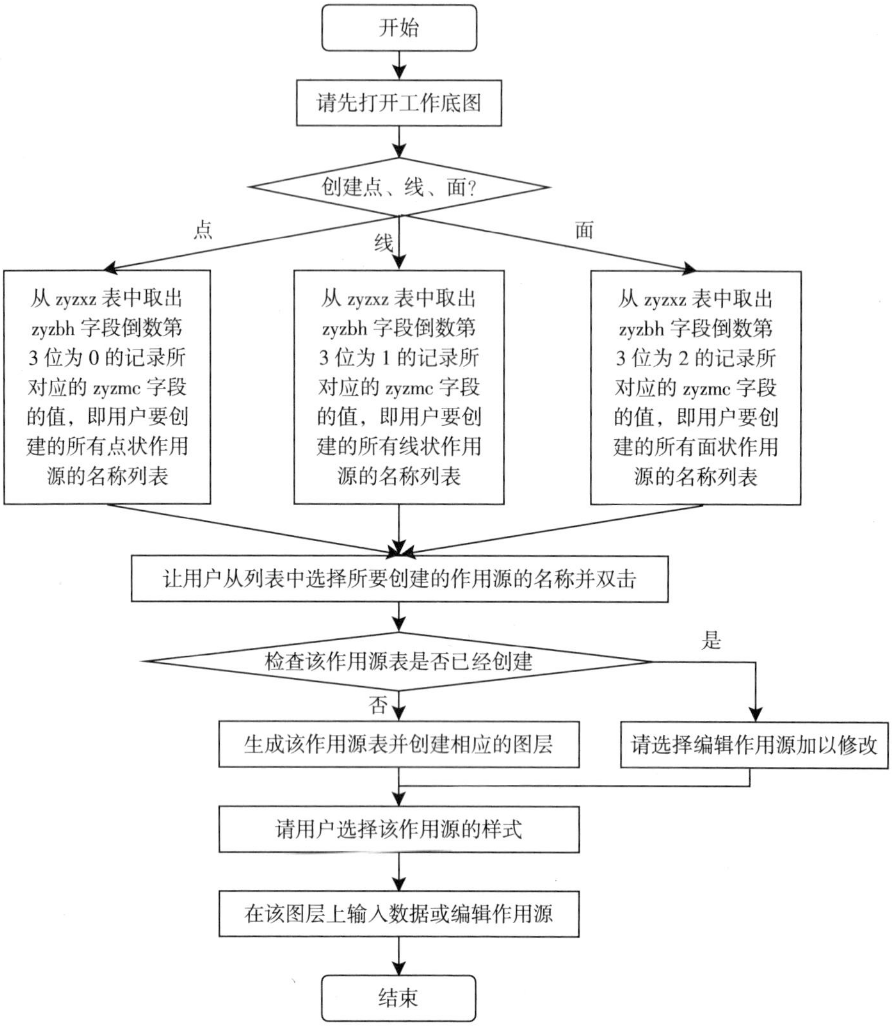

```mermaid
flowchart TD
    A([开始]) --> B[请先打开工作底图]
    B --> C{创建点、线、面?}
    C -- 点 --> D[从 zyzxz 表中取出 zyzbh 字段倒数第 3 位为 0 的记录所对应的 zyzmc 字段的值，即用户要创建的所有点状作用源的名称列表]
    C -- 线 --> E[从 zyzxz 表中取出 zyzbh 字段倒数第 3 位为 1 的记录所对应的 zyzmc 字段的值，即用户要创建的所有线状作用源的名称列表]
    C -- 面 --> F[从 zyzxz 表中取出 zyzbh 字段倒数第 3 位为 2 的记录所对应的 zyzmc 字段的值，即用户要创建的所有面状作用源的名称列表]
    D --> G[让用户从列表中选择所要创建的作用源的名称并双击]
    E --> G
    F --> G
    G --> H{检查该作用源表是否已经创建}
    H -- 否 --> I[生成该作用源表并创建相应的图层]
    H -- 是 --> J[请选择编辑作用源加以修改]
    I --> K[请用户选择该作用源的样式]
    J --> K
    K --> L[在该图层上输入数据或编辑作用源]
    L --> M([结束])
```

图 4–2 创建作用源程序

（五）样点地价测算与标注

该模块提供利用市场交易资料计算样点地价的功能，可以利用土地使用权出让、土地使用权转让、房屋出租等 11 类调查资料测算样点地价，并通过土地还原率得到单位面积地租。用户将调查表中的属性数据输入系统后，即可得到该样点单位面积地价和单位面积地租，同时在样点地价图

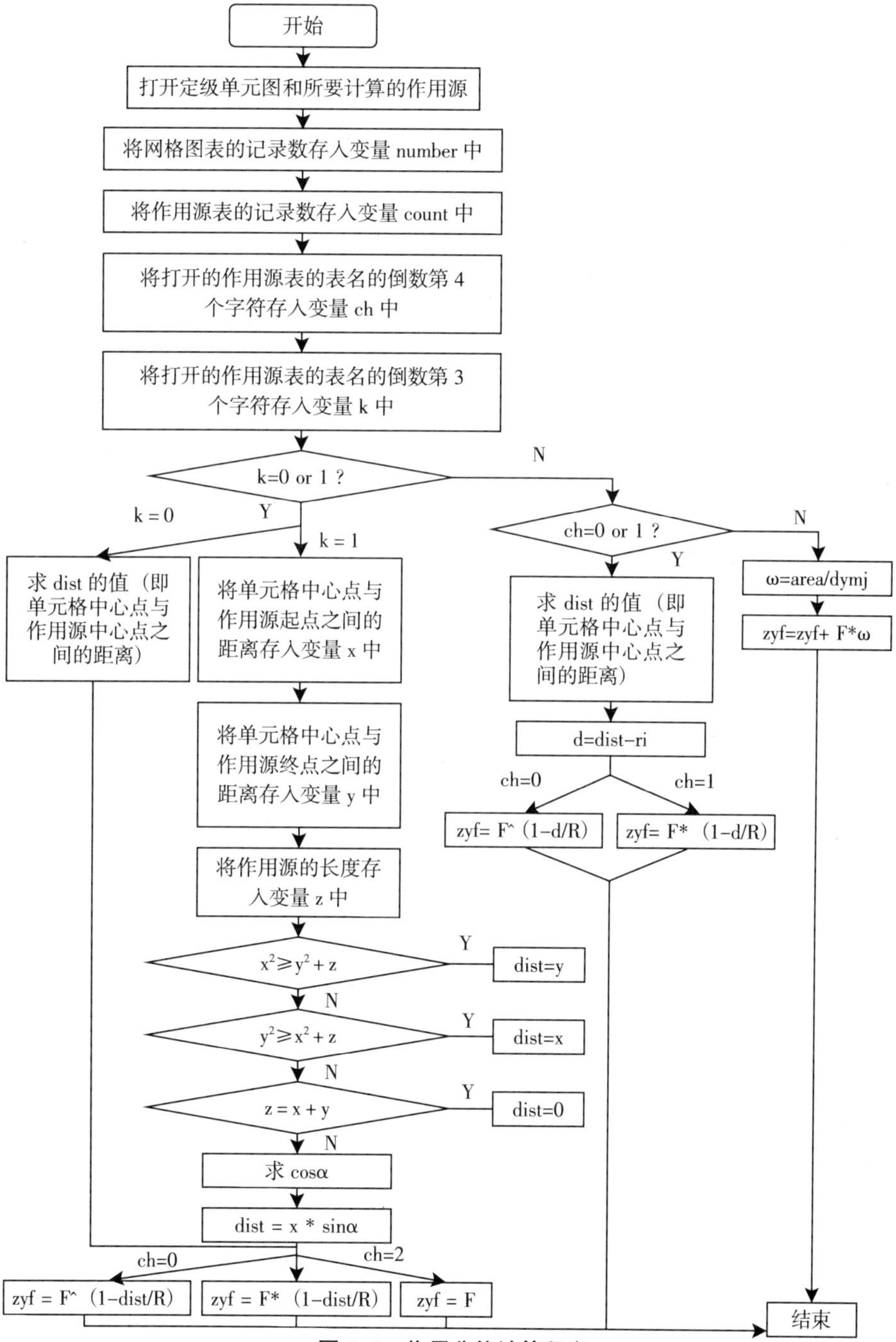

开始

打开定级单元图和所要计算的作用源

将网格图表的记录数存入变量 number 中

将作用源表的记录数存入变量 count 中

将打开的作用源表的表名的倒数第 4 个字符存入变量 ch 中

将打开的作用源表的表名的倒数第 3 个字符存入变量 k 中

k=0 or 1 ?

Y

k = 0

求 dist 的值（即单元格中心点与作用源中心点之间的距离）

k = 1

将单元格中心点与作用源起点之间的距离存入变量 x 中

将单元格中心点与作用源终点之间的距离存入变量 y 中

将作用源的长度存入变量 z 中

$x^2 \geqslant y^2 + z$ — Y: dist=y; N

$y^2 \geqslant x^2 + z$ — Y: dist=x; N

z = x + y — Y: dist=0; N

求 cosα

dist = x * sinα

ch=0: zyf = F^（1-dist/R）

zyf = F*（1-dist/R）

ch=2: zyf = F

N

ch=0 or 1 ?

Y

求 dist 的值（即单元格中心点与作用源中心点之间的距离）

d=dist-ri

ch=0: zyf= F^（1-d/R）

ch=1: zyf= F*（1-d/R）

N

ω=area/dymj

zyf=zyf+ F*ω

结束

图 4-3 作用分值计算程序

上进行标注来获取样点地价的坐标。系统提供默认的参数，所有参数具有开放性，用户可根据实际情况进行调整。该模块基本上包括了我国目前常用的样点地价的测算方法，下面就各种方法采用的资料及测算地价的数学模型分述如下。

（1）用土地使用权出让资料计算样点地价，按下式计算样点地价：$P_{ls}=\frac{P_{lg}}{S}$。式中，P_{ls} 为单位面积土地使用权出让价格；P_{lg} 为出让宗地总地价；S 为出让宗地总面积。

（2）用土地使用权转让资料计算地价或者实物折价作为土地转让总地价资料，按下式计算样点地价：$P_{ls}=\frac{P_{lg}}{S}$。式中，P_{ls} 为单位面积土地使用权转让价格；P_{lg} 为土地转让方获取的资金或实物作价净收入；S 为转让宗地总面积。

（3）用土地使用权出租资料，按下式计算样点地价：$P_{ls}=\left(\frac{P_{lg}}{S}\right)\times\frac{1}{r_d}\times\left[1-\frac{1}{(1+r_d)^n}\right]$。式中，$P_{ls}$ 为单位面积土地使用权出租价格；P_{lg} 为出租方每年得到的资金或实物现值；S 为出租宗地总面积；r_d 为土地还原利率；n 为土地使用年期。

（4）用房屋出租资料，按下式计算样点地价：$P_{ts}=\frac{R_{in}-I_{hn}}{S}\times\frac{1}{r_d}\times\left[1-\frac{1}{(1+r_d)^n}\right]$。式中，$P_{ls}$ 为样点单位土地面积地价；R_{in} 为房地出租年纯收益；I_{hn} 为房屋年纯收益；S 为出租房屋的用地面积；r_d 为土地还原利率；n 为土地使用年期。

（5）用土地联营入股资料计算样点地价时，如果是用土地入股取得的年收益计算地价，则采用以下公式：$P_{ls}=\left(\frac{P_{lg}}{S}\right)\times\frac{1}{r_d}$；若用合同规定的资本投入情况和分成比例计算地价，则采用以下公式：$P_{ls}=C_g\times\left(\frac{r_e}{r_c}\right)\times\frac{1}{S}$。式中，$P_{ls}$ 为联营土地单位面积地价；P_{lg} 为土地股每年分享的利润或股息；C_g 为出资方的资本总量；r_e 为出地方利润分成量；r_c 为出资方利润分成量；S 为联营土地面积；r_d 为土地还原利率。

（6）用以地换房资料计算样点地价，按下式计算：$P_{ls}=\frac{S_{td}\times P_{bs}}{S}$。式中，$P_{ls}$为宗地单位面积地价；$S_{tb}$为转让土地方获得的建筑面积；$P_{bs}$为单位建筑面积平均售价；S为让出的土地面积。

（7）用柜台出租资料计算样点地价，按下式计算：$P_{ls}=\left(\frac{R_{lg}-E\times(S_{b1}\div S_b)}{S\times(S_{b1}\div S_b)}\right)\times\frac{1}{r_d}\times\left[1-\frac{1}{(1+r_d)^n}\right]$。式中，$P_{ls}$为出租柜台单位土地面积地价；$R_{lg}$为出租柜台年租金总收入；E为出租柜台所在商店的年经营总支出费用；S_{b1}为出租柜台的营业面积；S_b为商店的总营业面积；S为商店的土地总面积；r_d为土地还原利率；n为土地使用年期。

（8）用房屋买卖资料计算样点地价，按下式计算：$P_{ls}=\frac{P_{hg}-P_{hc}-T-E}{S}$。式中，$P_{ls}$为单位土地面积地价；$P_{hg}$为房地交易价格；$P_{hc}$为房屋现值；T为房屋交易过程中卖方应支付的税额；E为房屋交易中卖方应支付的费用；S为房屋的用地面积。

其中，P_{hc}可通过如下公式进行计算：$P_{hc}=P_{hk}-(P_{hk}-P_{hd})\times\frac{N_1}{N}$，$P_{hk}$为房屋重置价格，$P_{hd}$为房屋废弃时的残值，$N_1$为房屋已使用年限，N为房屋耐用年限。

（9）用商品房出售资料计算样点地价，按下式计算：$P_{ls}=(P_{hg}-(P_{bm}\times S_{hb})-I-T-B)\times\frac{G}{S}$。式中，$P_{ls}$为单位土地面积地价；$P_{hg}$为某一商品楼总售价；$P_{bm}$为当地同类建筑单位面积平均造价；$S_{hb}$为楼房总建筑面积；I为开发公司利润；T为商品房开发中向国家缴纳的投资及营业税；B为开发公司应支付的利息；G为规划的建筑覆盖率；S为建筑物的占地面积。

（10）用拆迁改造资料计算样点地价，按下式计算：$P_{ls}=\frac{(P_{sj}+P_{xj})\times S_{az}}{S_{gz}}$。式中，$P_{ls}$为单位面积地价；$P_{sj}$为单位建筑面积售价；$P_{xj}$为单位拆迁面积房屋现价；$S_{az}$为总安置建筑面积；$S_{gz}$为总改造面积。

（11）用联建分成资料计算样点地价，按下式计算：$P_{ls}=\frac{(P_{bm}+T)\times S_{lb}}{S_{cl}}$。式中，$P_{ls}$为单位面积地价；$P_{bm}$为当地同类建筑单位面积平均造价；T为房屋单位建筑面积缴纳的税费；S_{lb}为出地方分摊的建筑面积；S_{cl}为出资方分摊的建筑面积。

（六）综合模型库管理

“城市土地定级估价综合模型”子模块是系统的核心建模模块。它以定级估价综合模型的数据需求为驱动，将评估区的相关数据读入（用地效益数据及坐标、因素因子作用分值数据及坐标），通过图层叠加分析，将每个有样点资料的单元作为一个样本，自动调用 SPSS 软件的回归分析界面，可以根据所选择的变量得到回归模型。用户可以选择不同的变量组合进行多次回归，根据提供的检验报告选出最优模型添加到模型库中。

（七）土地定级及基准地价评估

系统提供综合定级和综合模型法定级、基准地价评估。在综合定级功能中，可以提供评估区内各单元总分值汇总，并显示总分值的频率直方图，根据总分值频率分布变化状况，设定综合级别划分区间，得到定级结果。

综合模型法定级和基准地价评估：采用人机对话方式，从模型库中选定适当的模型，系统就可将每个单元的因素因子得分代入模型，得到所有单元地价的回归拟合值，并调用统计功能对这些地价回归拟合值进行聚类分析，将相应单元的土地归为同一级别的土地类当中，这就是某类用地的定级结果，每个级别的中心值，即可作为该级别地产的基准地价。

（八）宗地地价评估

可以根据输入的宗地信息，自动选择该类用地的定级估价综合模型，将宗地所处位置的因素因子得分代入模型，得到该宗地的单位面积预测地价，以此作为宗地初评地价。

该系统是以“城市土地定级估价综合模型”为核心评估方法，在进行土地定级和地价评估过程中，该模型的应用步骤如图 4-4 所示。

（九）评估成果输出

该系统分别以表格、图形、文档、数字化地图四种方式或混合方式输出评估结果，还提供专门的表格图形输出格式的编辑器，可以自我定制输出格式。这些信息可以用多种常用应用软件格式进行存储，并可以直接用于提供地价信息发布（包括网上发布）。

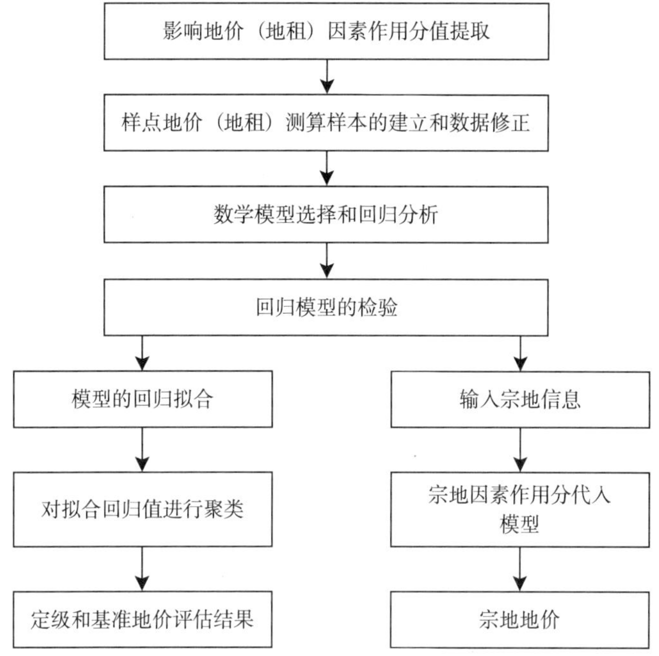

图 4-4　城市土地定级估价综合模型的应用步骤

评估成果的报表输出主要包括商业用地、工业用地、住宅用地的定级结果和基准地价评估结果报表的输出，并提供综合定级结果报表、综合定级汇总报表和综合基准地价评估结果报表。宗地地价评估报告输出提供本系统所进行的全部宗地地价评估的评估结果输出。

评估成果的图形输出主要包括商业用地、工业用地、住宅用地的定级级别界限图、基准地价图的输出，并提供综合定级级别界限图和综合基准地价图的输出。图形输出部分是通过集成 MapInfo 的功能来实现的。以商业用地为例，输出评估成果图的程序流程如图 4-5 所示。

（十）更新评估

基于系统工程提供的功能，可根据城镇变化了的情况，在保留原来数据的基础上，进行地产的更新评估。主要途径有：根据实际变化情况编辑各作用源的空间数据和属性数据，使之随时反映最新的变化，并及时添加新增的作用源，删除不再存在的作用源；重新调整评价网格单元的大小；

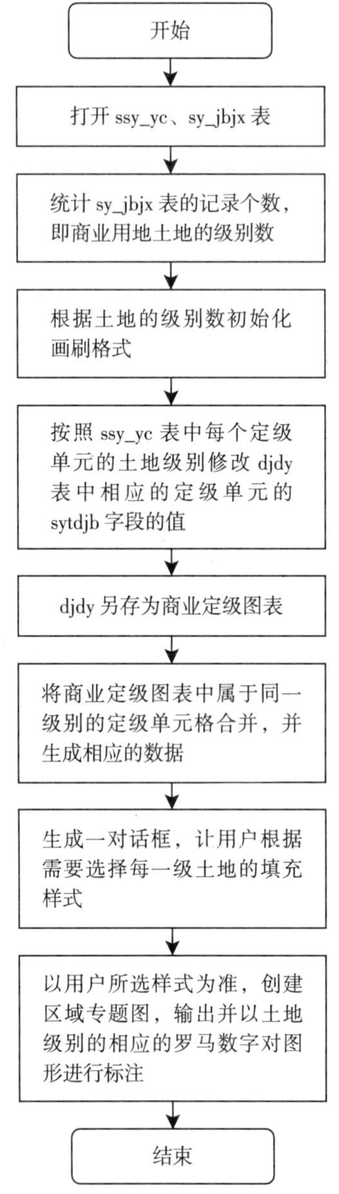

图 4-5 评估成果图形的输出程序

将得到的最新用地效益数据输入系统；这些变更数据输入完成后，重新运行各计算模块，并建立最新的综合模型，来完成地产的更新评估。

二、城镇数字化地产评估系统的特点

（一）以“城市土地定级估价综合模型”为核心

通过数字化技术获取评估区域中空间数据，与描述空间实体的属性数据库互相关联，利用计算所得的定级因素作用分值与样点地价进行相关分析，建立城市土地定级估价综合模型，旨在从时间、空间、市场三个方面，实现构筑地价体系和评估基准地价的动态方法，从而使得本系统能够提高城镇地产评估更新速度，以很好地适应土地市场的不断变化和城镇建设的迅速发展。

该软件将土地定级、基准地价、宗地地价三种评估有机地结合在一起，并采用了多种方法并行评估、多种结果比较选优、多种方法检验论证相结合的循环式地产评估方法体系，增强了评估成果的客观实际性。同时，该软件首次提出并成功应用了“级别均分平滑法”、“商业基准地价比例修正法”、“Banerji 分级合理检验法”、“用商用房租进行分级合理检验的 Mann-Whitey-Wilcoxon 方法”。这些都使得该软件在实际应用中起到了良好的效果，因此，城镇数字化地产评估系统的开发有着前期成熟的实践经验做后盾。

（二）以用户为对象的任务高度整合性

（1）城市土地定级估价综合模型把三种评估及地籍管理、不动产的效益数据及质量数据管理、用地效益数据管理、质量数据分离测算系统有机地整合为一体，使城市有关信息得到充分利用，降低信息收集冗余。

（2）城市土地定级估价综合模型可优选影响到地产质量的因素组合，降低了调查数据的费用和时间成本。

（3）将影响城市土地质量的因素作用分值与用地效益数据同时用于一个模型，使其数据之间的相互印证、校对作用得已实现。

（4）可现时解决三种评估问题，尤其是能对宗地地价进行动态评估。

（三）基于数字化技术开发，提供一定的空间数据管理能力

ASDULP 系统通过 MapX 组件技术，集成了成熟的 MapInfo 管理和分析

大量的图形数据，实现图形输入、分析、输出等功能，使得 ASDULP 系统可以充分应用各地数字化地图成果，同时也使得城镇地产评估成果可以以数字化形式进行管理。

城镇数字化地产评估系统集成了 GIS 的空间数据的图形、属性管理技术，具有强大的空间分析和数据管理功能。组件式 GIS 主要用来进行数据的预处理；通过在二次开发中能由开发人员根据行业要求组织功能结构，并与地产评估模型相结合，开发出具有较强适应性和针对性的专用系统。

（四）简化了地产评估的操作流程

ASDULP 系统通过采用"城市土地定级估价综合模型"的评估方法大大简化了地产评估的操作步骤，实现了将科学的动态评估方法与专家的评估经验有机结合。同时，在利用综合的土地定级估价模型基础上，适当地结合专家评估经验设计软件，将影响土地级别的因素作用分值数据和用地效益数据有机结合，动态地完成土地级别、基准地价、宗地地价的评估，形成完全数字化的评估结果。

（五）具有较好的可扩展性

该系统具有较好的可扩展性，具体体现在：可方便生成基于 GIS 的城市地籍信息动态管理系统；可方便生成基于 GIS 的不动产信息动态管理系统；可方便生成基于 GIS 的城市宗地的用地效益监测系统；可方便生成基于 GIS 的影响地产质量的各种因素作用分值空间数据的测算系统。

第三节　城镇数字化地产评估系统的分析与设计

城镇数字化地产评估系统的分析主要是从系统开发的数据处理流程和数据集成管理出发分析系统的数据管理需求和流程图，以系统分析为基础和引导，进行系统的开发模式、数据库、界面等的设计。

一、系统的数据管理需求分析

ASDULP的基本数据种类繁多，来源广泛，形式丰富多样，因而需要建立一套科学、合理而有效的数据管理规范对评估的基本数据进行存储和管理。

本系统的数据管理遵循以下原则：一是在系统运行过程中将数据划分为原始库、中间库、成果库，这就需要系统在进行历史数据存档过程中只保留原始库与成果库，而将中间库作为临时文件，不进行专门存储，以免浪费资源。二是在数据内容上，系统数据主要包括基础制图和专题制图数据、调查统计数据、属性数据三大类。具体有以下几种：底图数据、各种影响因素因子的空间分布数据及其属性特征数据、指标体系及权重数据、样点地价分布及其属性数据、模型数据库。三是在数据的形式上，系统数据包括各种城市土地定级图件、基础图件以及影响土地质量的各种自然、经济、社会因素因子调查表、权重调查表、市场交易资料调查表等。《城镇土地定级规程》将数据分成12大类，但是，从数据本身特点来看主要分成两大类：空间数据和非空间数据。空间数据是反映定级估价因素、因子所处的空间位置或地理位置的数据，其基本表示方法是利用坐标系表示，如工作地图、环境状况、人口分布、土地级别等都是空间数据，非空间数据也称属性数据，它反映实体的类型、等级和数量等方面的特征。对于图形—属性数据，系统采用MapInfo统一管理；对于属性数据，则采用Visual FoxPro 6.0管理，使得系统在数据访问、空间分析以及统一性方面具有明显的优势。

二、系统的数据流程分析

在所有的应用系统中，数据都是系统的核心，ASDULP也不例外。因此，必须对系统的数据处理流程进行详细的分析。按照系统提出的开发模式，应以综合模型为核心，按评估流程理出数据处理流程的顺序，绘制完成整个系统的数据流程图，这是系统需求分析的重要一环。ASDULP的数据流程如图4-6所示。

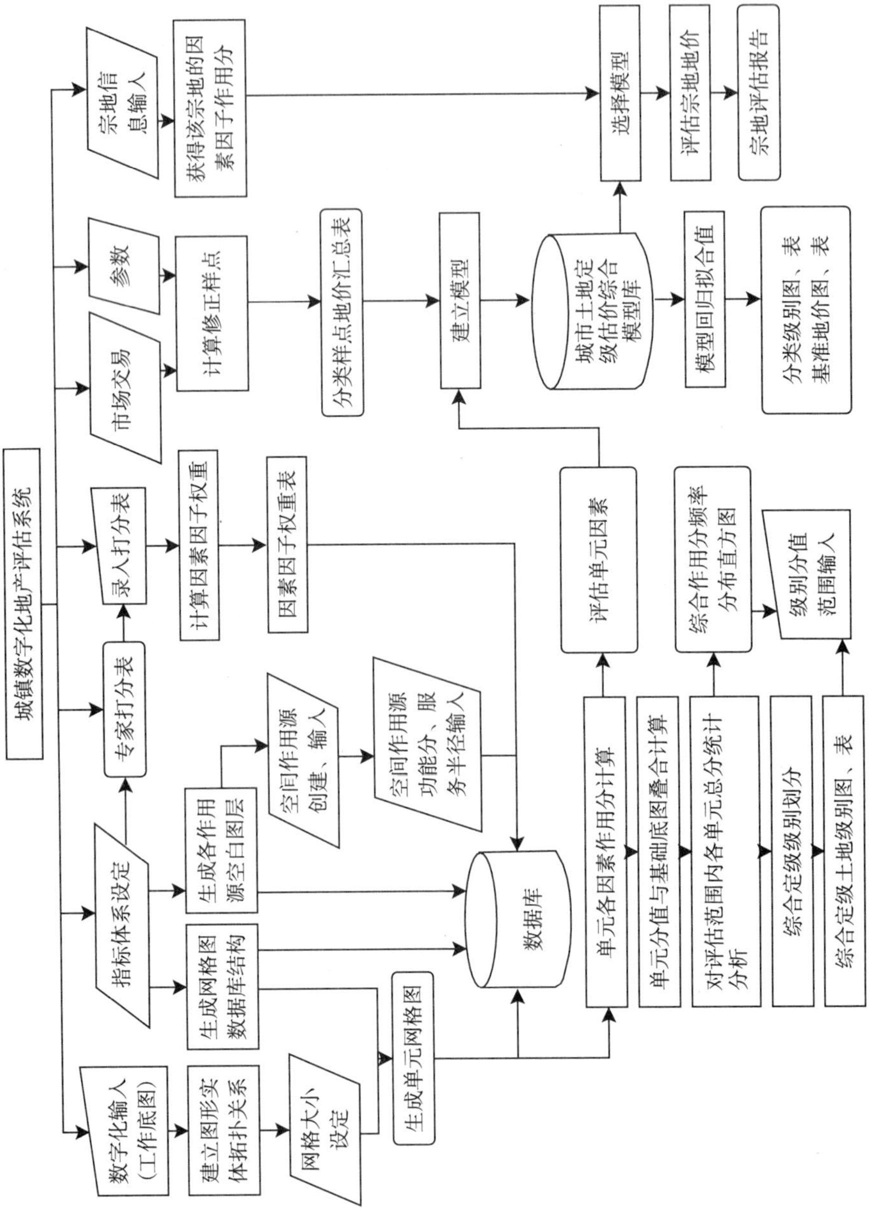

城镇数字化地产评估系统

数字化输入（工作底图）

建立图形实体拓扑关系

网格大小设定

生成单元网格图

指标体系设定

生成网格图数据库结构

生成各作用源空白图层

空间作用源创建、输入

空间作用源功能分、服务半径输入

数据库

专家打分表

录入打分表

计算因素因子权重

因素因子权重表

市场交易

参数

计算修正样点

分类样点地价汇总表

建立模型

城市土地定级估价综合模型库

模型回归拟合值

分类级别图、表基准地价图、表

宗地信息输入

获得该宗地的因素因子作用分

选择模型

评估宗地地价

宗地评估报告

单元各因素作用分计算

单元分值与基础底图叠合计算

对评估范围内各单元总分统计分析

综合定级级别划分

综合定级土地级别图、表

评估单元因素

综合作用分频率分布直方图

级别分值范围输入

图 4-6 ASDULP 的数据流程

三、系统的开发模式

通过对国内土地定级估价信息系统和相关文章的研究，可以看出，要克服城镇地产评估及定级估价信息系统现有的问题，建立适用于中小城镇的通用性地产评估系统，既要采用适合于中小城镇实际情况的评估方法，又要在中小城镇经济允许的范围内尽可能利用先进的技术手段将评估方法予以实现，才能开发出经济适用、技术先进的评估系统。

（一）以“城市土地定级估价综合模型”为系统核心评估方法

在我国现行地产评估方法和技术路线研究的基础上，针对评估中存在的问题，特别是不适应实践应用的地方，已有学者提出了一些创新性的思路。

张所地将影响城市土地质量的因素作用分值与用地效益数据结合在一个回归方程中，建立了城市土地定级估价综合模型，用此模型同时完成土地定级、基准地价和宗地地价评估。在这一研究中，他系统地论述了该方法的建模思想和建模方法，给出了模型参数的估计方法及应用模型的评估方法。利用建立的城市土地定级估价综合模型，能够综合解决土地定级与基准地价、宗地地价的评估问题，可以使更新评估经济可行。由于中小城镇规模小，地价多呈单中心的钟型曲面，影响地价因素因子的作用模型相对简单，所以这一方法尤其适用于中小城镇。

这种评估方法的目的是通过确定地价与影响地价的各因素之间的关系，尽可能建立借以表达它们之间准确关系的数学模型，利用数学模型来完成地产评估。2000 年 6 月，在山西省古交市地产评估中，张所地应用该方法完成了古交市地产更新评估。应用结果表明，该方法经济实用、正确及时。但由于该模型的建立涉及多源、复杂的图形和属性信息，限于当时的条件，缺乏有效的数据组织和管理方式，导致应用受到限制，没有借助有效的手段解决这一问题，只是编制了一些计算程序。就目前来看，综合模型的应用仍在较低水平，在实践中证明能克服现有评估系统问题的综合评估模型没有及时被应用到地产评估系统中去。而国内将此方法应用于地产评估系统中的研究还尚未见到。把这一方法通过完全借助于计算机技术实现，将具有广阔的应用前景。因此，ASDULP 以“城市土地定级估价综合模型”作为核心评估方法。

（二）将地理信息系统应用于地产评估

地理信息系统（GIS）是集地理学、地图学、计算机科学、遥感及管理科学等多学科交叉的产物。作为传统科学与现代技术相结合的产物，地理信息系统为各种涉及空间数据分析的学科提供了新的手段。地理信息系统不仅能够存储、组织空间数据和属性数据，更重要的功能是能够将图形数据和属性数据连接起来，进行空间查询和空间分析（包括空间检索、空间拓扑叠加分析、空间模型分析等），这些功能是传统的数据库系统所不具备的。GIS 由于具有空间与属性数据一体化管理、空间分析等强大的功能而得到了广泛的应用。

在地产评估中，不仅涉及常规的属性数据，而且涉及大量的空间数据，若按传统的手工作业方式进行，则在图件的处理上不仅工作量非常大，而且有的工作难以实现，比如要实现均质地域网格图、影响地价的作用源分布图、城市基础设施分布图、土地利用现状图等图件的叠加计算和分析就非常困难，成果图的生成不可能数字化，也很难实现直观的显示与输出；在定级参数的计算上，工作量也很大。而地理信息系统的上述功能为地产评估工作提供了全新的技术手段，在速度和精度方面具有卓越的优越性。

（三）以“城市土地定级估价综合模型”为核心进行集成开发

ASDULP 的开发以“城市土地定级估价综合模型”为核心，提出系统的开发模式如图 4-7 所示。ASDULP 的开发模式是：以“城市土地定级估价综合模型”为核心，基于 MapInfo Professional 4.0 平台，以 MapBasic 为二次开发工具，用 Visual FoxPro 6.0 开发系统主界面，将空间数据和属性数据协同输入和处理，得到影响地产质量的因素作用分值数据库和用地效益数据库，调用 SPSS10.0 建立并优选城镇地产评估综合模型，利用模型一次性完成城镇土地定级和基准地价、宗地地价评估，输出图形、报表、文本等数字化评估成果。

我国现有的系统将定级与基准地价、宗地地价评估分开研究、分步实施，而且多是定制开发，难以适用于中小城镇。按照 ASDULP 的开发模式，系统能综合平衡、并行地使用因素作用分值数据和用地效益数据同时

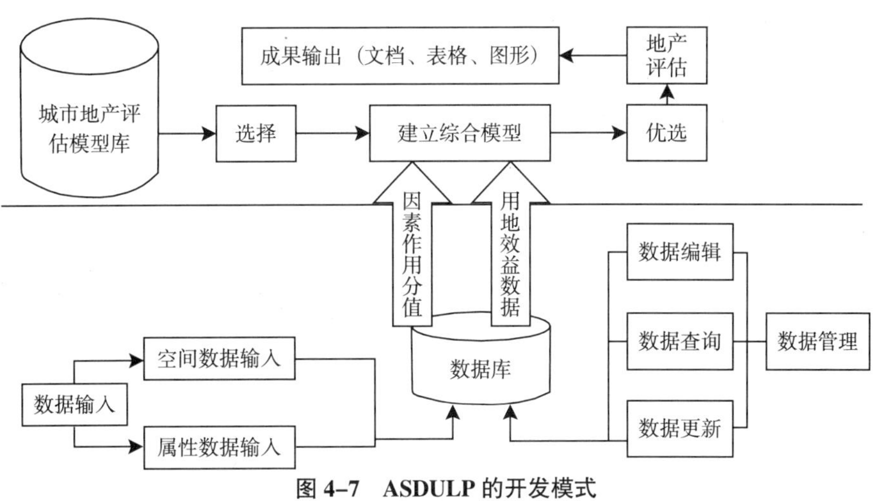

图 4-7 ASDULP 的开发模式

完成城镇地产的三种评估，而且这两类数据对评估过程和评估结果都起到了相互检验的作用，可最大限度地避免利用单类数据进行评估所造成的偏差，增加了评估的合理性。

四、系统的数据库设计

ASDULP 的数据库的建立和维护是进行地产评估的前提。根据以上特点建立数据库，应遵循和应用通用数据库的原理和方法，又必须采取特殊的技术和方法来解决空间数据的管理，因此将城镇地产评估系统数据库分为属性数据库和空间数据库，在设计过程中，为了节约存储空间，也为了保持数据统一，属性数据与空间数据采取分开输入、统一管理的方式，在两库之间利用 MapInfo 的索引机制产生关联，使它们成为统一的整体。ASDULP 的数据库结构如图 4-8 所示。

五、系统的界面设计

良好的界面是保证系统正常运行的一个重要因素，它关系到用户是否能够方便地使用系统，进而影响到系统的使用效率。ASDULP 直接面向土地管理部门从事此项工作的一般人员，因此系统必须针对其特点，设计符合用户习惯、便于用户掌握和使用的界面才能满足需要。在进行用户界面

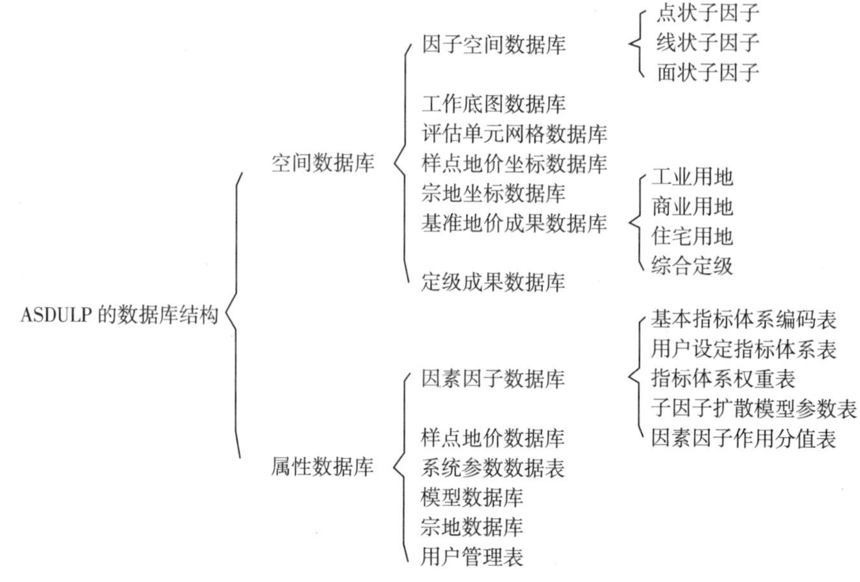

图 4-8　ASDULP 的数据库结构

设计时应注意以下几个方面：一是用户界面设计要符合城市土地定级数据处理的流程，使具有一定专业知识的人员易学易用；二是针对系统功能复杂、处理方式多样的特点，界面应用下拉菜单的组合方式，以便用户能方便地通过鼠标和键盘实现其功能；三是系统具有一定的提示功能，对于误操作或者偶然发生的错误能够发出警报并根据用户的选择做出处理；四是界面美观，要求色彩和谐，提示醒目。

第四节　MapX 组件技术在城镇数字化地产评估中的应用[①]

MapX 是 MapInfo 公司推出的低价高效、功能强大的 ActiveX 控件，是一个可编程的 OCX 控件，是可重复利用的可编程对象。它使用与 MapInfo

① 本节的主要研究结果见赵华平和张所地合著的《MapX 在城镇数字化地产评估系统中的应用》，发表于《山西财经大学学报》（高等教育版）2004 年第 7 期第 68~71 页。

Professional 一致的地图数据格式，实现了绝大部分的 MapInfo Professional 支持的地图功能，提供了真正的对象连接与嵌入控件，开发人员可以使用标准的编程语言，如 Visual Basic、Visual C++、Delphi 或者 PowerBuilder，根据用户的特殊需求，将地图对象集成到系统当中，从而简化系统的开发。在 MapX 基础上进行二次开发，可以用较小的开发成本实现 GIS 的基本功能，因此，城镇数字化地产评估系统是在 MapX 4.0 的基础上用 Visual Basic 进行地图操作界面的开发，利用 OLE 技术集成了 SPSS 11.5 的回归聚类统计分析功能，选用 Visual FoxPro 6.0 开发系统主界面，建立数据库，实现系统核心功能模块的整合。

MapX 的空间数据结构是城镇数字化地产评估系统的基石，它通过空间拓扑结构建立地理图形的空间数据模型，并定义各空间数据之间的关系，从而实现地理图形和数据库的结合。ASDULP 主要是利用 MapX 的空间数据获取、图形对象的处理和编辑、高度可视化的统计和查询功能、精确的地理运算、动态网格的创建、直观精美的定级估价成果图的输出、动态的图层控制、地图的显示、放大、缩小、漫游、标注，以及图形数据和属性数据的统一管理等功能。在 MapX 4.0 的基础上用 Visual Basic 开发的系统的地图操作界面如图 4-9 所示。

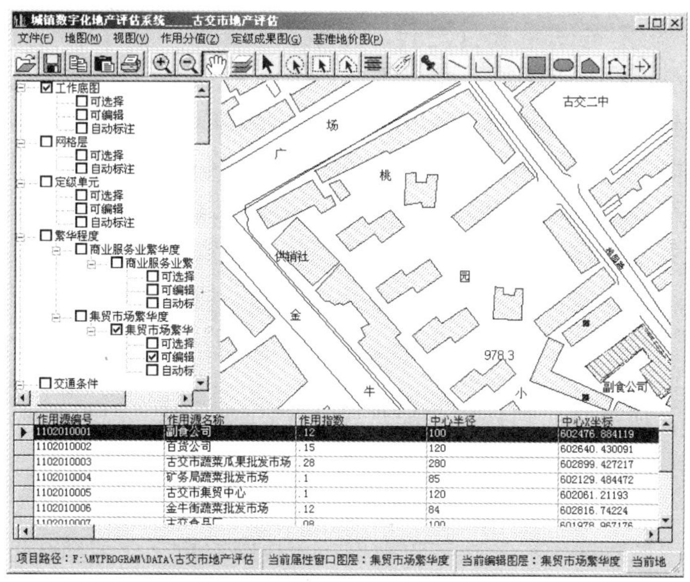

图 4-9　ASDULP 的地图操作界面

一、空间数据的获取

空间数据是系统的重要数据之一，获取空间数据是进行地产评估的基础性工作。而且这些数据的精确度直接影响着建立的综合模型的可用性，进而影响整个地产评估结果的准确性。因此，必须能够获取准确的空间数据，以保证评估结果的实用性。下面将给出 ASDULP 空间数据获取所采用的方法和过程。

本系统提供了两种地图数字化方式：手扶跟踪矢量化和原图扫描矢量化。用户可根据现有的设备条件和技术条件，灵活采用这两种方式，高质高效地完成数据采集。但是在分层采集数据前，需要定义每个图层的表结构，此时只要用户点击图 4-9 左边的图层名称，系统将自动为用户创建该图层所需要的表结构信息，从而大大简化了用户的操作，同时也为地产评估的数据收集做了基础性准备工作。

（1）手扶跟踪数字化仪采集图形数据。手扶跟踪数字化仪采集图形数据需要在一定的软硬件环境下实施，其要求如下：软硬件配置：486 以上微机，A0 或 A1 幅面的数字化仪板，MapInfo 5.5 以上版本或者 R12 以上版本的 AUTO CAD 软件。用户可以直接在本系统提供的手工数字化地图方式下，利用 MapInfo 软件进行图形数据的采集，或者可以采用 AUTO CAD 软件包采集图形数据。这种方式工作量大，但一般采集到的数据精度比较高，较适用于内容比较简单的图纸数据采集。其操作步骤如下：安装数字化仪驱动程序，并连接数字化仪；点击“文件”菜单下的“手工数字化地图”菜单项，进入 MapInfo 环境，或者启动计算机进入 AUTO CAD 环境，配置数字化仪；将需要采集的地图固定在数字化仪板上；设置投影，输入图纸的四角坐标作为控制点，并设置误差估计；配置数字化仪按钮，根据图板菜单所设置的分类符号，利用数字化的游标进行采集，按要求分层输入地图的各类图形要素。

另外，如果上面操作使用的是 AUTO CAD 软件，则还需将 DXF 格式的文件导入 MapInfo 中，并另存为 MapInfo 表（.tab）格式，方可被系统利用。

（2）图形数据的扫描数字化采集。手扶跟踪数字化劳动强度很大，随着扫描仪价格的下降和扫描矢量化软件的成熟，为了减轻劳动强度，提高

工作效率，对于内容较复杂的图纸，人们可以采用扫描矢量化采集数据。其操作步骤如下：将需要矢量化的纸制地图进行扫描，将其格式存储成MapInfo可以打开的文件；将栅格图像读入MapInfo；选择图像配准，设定图像的投影单位，选择控制点，输入定点坐标，即四点定向；进行图形分层矢量化；将不同图素进行符号化，利用ASDULP系统所提供的绘制点、线、面的基本工具，沿着图像中所显示的要素绘制需要矢量化的图形，分别分层屏幕数字化地图的各类图形要素。

另外，由于系统本身不具备对栅格图像元的自动捕捉功能，所以在进行屏幕跟踪数字化时，应将图形放大到一定程度，以便能够在图像的中间取点连线，从而保证采集的精度。

不论是在MapInfo下手扶跟踪数字化采集还是利用屏幕数字化采集，为了保证数据完整、准确、不错、不漏，实现图形数据与属性数据的连接，对于面状地物图形要素需做进一步的编辑处理。如对于供水、供电等图层，要保证每一图元都是一块绝对封闭的地块，如果实际图形有不封闭的地方，应采用虚线封闭，合并后变为面域，如果是线状符号，需将其进行转换，使之成为面域。

二、动态网格的创建

定级单元的划分是土地定级估价的基础，本系统对于定级单元的划分主要是利用MapX的图形编辑功能，其操作如下：首先，需要创建网格层。对于网格层的创建，系统将弹出一个界面，供用户键入要生成的单元网格的大小，点击“确定”之后，系统将以工作底图边界为范围，绘制出用户要求的大小相等、分布均匀的网格，同时自动获取每个网格的单元编号、中心坐标（X坐标、Y坐标）、单元面积等空间数据。其次，用户可根据实际情况，将地价影响因素大致相同的规则网格进行合并，以确保收集到的数据的可用性。同时，用户还可以对合并后不满足要求的单元进行分割操作，使得所划分的定级单元具有可操作性。对于这一系列操作，系统会自动修改编辑后的单元格的单元编号、中心坐标、单元面积等信息。最后，用户只要保存所进行的操作，系统将生成定级单元图层，为下一步的作用分值的计算、定级估价成果图的输出提供基础性数据。

三、图形数据和属性数据的互操作

MapX 提供的数据绑定功能可在图形数据和属性数据之间建立关联，从而实现图形数据和属性数据的互操作。MapX 可以绑定的数据源主要包括如表 4-1 所示的类型。

表 4-1 MapX 能绑定的数据库类型

类型	描述
ADO	使用 ADO（Active Data Objects）
DAO	DAO 对象
Layer	创建一个 Dataset，使用 MapInfo 表字段
ODBC	可以从任何 ODBC 数据源中获取数据
RDO	MS Remote Data Objects 和 RDO 结果集对象
Notes View/Notes Query	专门用于 Lotus Notes
Delphi/C++ Builder	使用 Borland BDE 数据源
OLE Data	用于 containers，如 PowerBuilder
Unbound	兼容其他类型的数据源

对图形和属性数据的互操作是系统建立的基础，本系统在 Visual Basic 开发环境下，通过 ADO 数据连接方式连接到 DBC 数据库，并使用 MapX 的数据绑定功能在 DBF 数据表和 MapInfo 的图层间建立关联，从而实现属性和空间数据互操作。

通过数据绑定功能，可以在图形元素和数据库表的记录间建立一一对应的关系。具体实现代码如下：

```
Dim myado As New ADODB.Connection
Dim rs As New ADODB.Recordset
Dim ly As MapXLib.Layer
Dim objmap As Object
Dim mypath As String
Set objmap = CreateObject ("mapinfo.application")
myado.ConnectionString = " Provider=MSDASQL.1; Persist Security Info=
False; Extended Properties=Driver= {Driver para o Microsoft Visual FoxPro};
```

```
UID=; SourceDB = App.path +" db6.dbc"; SourceType = DBC; Exclusive =
Yes; BackgroundFetch = Yes; Collate = Machine;"
    myado.Open
    rs.Open " B1102010000", myado, 1, 3, adCmdTable
    mypath="""" +App.path+""""
    objmap.do " Dim datapath As String"
    objmap.do " datapath=" & mypath
    objmap.do " register table B1102010000 type "" dbf"" into datapath+""
集贸市场繁华度"""
    Map1.Layers.Add " 集贸市场繁华度.tab"
    Set ly =Map1.Layers.Item (" 集贸市场繁华度")
    Map1.Datasets.Add miDataSetLayer, ly, ly.name
```

上述代码给当前地图图层添加了一个名为“集贸市场繁华度”的数据集，这样图形和属性数据间就实现了关联，从而可以进行两者间的互操作，如图 4-9 所示。只要用户在属性窗口点击某一记录，地图窗口即选中该图元，用户可在属性窗口中修改该图元属性。同样，只要用户在地图窗口中添加或删除图元，属性窗口立刻更新，以反映数据库表的修改。对于其他数据集与图形对象的互操作，可以采用类似的方法实现。

四、图形对象的查询

空间数据查找是 ASDULP 系统的功能之一。它主要利用了 MapX 提供的搜索功能，可以对地图窗口中显示的图层中的图元进行空间定位，并且系统将以用户设置的缩放级别对查找到的对象进行高亮度的缩放显示。

本系统提供多种查询方式。对于任意一个图层，用户可以设置任意字段作为查询属性，只要输入查找项目，系统即可返回用户查找结果信息。如果系统没有找到满足条件的对象，则提示用户“没有精确匹配对象”，否则，高亮度显示定位图元。对于样点图层来说，系统提供按调查表编号查询、按样点坐标查询、按用地类型查询、综合查询四种查询方式。对于按样点坐标查询，用户可选择精确查询或模糊查询任一方式实现查找功能；对于按用地类型查询，系统将返回所有满足查询条件的图形对象；对于综合查询，用户可自己设置查找属性和内容，系统将根据用户的设置来分别提供精确查询和精确、模糊查询两种方式。

五、作用分值的计算

从重要性上看，作用分值的计算是本系统的核心功能之一。因为ASDULP系统是以“城市土地定级估价综合模型”为核心的，而综合模型的建立是基于因素作用分值和用地效益两类数据。所以，计算因素作用分值和获得用地效益数据是进行地产评估的前提，而且作用分值计算结果的准确度直接关系到评价的可信度与真实度，故在计算中要尽可能减少误差，提高精度。由于作用分值的计算涉及图层的叠加、空间距离的测量、空间位置的运算分析等，所以必须利用MapX提供的空间数据的分析处理功能来实现。

根据定级单元信息和各作用源的信息，把定级因素作用源视为数据源，评价单元网格视为数据流动目标，因素作用衰减方式视为流动方式，从而系统可以分别建立评估区域内每个定级单元上的作用分值，并且可以将子因子作用分值加权叠加得到因素作用分值，再将各因素作用分值加权叠加得到各个单元的作用分值。系统在计算的过程中，将作用源按照点状、线状、面状来进行分类，同时用户可以选择作用源的衰减方式，以不同的模型进行计算。

六、评估成果图的输出

在对城镇土地进行评估的最后，直观、精美的土地等级图、基准地价图以及土地定级因素作用分值图的输出是充分展示评价结果的一个重要环节。本系统提供以报表、文本和图形三种方式输出评估结果，其中图形输出在表现力上更有优势。ASDULP通过MapX的统计分析功能，对属于同一级别的土地进行了合并，并且允许用户为每一级土地选择填充图案，之后生成定级成果图和基准地价图，而且提供图形打印输出功能。因此，该系统对于定级估价的成果图能够以不同的用户喜欢的颜色、形状以及花纹图案直观地表现出来，并在土地定级图和基准地价图中分别以土地级别（罗马数字）和基准地价自动标注。

总之，利用现有的GIS组件进行开发，可以大大减少开发的费用和时

间，而且能够很好地实现图形数据与属性数据的协调一致，为用户进行地产评估提供良好的操作界面。同时，该系统为实现城镇土地定级估价成果的动态更新提供了方便、适用、经济、有效的软件工具。

第五章　基于 3S 技术的数字化房地产动态评估系统[①]

近年来，随着计算机软硬件技术的飞速发展，计算机信息处理能力的增强，使房地产评估从偏重于经验的静态方法转向偏重于量化的动态方法成为可能。而且，3S（GIS、RS、GPS）技术对于空间数据实时、精确的获取以及一体化的管理有显著的优势，将其应用于房地产评估系统中，可以大大提高其评估结果的动态性和可靠性。于是，一些研究学者已经开始着手探讨房地产评估系统的研究和开发，其中有些系统开始将地理信息系统（GIS）应用于其中，但是，集成 3S 技术的房地产评估系统尚未见到。因此，建立基于 3S 技术的房地产动态评估系统，不仅具有研究的理论价值，而且具有广阔的应用前景。

第一节　3S 集成技术在数字化房地产评估中的应用

3S 技术，系指地理信息系统（GIS，Geographic Information System）、遥感（RS，Remote Sensing）和全球卫星定位系统（GPS，Global Position System），这三项技术形成了对地球进行观测、空间定位及空间分析的完整的技术体系。它是在计算机、通信、卫星、测量、航天、航空等高新技术飞速发展下，逐渐成熟发展起来的，并成为数字地球最基础和基本的核心技术。由于遥感、地理信息系统、全球定位系统三项技术集成的 3S 技

① 本章的主要研究结果见赵华平于 2004 年写作的《基于 3S 的不动产动态评估系统开发模式研究》(山西财经大学硕士学位论文)。

术，在管理空间数据方面的强大功能和处理资源与环境可持续发展问题上的突出能力，已经被广泛地应用于各行各业，成为土地资源、军事、地质、农业、石油、测绘等行业中不可缺少的手段，并且在经济管理、决策支持以及科学研究领域有着非常广阔的应用前景和强大的生命力。

一、3S 技术及其构成

3S 技术的特点是以遥感技术周期性、多光谱、大范围、高分辨率地获取地面物体的面状信息，以全球卫星定位系统高精度、实时、动态地获取全球范围内任意实体的点、线信息，利用地理信息系统在存储管理和分析处理空间点、线、面信息方面的特有功能，将客观世界真实地反映出来，按照人类的需求，提供高分辨率、高精度、及时准确的空间信息，具有可视化、自动化、实时化、动态化、数字化的特点。它以数字化方式获取、处理、分析和应用关于自然和人文要素的地理空间信息，以多种媒体的方式表现客观现实的空间关系，可提供数字地图、三维模型、跨时空预测模型、多光谱遥感影像等电子产品。3S 技术通过二维、三维和四维空间，将自然、社会和经济要素的地理空间关系转化为所见即所得形式，即一个虚拟现实，它把属性数据与空间实体对应起来，将具有复杂属性的空间数据处理简化为图形与图像的加减乘除。

（一）地理信息系统

地理信息系统（GIS）是以地理空间数据库为基础，在计算机硬、软环境的支持下，对空间相关数据进行采集、管理、操作、分析、模拟和显示，并采用地理模型分析方法，提供多种空间和动态的地理信息，为地理研究、综合评价、管理、定量分析和决策服务而建立起来的一类计算机应用系统。它对空间内涵的地理信息具有输入、存储、查询、运算、分析、表达等功能，是以采集、存储、管理、描述、分析地球表面及空间和地理分布有关的数据的信息系统。总之，地理信息系统是以计算机为工具，具有地理图形和空间定位功能的空间数据管理系统。

GIS 是传统学科（如地理学、地图学和测量学）与现代科学技术（如遥感技术、计算机等）相结合的产物，是一门多学科综合的边缘学科，但其核心是计算机科学，基本技术是数据库、地图可视化及空间分析，其组

成结构[①]如图5-1所示。

图5-1　GIS的组成

与一般的管理信息系统相比，地理信息系统有以下特征：[②]

（1）地理信息系统在分析处理问题中使用了空间数据和属性数据，并通过数据库管理系统将两者结合起来，共同管理、分析和应用，从而提供了认识地理现象的一种新的思维方法。

（2）地理信息系统强调空间分析，通过利用空间解析式模型来分析空间数据，地理信息系统的成功应用依赖于空间分析模式的研究和设计。

（3）地理信息系统的成功应用不仅取决于技术体系，而且也依靠一定的组织体系（包括实施组成、系统管理员、技术操作员、系统开发设计者等）。

（4）人的因素在地理信息系统的发展过程中起着越来越重要的作用，地理信息系统中许多应用问题已经超出了技术领域的范畴。

地理信息系统作为有关空间数据管理、空间信息分析及其传播的计算机系统，可以用于地理信息系统的动态描述，通过时空构模，分析地理系统的发展变化和深化过程，从而为咨询、规划和决策提供服务，其应用已遍及与地理空间有关的领域，从全球变化、持续发展到城市交通、公共设施规划及建筑选址、地产策划、资源管理、环境评估监测、交通运输、城市规划、经济建设以及政府各职能部门等方面，地理信息系统技术正深刻地影响着，甚至改变着这些领域的研究方法及运作机制。

① 吴信才. 地理信息系统的基本技术与发展动态. 地球科学—中国地质大学学报，1998，23（4）：329-333.

② 陈述彭. 地理信息系统导论. 北京：科学出版社，2000.

当前，国际 GIS 技术的发展趋势主要体现在两个方面：一是技术的综合（Integration）；二是软件技术的分化（Fractionation）。[①]

（1）综合（Integration）：GIS 技术的综合主要体现在 GIS 与其他信息技术的结合之上，我们常常所说的 3S，或 GIS、RS 和 GPS 的一体化，就是技术综合的体现。然而，现在的 GIS 已经远远超出了这些，它已经与 CAD、多媒体、通信、Internet、办公自动化、虚拟现实等多种技术结合，形成了综合的信息技术。GIS 与有关信息技术结合如表 5-1 所示。

表 5-1　GIS 与几种信息技术结合简要

GIS—CAD	CAD 为计算机辅助制图和设计，是一门空间设计技术，用以设计地球；GIS 是一门空间管理技术，用以管理地球。二者结合将为我们提供一个设计和管理地球的工具。
GIS—RS	遥感是 GIS 的重要组成部分，作为 GIS 的一种重要信息源。同时，GIS 的应用可以提高遥感的数据提取和分析能力。
GIS—GPS	GPS 获取的数据必须利用 GIS 进行管理和存储，如智能化汽车和道路系统（IVHS）。
GIS—Internet 技术	WebGIS 为基于 Internet 技术的 GIS，主要是利用 WWW 发布空间信息和提供各种应用。
GIS—多媒体技术	在多媒体系统中嵌入 GIS 功能，或在 GIS 系统增加多媒体功能。
GIS—虚拟现实技术	GIS 与虚拟现实技术结合，提高 GIS 图形显示的真实感和对图形的操作性。

（2）分化（Fractionation）：GIS 软件的发展经历了从早期的功能处理模块，发展到组件式 GIS 和 Web GIS 的过程，如表 5-2 所示。目前，组件式 GIS 和 Web GIS 已经成为许多大型 GIS 公司产品的开发方向。组件式 GIS 的最大好处是能够使 GIS 功能嵌入其他软件，或将其他软件功能引入到 GIS 中来；Web GIS 是 Internet 和 WWW 技术应用于 GIS 开发的产物，是实现 GIS 互操作的一条最佳解决途径，从 Internet 的任意节点，用户都可以浏览 Web GIS 站点中的空间数据、制作专题图、进行各种空间信息检索和空间分析，因此，Web GIS 不但具有大部分乃至全部传统 GIS 软件具有的功能，而且还具有利用 Internet 优势的特有功能。

① 钟耳顺. 地理信息系统技术开发、应用与产品化. 中外科技信息，1998，（12）：22-26.

表 5-2　GIS 软件发展模式

模块式 GIS	Module
包式 GIS	Package GIS
核心式 GIS	Core GIS
组件式 GIS	Components GIS
网络式 GIS	Web GIS
GIS 语言	GIML

（二）全球定位系统

全球卫星定位系统（GPS）是美军于 20 世纪 70 年代初在“子午仪卫星导航定位”技术上发展起来的具有全球性、全能性（陆地、海洋、航空与航天）、全天候优势的导航定位、定时、测速系统，是以卫星为基础的无线电导航系统，可为航天、航空、陆地、海洋等用户提供 H 维的导航、定位和定时。

GPS 系统包括三大部分，即广播信号的卫星组成的空间部分——GPS 卫星星座、控制整个系统运行的地面控制部分——地面监控系统、各种类型的接收机组成的用户部分——GPS 信号接收机。[①] 其中，全球定位系统的空间部分使用 21 颗工作卫星和 3 颗在轨备用卫星组成 GPS 卫星星座，使得在全球的任何地方、任何时间都可观测到 4 颗以上的卫星，并能保持良好定位解算精度的几何图形，从而提供了在时间上连续的全球导航能力，同时，在全球范围内，向任意多用户提供高精度的、全天候的、连续的、实时的三维测速、三维定位和授时；GPS 系统的控制部分由 4 个监控站、1 个上行注入站和 1 个主控站组成。监控站的主要任务是取得卫星观测数据并将这些数据传送至主控站，主控站的主要任务是收集各监控站对 GPS 卫星的全部观测数据，利用这些数据计算每颗 GPS 卫星的轨道和卫星钟改正值，上行注入站的任务主要是在每颗卫星运行至上空时把这类导航数据及主控站的指令注入到卫星；GPS 接收机是被动式全天候系统，能够捕获到按一定卫星高度截止角所选择的待测卫星的信号，并跟踪这些卫星的运行，对所接收到的 GPS 信号进行变换、放大和处理，以便测量出 GPS 信号从卫星到接收机天线的传播时间，解译出 GPS 卫星所发送的导航电

① 罗云启. 数字化地理信息系统建设与 MapInfo 高级应用. 北京：清华大学出版社，2003.

文，实时地计算出用户接收机所处的三维位置、三维速度和时间。

GPS 系统的主要特点有：一是 GPS 系统的实时导航定位精度很高。二是全球全天候连续无源，GPS 能为全球任何地点或近地空间的各类用户提供连续的全天候全球导航能力，用户不发射信号，因而用户数量无限。三是用途广泛。GPS 是军民两用的系统，其应用范围极其广泛，它以全天候、高精度、自动化、高效益等显著特点，成功地应用于大地测量、工程测量、航空摄影测量、运载工具导航和管制、地壳运动监测、资源勘察、地球动力学等多种学科。

（三）遥感

遥感（RS）是通过某种传感器装置，在不与被研究对象直接接触的情况下，获取其特征信息（一般是电磁波的反射辐射和发射辐射），并对这些信息进行提取、加工、表达和应用的一门科学和技术。遥感技术是在 1957 年人造地球卫星上天后及 1962 年红外技术和微波技术由美国军方解密交付民用后发展起来的，1972 年后美国陆地卫星的多光谱扫描传感器（MSS）获得影像，经济效益很高，从而开始了遥感普及应用时代。

遥感技术包括传感器技术，信息传输技术，信息处理、提取和应用技术，目标信息特征的分析与测量技术等，遥感技术系统包括空间信息采集系统（包括遥感平台和传感器）、地面接收和预处理系统（包括辐射校正和几何校正）、地面实况调查系统（如收集环境和气象数据）和信息分析应用系统。

遥感获得的地物电磁波特性数据综合反映了地球上许多自然、人文信息，红外遥感昼夜均可探测，微波遥感可全天时全天候探测，人们可以从中有选择地提取所需的信息。地球资源卫星所获得的地物电磁波特性均可较综合地反映地质、地貌、土壤、植被、水文等特征而具有广阔的应用领域。由于遥感的探测波段、成像方式、成像时间、数据记录等均可按要求设计，使其获得的数据具有同一性或相似性；同时，考虑到新的传感器和信息记录都可向下兼容，所以，数据具有可比性；与传统地面调查和考察比较，遥感数据可以较大程度地排除人为干扰。遥感的费用投入与所获取的效益，与传统的方法相比，可以大大地节省人力、物力、财力和时间，具有很高的经济效益和社会效益。

二、3S技术的集成

3S系统中，GIS相当于中枢神经，RS相当于传感器，GPS相当于定位器。[①] 3S的结合应用，取长补短，是一个自然的发展趋势，三者之间的相互作用形成了“一个大脑、两只眼睛”的框架，即RS和GPS向GIS提供或更新区域信息以及空间定位，GIS进行相应的空间分析（如图5-2所示），以从RS和GPS提供的数据中提取有用信息，并进行综合集成，使之成为决策的科学依据。[②] 也就是说，3S集成应用是一种充分利用GIS、RS和GPS各自的技术特点快速准确而又经济地为人们提供所需信息的高新技术。其基本原理是利用RS提供最新的图像信息，利用GPS提供图像信息中的“骨架”位置信息，利用GIS为图像处理、分析应用提供技术手段，三者紧密结合为用户提供精确的基础资料（图件和数据）。

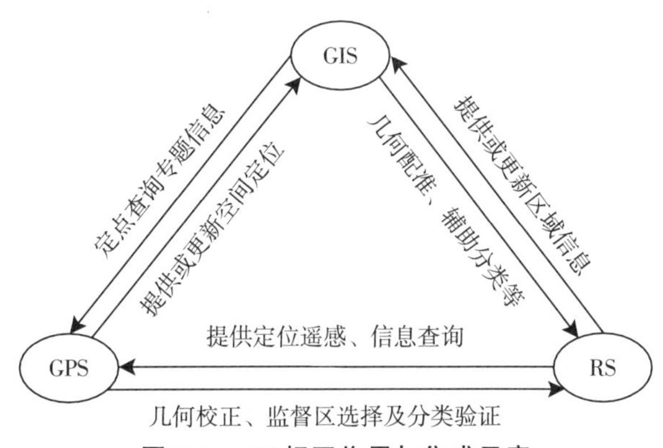

图5-2 3S相互作用与集成示意

3S技术集成，即把遥感、地理信息系统和全球定位系统综合到一起，所以又称为3S综合或3S一体化。3S技术各有特色，单独使用时又各有不足。因此，国内外3S技术的发展趋势是一体化、智能化及综合应用，3S技术的研究和应用已经走向集成。

---

① 赵文武. 3S技术集成及其应用研究进展. 山东农业大学学报（自然科学版），2001，32（2）：236.

② 罗云启. 数字化地理信息系统建设与MapInfo高级应用. 北京：清华大学出版社，2003.

3S既有各自的独立性，又可以平等运行，它们的集成，不仅实现了互补，充分发挥了各自的技术优势，而且产生强大的边缘效应，极大地增强了以GIS为核心的综合体系功能，是实时、准确而又经济地为大众提供所需的各种空间信息和决策辅助的有力手段。在3S的集成中，GPS主要用于实时、快速地提供目标，包括各类传感器和运载平台（车、船、飞机、卫星等）的空间位置；RS用于实时地或准实时地、快速地提供目标及其环境的语义或非语义信息，发现地球表面上的各种变化，及时地对GIS进行数据更新；GIS则是对多种来源时空数据进行综合处理、集成管理、动态存取，作为新的集成系统的基础平台，并为智能化数据采集提供地学知识。RS、GIS与GPS三者综合利用，构成了整体的、实时的和动态的对地观测、分析和应用的运行系统，提高了GIS的应用效率，是一种特殊而重要的空间信息系统，是我国“九五”、“十五”科技发展重中之重的科技攻关项目。

三、3S技术的集成方式

3S的集成有多种实现方式。在实际的应用中，较为常见的是3S两两之间的集成，对于3S的全部集成应用实例较少。

（一）GIS与RS结合

GIS与RS的集成是3S集成中最重要、最核心的内容。GIS与RS集成的基本出发点是：RS对遥感图像采集、处理和识别分类的功能很强，其高分辨率的遥感影像的最高精度可以达到1米左右，能为GIS及时提供大范围的资源和环境信息，为GIS的数据更新提供稳定、可靠的数据源。而GIS可以为RS影像提供区域背景信息，提高其解译精度。同时，GIS对图形的处理、管理和空间分析功能很强，可以为RS提供空间数据管理和分析技术，弥补RS不能解决的“同物异谱”和“异物同谱”的现象以及地物属性问题。典型的作业方式是先将航片解译成图，然后数字化进入GIS。此时，由于航空遥感覆盖周期长，影像数量少而数据分辨率高，手工作业的低效率引起的矛盾并不明显。但是，随着技术的发展和遥感影像的数量猛增而分辨率大大降低，上述矛盾变得尖锐。人们开始尝试用计算机图像处理系统自动处理RS影像并将结果传输到GIS中，再进一步形成

集成的思路。RS与GIS可以在数据、平台和功能三者之中的任一层次上进行集成，其目标是非实时数据处理，故通常采用非同步方式。而且，由于绝大部分GIS能够处理矢量、栅格两种数据格式，并且能够实现数据结构的转换，因此，GIS可以很容易地将RS的栅格数据结构转换成矢量数据结构，实现空间数据管理。

（二）RS与GPS结合

GPS和RS集成的主要目的是利用GPS的快速精确定位功能解决RS定位困难的问题，即能将RS获取的数据实时、快速进入GIS系统，并保证RS数据与地面同步监测数据获取的动态配准，动态地进入GIS数据库；同时，利用RS数据可实现GPS定位遥感信息查询。GPS和RS的集成既可以采用同步集成方式，也可以采用非同步集成方式。

（三）GPS与GIS结合

GPS和GIS集成是利用GIS中的电子地图结合GPS的实时定位技术为用户提供一种组合空间信息服务方式，即通过GIS系统，GPS的定位信息在电子地图上得以实时反映和漫游查询；GPS为GIS及时采集、更新和修正数据，即输入电子地图或数据库后，可对原有的专题图进行修正、核实或形成新的专题图件。

GPS和GIS的集成通常采用实时集成方式。从严格的意义上说，GPS提供的是空间点的动态绝对位置，而GIS提供的是地球表面地物的静态相对位置，二者通过同一个大地坐标系统建立联系。在实际应用中，在非集成方式下使用GIS和GPS技术常常产生以下两方面的问题：其一，在实地位置和图上位置之间建立联系只能靠目测估计，速度慢、准确性差；其二，在动态定位或者缺乏参照物的场合，由于不能确定实地位置和图上位置之间的对应关系，只能靠目测来获得测点周围地物的相对位置，受人眼视野窄、不能定量等因素的影响，靠目测获得的测点周围地物相对位置在信息量、准确性等方面存在严重不足。所以，在电子导航、自动驾驶、公安侦破、实时数据采集和更新等既需要空间点动态绝对位置，又需要地表地物静态相对位置的应用领域，GIS与GPS集成几乎是一种必然的选择。

（四）3S 整体集成

3S 整体集成包括以 GIS 为中心的集成方式和以 GPS/RS 为中心的集成方式。前者的目的主要是非同步数据处理，通过利用 GIS 作为集成系统的中心平台，对包括 RS 和 GPS 在内的多种来源的空间数据进行综合处理、动态存储和集成管理，存在数据、平台（数据处理平台）和功能三个集成层次，可以认为是 RS 与 GIS 集成的一种扩充。后者以同步数据处理为目的，通过 RS 和 GPS 提供的实时动态空间信息结合 GIS 的数据库和分析功能为动态管理、实时决策提供在线空间信息支持服务。该模式要求多种信息采集和信息处理平台集成，同时需要实时通信支持，实现的代价较高。

由于 RS、GIS 和 GPS 在功能上的互补性，各种集成方案通过不同的组合取长补短，不仅能充分发挥各自的优势，而且能够产生许多新的功能。如果说 RS、GIS 和 GPS 三种技术的单独应用提高了空间数据获取和处理的精度、速度和效率，那么 3S 集成除了在以上三方面更进一步以外，其优势还表现在动态性、灵活度和自动化等方面。所谓动态性是指数据源与现实世界的同步性、不同数据源之间的同步性以及数据获取与数据处理的同步性；灵活度是指用户可以根据不同的应用目的来决定相应数据采集和数据处理，建立二者之间的联系及反馈机制，从而以最恰当的方式完成指定的任务；自动化是指集成系统能够自动完成从数据采集到数据处理的各个环节，不需要人工干预。

四、3S 集成技术在数字化房地产评估中的应用流程

房地产的市场条件处于动荡不定的变化之中，而决定房地产市场价值的效用、稀缺性及有效需求又受到市场参与者不断变化的行为和所关注事物的影响。房地产的投资者、担保者、购买者及管理者必然要对他们的预期进行适时反复的调整，以适应变化的情况，做出正确的决策，因此，迫切需要研究者为其提供能动态评估房地产的方法、技术和系统。计算机信息处理能力的增强，使房地产评估从偏重于经验的静态方法转向偏重于量化的动态方法成为可能。3S 技术的发展为实现房地产动态评估提供了精确的、适时的空间数据，以及可利用的数字化地图等基础数据，同时实现了空间数据和属性数据的集成管理，使得建立房地产空间数据库、开发房

地产动态评估系统有着坚实的技术支持。

由于房地产评估要涉及大量信息，从信息源来看，涉及到建筑、土地、统计、经济、规划等部门；从信息媒介来看，包括图形信息、文本信息等，如评估中涉及的社区、物业、公交、水电、学校、超市、道路、银行配套及规划信息等大量数据，均是与地理位置有密切关系的信息，它不仅包含空间地图数据，而且包含相关的属性数据；从信息种类来看，则包括实地调查信息、统计信息等；信息种类多，数量大，来源广，且格式不统一。而且，随着城市建设的日新月异及房产制度的不断改革，还需要对现有的图纸和数据进行及时的更新，单纯的手工操作已难以满足现代化发展的需要。因此，结合房地产估价业务的特点，将RS和GPS用于获取和更新房地产评估所需的实时的数字化工作底图，如城市的地形图、地籍图、房地产图（包括房地产分幅图、房地产分丘图和房地产分层分户图）等空间信息，将GIS用于对空间数据按照地理坐标或空间位置进行各种处理、对空间数据和属性数据的有效集成管理、研究各种空间实体及其相互关系等，即将地图与数据有机地结合起来，建立二者间的相互对应关系，同时提供双向检索和查询的功能，完成空间地理位置的运算分析等，从而达到资料存储网络化、图文一体化、管理科学化的目的，为建立一个高效、规范、适时、实用的计算机辅助估价系统提供技术力量，为公平、合理地评估房地产价格提供可能。

RS、GIS、GPS集成的方式可以在不同的技术水平上实现，最简单的办法是三种系统分开而由用户综合使用，进一步是三者有共同的界面，做到表面上无缝的集成，数据传输则在内部通过特征码相结合，最好的办法是整体的集成，成为统一的系统。[①] 在房地产动态评估系统中，考虑到系统的要求以及3S整体集成的难度，建议采用上面所说的三种系统分开而由用户综合使用的技术实现，具体的实现过程如下。

房地产评估结果的适时动态更新，首先需要对城市地籍图、地形图、房地产图等的动态变化做出准确的测量。如果采用常规的基于地形图或像片平面图的方法对房地产变化进行地面测量，不仅进度慢，而且周期长，完全不能适应决策者和当前城乡经济发展的需要。因此，要综合利用RS、GIS和GPS等先进技术，研究一种实用的监测动态地形图、地籍图、房地

① 罗云启. 数字化地理信息系统建设与MapInfo高级应用. 北京：清华大学出版社，2003.

产图变化的方法。这种方法以待评估城市的原数字化地图的矢量数据为“本底”数据，将处理后的陆地卫星 TM 图像叠加，通过目视判读，确定已发生变化了的空间数据，最后到实地用差分 GPS 进行变化监测。之后，将所有这些数据（包括空间数据和属性数据）输入到 GIS 中，利用 GIS 的功能实现空间数据和属性数据的一体化管理。这套工作流程，不仅可以发现地形图、地籍图、房地产图的动态变化，而且可以修改和更新变化了的空间信息。

3S 集成技术在数字化房地产评估中的应用技术路线如下：3S 技术与地面调查相结合，以遥感技术和已有城市房地产现状数据库或地形图、地籍图、房地产现状图为基础，利用计算机自动发现变化信息或人机交互解译提取房地变化信息；外业调查在 GPS 技术引导和准确定位下，确认变化图斑的类型、面积、范围和权属界限，核实地籍变化范围，完成对变化的现状地物宽度和零星地物（包括遗漏的小图斑）的量测；内业在外业调查的基础上，利用 GIS 技术与数字化环境，实现对基础图件的数字化更新。

3S 技术支持的房地产现状图更新技术流程主要包括下述几个步骤：遥感影像的纠正、配准、增强与融合，栅格式房地产现状图、地形图、地籍图及其变更图的制作，遥感影像与栅格或矢量式房地产图像的配准叠加，房地产变化信息提取，房地产变化遥感图生成，GPS 引导的外业调查，GIS 支持下的房地产图件的更新编绘，以及房地产现状数据库的更新等。[①] 3S 技术在房地产动态评估系统中的应用如图 5-3 所示。

图 5-3 中，左半部分为已有房地产矢量数据库的图件更新，直接利用数据库矢量数据，按照矢量化的方法更新，除更新变化图斑外，还包括对属性数据的更新和数据库的更新；右半部分表示对没有数据库的纸质图件的更新，在数字化环境下，采用栅格化的方法更新，更新结果为数字形式并可直接制图输出为纸质图件。

按照可获取的遥感数据状况，对房地产现状图件的更新，在能够获取成图时遥感数据（基期遥感数据）的情况下，同时采用基期遥感数据和更新年两时相遥感数据，从遥感数据直接发现房地产的变化；在难以获取基期遥感数据的情况下，仅采用更新年遥感数据，利用遥感数据和房地产图件人机交互提取变化信息。

---

① 张继贤，程烨. 3S 技术支持的土地利用现状图更新. 中国土地科学，2002，16（1）：20-25.

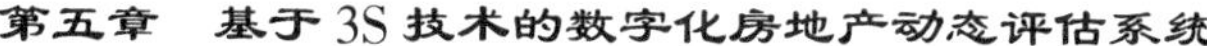

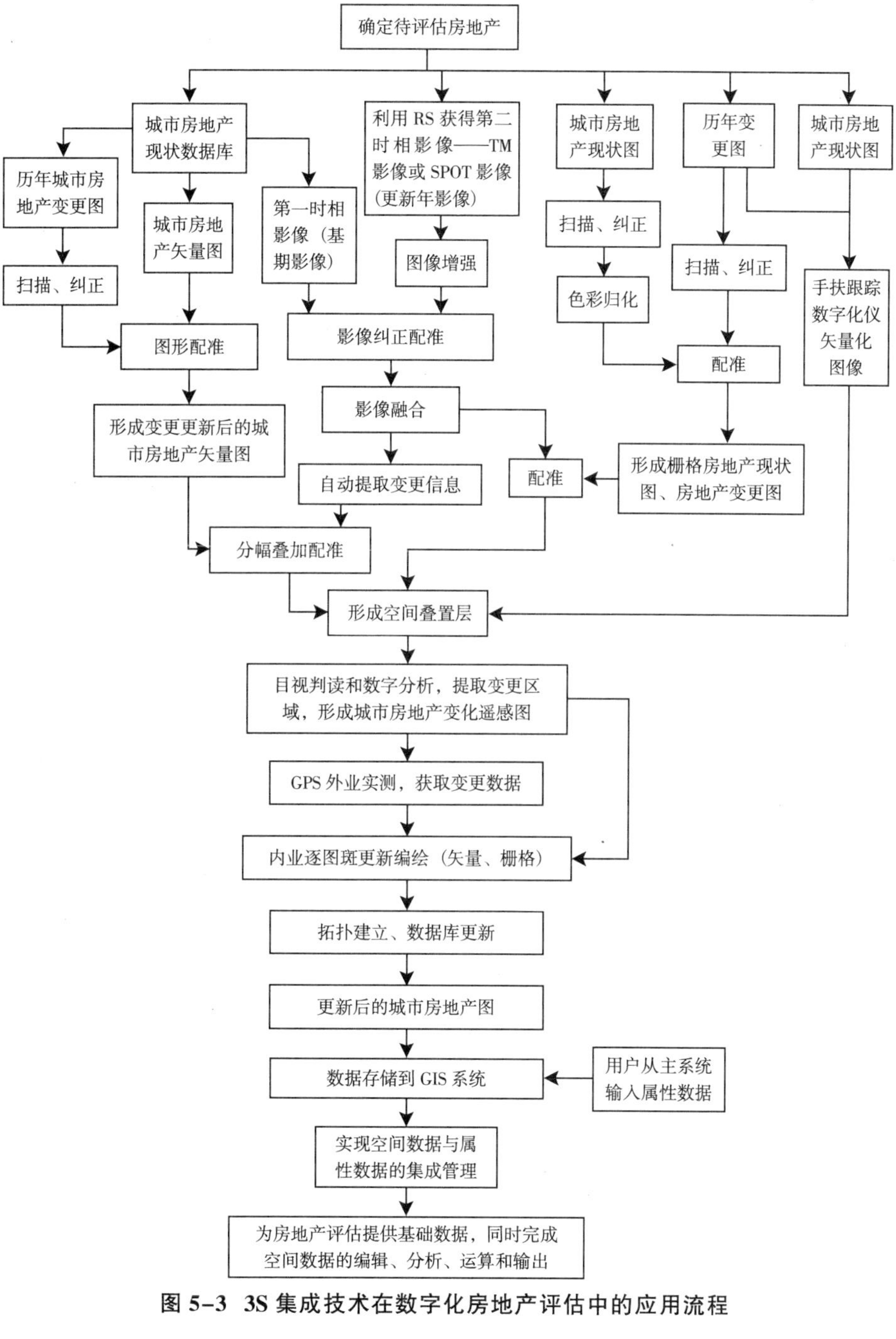

确定待评估房地产

城市房地产现状数据库

利用RS获得第二时相影像——TM影像或SPOT影像（更新年影像）

城市房地产现状图

历年变更图

城市房地产现状图

历年城市房地产变更图

城市房地产矢量图

第一时相影像（基期影像）

图像增强

扫描、纠正

扫描、纠正

扫描、纠正

色彩归化

手扶跟踪数字化仪矢量化图像

图形配准

影像纠正配准

配准

影像融合

形成变更更新后的城市房地产矢量图

自动提取变更信息

配准

形成栅格房地产现状图、房地产变更图

分幅叠加配准

形成空间叠置层

目视判读和数字分析，提取变更区域，形成城市房地产变化遥感图

GPS外业实测，获取变更数据

内业逐图斑更新编绘（矢量、栅格）

拓扑建立、数据库更新

更新后的城市房地产图

数据存储到GIS系统

用户从主系统输入属性数据

实现空间数据与属性数据的集成管理

为房地产评估提供基础数据，同时完成空间数据的编辑、分析、运算和输出

图5-3　3S集成技术在数字化房地产评估中的应用流程

（一）遥感影像的纠正、配准、增强与融合

包括同一时相和不同时相多源遥感数据间的纠正、配准、增强和融合。

遥感数据的纠正按照分辨率的不同选取房地产图比例尺，为保证纠正精度，房地产图需经扫描纠正形成数字栅格房地产图。以此栅格图形图像为基准，可根据具体情况分别采用多项式整体纠正、局部自适应迭代配准纠正或偏差逐点纠正法等对卫星影像进行几何纠正，并以纠正的高分辨率卫星影像为基准，采用影像到影像的配准技术对多光谱等影像纠正，对纠正的全色影像和多光谱影像融合处理建立卫星影像。

图像增强是根据图像后处理和分析应用的需要，通过不同算法扩大灰阶的层次和范围，提高数字分析的计算精度，通过运算和变换使图像在亮度、反差、层次等方面适应人眼视觉的生理。增强后的图像纹理、细部、反差都表现得更加精细和丰富，不同波段的图像合成和融合后，其色彩应尽可能地接近天然彩色或者是宜于目视判读的“假彩色”。

为了从图像中提取更多的有用信息，影像融合是常用的手段。影像融合是不同几何和不同质的图像通过某种数学和物理变换生成相同几何和另一种均质的新图像的过程。影像融合主要包括基期、更新期多光谱影像和全色影像的融合以及基期多光谱影像和更新期全色影像间的融合，其融合方法不仅可以用光学方法实现，而且可以用数字方法实现，但要以突出影像的地物特征、有利于影像的判读为原则。

（二）栅格式房地产图的制作

包括栅格式房地产现状图和房地产变更图的制作，主要针对纸质房地产现状图更新的区域，其技术流程如图 5-4 所示。

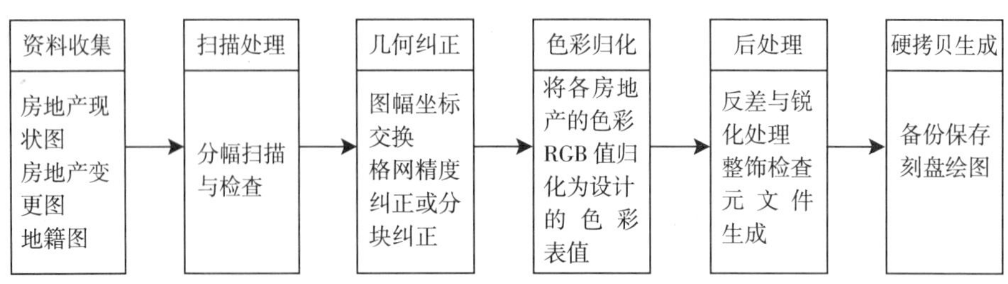

图 5-4 栅格式房地产图制作技术流程

（三）遥感影像与栅格或矢量式房地图像的配准叠加

包括数据库中矢量式房地产图与遥感影像图的配准叠加，以及栅格式房地产图与遥感影像图的配准叠加。前者采用图形图像配准技术实现，后者采用图像到图像的配准技术实现，两者的配准可以图幅为单位进行。遥感影像与栅格式房地产图的配准叠加，原则上以高精度纠正后的遥感影像为基础，在确信房地产图斑发生错位的情况下，依据影像修正。

（四）房地产变化信息提取

为了提取房地产的变化信息，需要结合房地产图来对遥感影像解译。在拥有两时相遥感数据的情况下，可以通过遥感数据自动发现变化，并利用矢量式房地产现状图或栅格式房地产现状图、房地产变更图件形成空间配准的叠置层进一步确认；在仅存在一个时相遥感数据的情况下，需要利用遥感数据和房地产图件，建立空间配准的叠置层，进行计算机辅助的目视判读或数字分析。另外，在进行人工目视解译前可以先进行计算机非监督分类，使得解译者对现有的房地产平面图的概况有充分的感性认识，在此基础上参照建立的解译标志来进行房地产平面图的更新判别，这样，既提高了解译的精度，又节省大量的时间，从而可获得更可靠有效的城市房地产的变化信息。

计算机辅助目视判读比较简单实用，首先将TM图像的三个波段进行彩色合成，得到一张“伪彩色”图像，然后在计算机系统的屏幕上，将基础数据库房地产平面图和伪彩色图像叠加。这时，用目视判读的方法可以有效地发现房地产的变化信息。

（五）房地产变化遥感图生成

房地产变化遥感图是外业调查的基准图件，由较高分辨率的遥感影像图（彩色融合影像或高分辨率黑白影像）、叠加提取的房地产变化图斑以及有关房地产现状信息构成，按照矢量房地产图件和栅格房地产图件的差异，采用相应的制作流程。

在已有房地产现状矢量数据库时，以标准分幅的房地产线划图为单位，在遥感影像图上，直接叠加提取的变化图斑、房地产线划图、地籍变化和变更调查图上存在变更，而利用遥感信息提取技术没有发现的变更图斑（这些图斑可能为权属变化、或图斑过小被遥感方法遗漏、或经变更审批但实地确未变化的图斑）形成。对具有较大差异的图斑，采用特殊颜色标注，作为外业调绘的重点；在仅有房地产现状图纸的情况下，以标准分幅的栅格式房地产现状图为单位，在遥感影像图上，叠加提取的变化图斑、地籍、历年栅格式房地产变更图上的变更图斑，并标注房地产图与遥感影像相比较具有较大差异的图斑形成。这些叠加的数据层采用各自特殊颜色标注，作为外业调绘的重点。

（六）GPS 引导的外业调查

基于遥感技术进行房地产变化研究，由于其较强的实时性与科学性等特点而得到了极大推广应用。但其自身也有一定的局限性，例如，尽管许多变化信息可以直接从不同时间的遥感影像上比较得来，但有些细微的变化由于灵敏度的限制，或其他因素（如大气干扰）的影响，可能无法探测到。而有些历时短暂的变化过程则可能由于未能及时获取当时的影像也无法探测到。因此，为了确保收集到的信息全面、准确，以保证最终的评估结果的客观合理性，需要在全球定位系统的支持下，通过外业调查，对遥感信息加以修正。首先，利用 GPS 实时定位技术，采用手持 GPS 或掌上 GPS，确定图上需要实际调查的图斑的位置。其次，利用 GPS 量测图斑的范围、面积、线状地物宽度并补测零星地物。

（七）GIS 支持下的房地产图件的更新编绘

对于已有的矢量数据库进行矢量化更新，即在 GIS 环境下，利用外业调查成果，将矢量线划图和变化图斑叠置在遥感影像上，通过 GIS 的编辑修改功能，逐图斑地对变化图斑进行更新和编绘，并修改矢量图存在的错误，协调更新图斑与已有图斑的矛盾。具体更新操作如下：对于新增变化图斑，要以卫星影像和（或）GPS 实测数据为准，通过人机交互更新图斑边界并赋给相应属性；对于原有图斑消失的情况，可删除该图斑并填充相应图斑和属性；对于矢量数据偏离图像上相应地物位置的情况，当偏离超过限差要求时，使用编辑修改功能，将矢量数据修改到遥感影像相应地物位置上。

对于仅有栅格式房地产现状图的进行栅格化更新，它可采用两种模式：其一，栅格式房地产现状图与遥感影像透明叠加形成复合文件，实现

对变化图斑的更新；其二，栅格式房地产现状图与遥感影像、变化图斑等构成空间配准的栅格图层更新。前者适合对黑白栅格式房地产现状图的更新，后者更适合对彩色栅格式房地产现状图的更新。

(八) 房地现状数据库的更新

对于已建立数据库的矢量房地产图的更新，除更新每幅图的变化图斑和相应的属性以外，还应重新建立拓扑关系，并将更新结果入库，更新数据库有关内容，重新建立数据库索引等，实现对数据库的更新。在获取基础数据信息，即完成了上述操作之后，整个系统研究的技术路线如图5-5所示（其中包括系统的功能模块）。

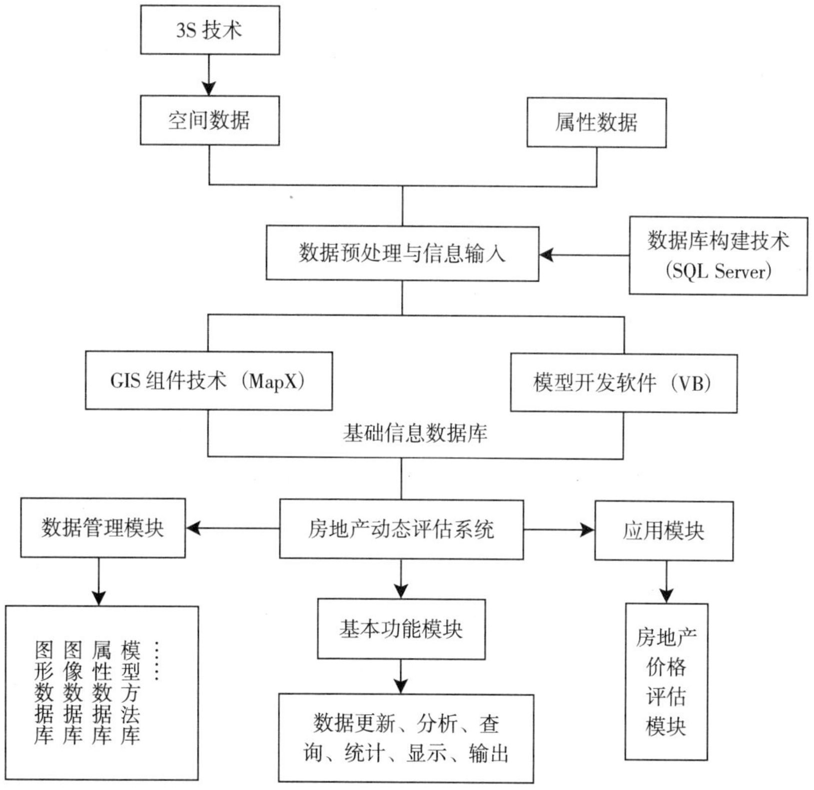

图5-5 基于3S集成技术的数字化房地产动态评估系统技术路线

总之，整个研究过程都是在3S技术支撑下完成的，其中实时动态的房地产分幅图、分丘图和分户图的栅格数据是通过RS来获取，经GPS精确定位测量加以修正，在主系统中实现地图的数字化、图像的目视解译、空间数据拓扑关系的建立、矢量数据的修改编辑、图层叠加分析、属性数据输入、成果图输出等工作，其主要是利用系统集成的GIS组件（MapX）的功能来实现。对于评估过程中的分析运算等，在相应数学模型的支持下于SPSS完成，再将其分析结果存入主系统的属性表中，通过关键字来建立联接关系，将空间分析与属性数据相结合，实现整个系统中RS、GPS、GIS技术和数学模型的有效集成，使评价中的大部分工作在同一平台下完成。这样就避免了数据表转成其他格式，再利用其他软件处理后导回到原来表中的弊端，既节约了时间，又避免了数据格式转换中可能出现的格式不兼容而导致数据丢失。利用这种集成技术来进行城市房地产动态监测，具有较强的科学性、高效性与直观性。

第二节 BP神经网络房地产评估模型建立的原理及流程

众所周知，在房地产价格的影响因素中，区域因素对区域性房地产价格水平有重要的决定性作用。不同类型的基础设施对房地产价格影响作用是不同的，作用强度取决于该用途房地产对其依赖的程度，房地产对其依赖程度越大，其影响力越大；不同规模的同类设施对房地产价格的影响力是不同的，规模越大，其服务半径越大，作用范围也就越广。而各种因素对房地产价格的影响往往是非线性关系，房地产价格水平也正是这些因素共同作用影响的。为了把各种因素对房地产价格水平的影响关系或规律加以总结，以某种形式给予表达，已有很多学者进行过大量的研究，如张所地教授在《房地产预期评估方法与技术》著作中得出了“城市土地定级估价综合模型”；施建刚教授在《基于模糊数学的房地产评估实务》一文中运用模糊数学建立了影响因子和房地产价格之间的关系；谢建春在宗地估价中应用了多层次模糊综合评判法；伍冠玲等人探讨了灰色趋势法在房地产评估中的应用；阳侃在其硕士论文《城市房地产市场综合评价模型与方

法研究》中给出了结合层次分析法和模糊综合评估构建了城市房地产市场综合评价模型；张协奎等人将灰色系统理论应用到地价评估中；孙芸等人将AHP法援引到房地产价格评估中等。我们在此运用人工神经网络建立影响因素和房地产价格之间的非线性关系，即利用人工神经网络模型所具有的学习和记忆功能，好比人脑对规律的记忆，转化为知识、经验，以供评估人员对待估房地产使用。

一、神经网络的基本理论

人脑是产生自然智能的源泉，是真正出色的并行计算机。人工神经网络（Artificial Neural Networks，ANN）是在人类对其大脑神经网络认识理解的基础上人工构造的能够实现某种功能的神经网络，它是理论化的人脑神经网络的数学模型，是基于模仿大脑神经网络结构和功能而建立的一种非算法的信息处理系统。它吸取了生物神经网络的许多优点，因而有其固有的特点：一是高度并行性。人工神经网络是由许多相同的简单处理单元并联组合而成，使其对信息的处理能力与效果惊人。二是高度非线性全局作用。人工神经网络每个神经元接受大量其他神经元的输入，并通过并行网络产生输出，影响其他神经元。网络之间的这种相互制约和相互影响，实现了从输入状态到输出状态空间的非线性映射。从全局的观点来看，网络整体性能不是网络局部性能的简单迭加，而表现出某种集体性的行为。三是良好的容错性与联想记忆功能。人工神经网络通过自身的网络结构能够实现对信息的记忆，而所记忆的信息是存储在神经元之间的权值中。从单个权值中看不出所存储的信息内容，因而是分布式的存储方式，这使得网络具有良好的容错性，既能进行模式联想等的模式信息处理工作，又能进行模式识别工作。四是十分强的自适应、自学习功能。人工神经网络可以通过训练和学习来获得网络的权值与结构，呈现出很强的自学习能力和对环境的适应能力。

人工神经网络的实质反映了输入转化为输出的一种数学表达式，这种数学关系是由网络的结构确定的，网络的结构必须根据具体问题进行设计和训练。神经网络由于其学习和适应、自组织、函数逼近和大规模并行处理等能力，因而具有用于智能控制系统的潜力。神经网络在模式识别、信号处理、系统辨识和优化等方面的应用已有广泛研究。

BP 算法——误差反向传播法是 D.E.Rumelhart 在 1986 年提出的解决多层神经网络的权值修正算法。它的特点是：各层神经元仅与相邻层神经元之间有连接；各层内神经元之间无任何连接；各层神经元之间无反馈连接。BP 算法的基本思想是：对于一个输入样本，经过权值、阈值和激励函数运算后，得到一个输出，然后与期望的样本进行比较，若有偏差，则从输出开始反向传播该偏差，进行权值、阈值调整，使网络输出逐渐与希望输出一致。

BP 神经网络模型如图 5-6 所示。其算法由四个过程组成：输入模式由输入层经过中间层向输出层的“模式顺传播”过程，网络的希望输出与网络的实际输出之间的误差信号由输出层经过中间层向输入层逐层修正连接权的“误差逆传播”过程，由“模式顺传播”与“误差逆传播”的反复交替进行的网络“记忆训练”过程，网络趋向于收敛即网络的全局误差趋向极小值的“学习收敛”过程。

二、BP 神经网络用于房地产评估的原理分析

K. Funahashi 从理论上证明，具有一个隐层（假设具有足够的隐层节点）的 BP 神经网络，能够以任意精度逼近任何连续函数。通过训练，使 BP 神经网络能够形成输入到输出的映射关系 $Y = f(x_1, x_2, \cdots, x_n)$，从而建立起一个对于同一规律具有正确解答能力的系统模型。对于不同用途的房地产来说，把影响该类型房地产价格的主要因素通过适当的处理（如量化和标准化等），作为神经网络的输入向量 $X = (x_1, x_2, \cdots, x_n)$，将房地产的价格（交易中的实际交易额）作为神经网络的输出 Y，用足够的样本即交易房地产的实例训练这个网络，使不同的输入向量得到不同的输出量值，这样神经网络所持有的那组连接权值，便是网络经过自适应学习所得到的正确内部表示。一旦神经网络训练完毕，即可作为该地区该类型房地产估价的有效工具，对不同估价对象做出相应的综合判断。训练好的 BP 神经网络估价系统，既有专家的经验、知识、主观判断，又有对目标重要性权重的协调能力，从而降低了估价过程中人为因素的影响，较好地保证了评估结果的客观性、真实性。

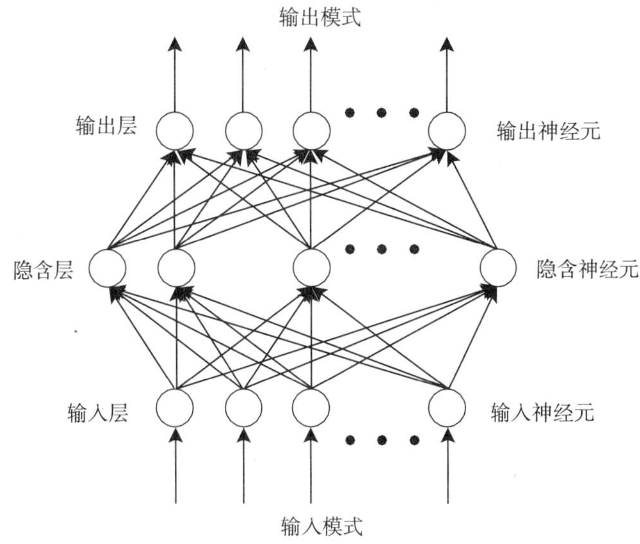

图 5-6　多层 BP 神经网络模型

三、神经网络预测房地产价格的思路和特点

（一）神经网络预测房地产价格的思路

房地产价格与其影响因素之间的关系是未知的，各影响因素的重要性的量化（即权重）也无法给出，但可以得到一些具有代表性的各类用途的房地产成交案例作为人工神经网络的学习样本，这些样本的房地产价格及其影响因素的量化值是已知的；应用具有人工智能的神经网络模型，将样本房地产价格的影响因素作为输入，样本房地产价格作为输出，通过样本学习，确定网络的结构和学习参数；神经网络的结构确定了，即网络的层数、各层的神经元结点数以及各结点之间的连接权值确定了，则房地产价格与其影响因素之间的非线性关系也就建立起来了；预测未知房地产的价格时，只要输入待估房地产的影响因素量化值，利用神经网络相似输入产生相似输出的联想推理功能，以及“内插”的联想推理功能进行模拟，就可预测房地产合理的价格水平。

（二）神经网络预测房地产价格的特点

（1）神经网络模型是模拟大脑神经网络的拓扑结构而形成的，是智能化的，具有大规模并行、分布式存储和处理、自组织、自适应和自学习能力。而一般的数学模型只表示自变量与因变量之间的数学关系。

（2）神经网络模型随学习样本的房地产价格及其影响因素之间关系的不同，确定的网络结构参数也不同，从而反映出不同的非线性关系，因此它是一种综合的非线性模型。而一般的房地产评估模型方法都是先确定房地产价格与其影响因素之间的关系，即给定房地产价格与其影响因素之间关系的数学公式，然后再选定样本进行回归，确定回归系数。

（3）根据样本房地产种类、用途的不同，选择不同的房地产影响因素，可预测不同用途的房地产的价格。

（4）随着"数字化城市"的建设和房地产市场的发育，各地将逐步建立房地产管理信息系统及网络管理系统，应用神经网络模型通过对成交房地产样本的学习，就可迅速、正确地预测待估房地产的价格。①

房地产价格的影响因素是复杂的，多种因素同时作用于房地产价格时其关系也是极其复杂的，而神经网络模型特别适用于处理需要同时考虑许多因素和条件的、不精确和模糊的信息处理问题，因此将神经网络用于房地产评估可充分发挥神经网络的优点，解决房地产评估的实际问题。鉴于神经网络的特点以及神经网络在其他应用领域已取得的成果，将具有人工智能的神经网络引入到房地产评估领域是现代科技成果向各应用领域渗透的必然趋势。

四、神经网络预测房地产价格的流程

神经网络预测房地产价格的过程包括数据准备、相关因素分析及确定 BP 模型输入因素、网络参数输入、学习样本输入、样本学习、房地产价格预测、预测结果分析、评估成果输出 8 个部分。神经网络预测房地产价格的流程如图 5-7 所示。

① 李玉英. 地产价格评估的实证与创新. 北京：中国财政经济出版社，1999：133.

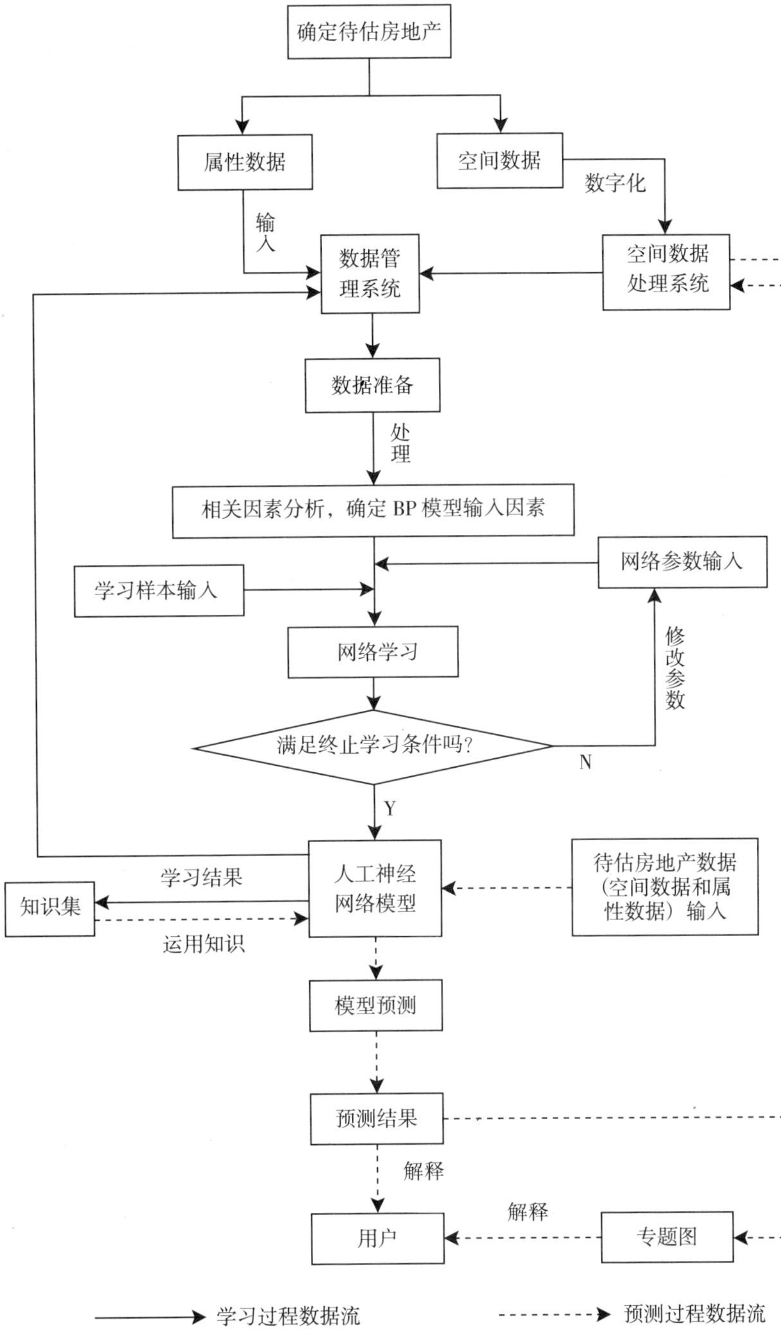

确定待估房地产

属性数据

空间数据

数字化

输入

数据管理系统

空间数据处理系统

数据准备

处理

相关因素分析，确定BP模型输入因素

网络参数输入

学习样本输入

网络学习

修改参数

满足终止学习条件吗?

N

Y

学习结果

人工神经网络模型

待估房地产数据（空间数据和属性数据）输入

知识集

运用知识

模型预测

预测结果

解释

用户

解释

专题图

学习过程数据流

预测过程数据流

图5-7 神经网络预测房地产价格的流程

（1）数据准备：确定待估房地产的位置，以从数据库中选择相对应的城市数据；在该城市的地籍图和房地产平面图上确定学习样本的位置；从数据管理系统中获取学习样本的属性数据和空间数据。

（2）相关因素分析，确定 BP 模型输入因素：确定学习样本的房地产价格的影响因素，即 BP 模型的输入参数，并对各影响因素进行量化。

（3）网络参数输入：网络结构与学习参数输入，具体参数包括：第一层到第三层各层的结点数、学习参数、动量参数、系统最大误差、样本最大误差以及迭代次数。

（4）学习样本输入：学习样本输入可根据输入数据的不同类型采用不同的输入方式，如空间数据可在房地产平面图上用鼠标直接定位输入；对于属性数据中的量化值，可直接从键盘输入，并且系统应能够对输入的这些因素值以及房地产价格自动做标准化处理，使之成为 0~1 之间的值；对于非量化值，可采用一定的方法（如区间分类法）首先进行量化处理，之后操作同量化值相同。

（5）样本学习：样本学习时，迭代是否收敛（误差是否达到精度要求），如不收敛，必须调整网络结构及学习参数，如收敛，则获得评估模型，将其存入数据库中备用。

（6）房地产价格预测：在地籍图和房地产平面图上定出待预测点，输入该点的影响因素值，就可得到预测后的房地产价格。

（7）预测成果分析：由于影响房地产价格的因素是极其复杂的，而评估人员在因素选取上肯定不能面面俱到，一般选择一些主要的影响因素，因此具体到某一丘房地时，还需对预测结果进行分析。

（8）评估成果输出：在获得评估结果以后，应该将评估成果以不同的输出形式交付用户，并将评估成果存入数据库，以备查询。

在具体的人工神经网络模型的建立中，网络结构参数的选择是十分重要的工作，输入层和隐含层结点数的增加可以增强网络的表述能力，但也会影响其收敛的速度。

（一）学习样本数的确定

一般而言，训练样本数越多，训练结果越能正确反映其内在规律，但样本的收集整理往往受到客观条件的限制，此外，当样本数量多到一定程度时，网络的精度也难以再提高。大量实践表明，网络训练所需样本数取

决于输入—输出非线性映射关系的复杂程度，关系越复杂，样本中含的噪声越大，为保证一定的精度需要的样本数量也越多，而且网络的规模也越大。因此可以参考一个经验规则，即训练样本数是网络连接权总数的5~10倍。

（二）样本选择

网络训练中提取的规律蕴含在学习案例中，成交案例一定要具有代表性。案例的选择应注意案例类别的均衡性，尽量使每个类型的案例数量大体相当，即使是同一用途的房地产成交案例也要注意案例的多样性和均匀性。按这种“平均主义”原则可以让系统在学习时见多识广。

（三）输入层的确定

输入层数的确定取决于影响房地产价格水平的因素的多少，不同用途的房地产其考虑的影响因素侧重点是不同的，因此不同用途房地产的输入层是不同的，这需要对影响房地产价格的因素进行分析才能确定。影响房地产价格的因素很多，这些影响因素往往表现为由许多的具体实物及其规模，比如反映商业繁华程度的有：商业网点数量、空间分布、规模大小、距商业网点的距离等。

（四）隐层结点数的确定

隐层结点的作用是从样本中提取并储存其内在规律，结点数太少，网络从案例中获取信息的能力就越差，不足以总结案例中隐藏的内在关系；过多则可能把案例中非规律性的内容如噪声等学习加以记忆，从而降低系统的正确性。

设置多少个结点取决于案例数量、噪声大小以及案例中蕴藏的规律的复杂程度。确定最佳结点数的一个常用方法称为试凑法。

$$m = \sqrt{n+l} + a$$

m 为隐层结点数；n 为输入层结点数；l 为输出层结点数；a 为 1~10 之间的常数。

第三节 基于3S技术的数字化房地产动态评估系统总体结构[①]

众所周知，房地产评估涉及海量的文字、数值型资料档案和空间数据（如地籍图、地形图、房地产分幅图、分丘图和分户图等），而且要进行形式多样的查询、统计、制表、制图和综合分析等，因此，建立以3S技术为支撑的房地产动态评估系统可以提高系统数据处理的效率和精度，满足适时更新评估结果的需要，促进房地产评估规范化、现代化和科学化。

根据规范化、可扩充性和实用性的原则，结合实际的应用规模和用户特点，考虑到未来系统的扩展，分析系统空间数据管理和地理信息共享系统的功能需求，以及目前国内外的软硬件条件，应将基于3S的房地产动态评估系统构建成一个以Windows 2000操作系统为平台，以SQL Server数据库为基础，以"城市土地定级估价综合模型"和BP神经网络房地产评估模型相结合的模型为评估方法，集成GIS组件技术，3S技术为核心的Client/Server（C/S）与Browse/Server（B/S）相混合的体系结构的计算机应用系统。该系统主要由客户机、房地产数据库服务器、应用服务器、Web服务器等几部分组成，主要完成房地产评估、数据获取、处理、运算、信息查询以及评估结果输出等功能。其中，房地产评估、数据获取、处理、运算部分主要采用C/S结构，房地产信息查询以及评估结果公布采用B/S结构；对于空间数据的获取、分析、运算、查询、显示、管理等功能采用3S技术和MapX组件技术实现；同时，为了达到评估结果的共享和WEB发布，系统采用安装有MapXtreme的Web服务器来实现。

总的来说，该系统采用B/S结构与C/S结构相结合的方式，用网络的手段在企业内部对信息进行操作和共享，同时将有些信息在互联网上向社会公布，提高评估结果的公开、公正、合理，实现信息资源的完全共享。C/S结构主要用于业务处理和数据维护（主要是图形信息的采集、数据制

① 本节的主要研究结果见赵华平、张所地和吉迎东合著的《动态地理信息系统的构建及其在地产评估中的应用》，发表于《太原科技大学学报》2006年第27期第181~184页。

作与管理、模型库的管理及维护、房地产评估操作等），因为C/S方式具有良好的交互性，房地产管理中对图形数据的大量操作（如数据批量采集）和对系统响应时间的要求，以及从系统的安全性角度考虑，采用基于组件的C/S方式是一个较好方案。B/S结构用于数据查询、浏览和统计等，B/S结构的特点在于具有广泛的信息发布能力。它对前端的用户数目没有限制，客户端只需要普通的浏览器即可，不需要其他任何特殊软件，另外对网络也没有特殊要求。随着房地产评估的业务发展，需要查询的用户会越来越多，而采用B/S方式，用户数可以任意扩充，却不需要再追加投资，从长远来看，会大大节省成本。

一、基于C/S和B/S混合模式的思想及优势

客户机/服务器（C/S）系统是指由一个或多个客户和一个或多个服务器与下层的操作系统和网络系统所形成的一种允许分布式计算、分析和表示的复合系统。

C/S结构具有以下优点：一是交互性强，基于C/S结构的系统往往具有专用的前端，能处理大量的、实时的数据流，响应速度快。二是数据的安全性和完整性约束，可靠性高。在基于C/S结构的系统中，各种应用逻辑必须通过相应的前端应用程序完成，可靠性强，使用安全的存取模式，系统具有较高的安全性。三是事务数据处理能力强。C/S结构目前已经非常成熟，有大量的优秀开发工具支持，基于C/S结构的系统往往具有事务数据处理能力强、性能高的特点。四是分布的处理与集中的数据操作有机地结合。

C/S结构的不足之处表现在以下方面：一是开发成本较高，C/S结构对客户端软硬件要求较高，尤其是软件的不断升级，对硬件要求不断提高，增加了整个系统的成本，客户端越来越臃肿；二是移植困难，不同开发工具开发的应用程序，一般来说互不兼容，不能搬到其他平台上运行；三是用户界面风格不一，使用繁杂，不利于推广使用；四是维护复杂，升级麻烦，如果应用程序要升级，必须到现场为客户机一一升级，每个客户机上的应用程序都需要维护；五是信息内容和形式单一，因为传统系统一般为事务处理，界面基本遵循数据库的字段解释，开发之初就已确定，用户获得的只是单纯的字符和数字，既枯燥又死板；六是新技术不能轻易应用，因为一个软件平台及开发工具一旦选定，不可能轻易更改。

B/S 模式是为了适应日益发展的 Internet 应用而对原有客户/服务器结构的调整和发展，是一种以 Web 技术为基础的新型的系统平台模式，即以浏览器作为标准前端进行信息交互。它把传统 C/S 模式中的服务器部分分解为一个数据服务器与一个或多个应用服务器，其中，应用服务器也可称为“中间层”服务器，从而构成一个三层结构的客户服务器体系。前端的浏览器负责提供独立的、可移植的应用界面，即数据的表示逻辑；中间的应用服务器负责提供可共享、可控制的业务逻辑，执行必要的计算、负责数据库间的交互工作，并将结果发送给客户；后端的数据管理和服务大部分情况下是数据库服务器，负责数据的访问、存储和管理。

三层结构中，首先它简化了客户端，它无须像 C/S 模式那样在不同的客户机上安装不同的客户应用程序，而只需安装通用的浏览器软件即可实现交互操作。

B/S 结构具有以下优点：一是简化了客户端，在基于 B/S 结构的系统中，无须像 C/S 模式那样在不同的客户机上安装不同的客户应用程序，而只需安装通用的浏览器软件，用户便可进行各种信息处理，这样不但可以节省客户机的硬盘空间与内存，而且使安装过程更加简便、网络结构更加灵活；二是可跨平台操作，在基于 B/S 结构的系统中，各种平台上的用户可以通过浏览器访问相应信息，由于采用统一的通信协议，且浏览器及 Web 服务器软件可以支持多种平台，因此可跨平台操作；三是标准统一，维护相对简单，使用 B/S 方式，系统的开发者无须再为不同级别的用户设计开发不同的客户应用程序，只需把所有的功能都实现在 Web 服务器上，将开发工作集中到服务器端，并就不同的功能为各个组别的用户设置权限即可，极大地减少了软件维护和升级的费用；四是具有良好的系统扩展性，可随用户需求增加新的功能；五是 B/S 模式特别适用于网上信息发布，使得传统的 MIS 的功能有所扩展，从而提高企业的工作效率，节省人力物力，提高信息共享。

B/S 结构的不足之处表现在以下三个方面：一是效率较低，数据访问请求与响应需经过 Web 服务器的转换，不适合大量实时数据的处理；二是安全性不高，目前网络安全仍是一个技术尚未成熟的领域，需不断发现各种安全漏洞；三是对复杂的操作和处理感到困难。

两种体系结构各有利弊，总体上说，在进行系统结构设计时，应当综合考虑各方面的需求，以选择最为适合的结构模式。通过以上对 C/S 结构

和B/S结构的分析和比较，对于在一个系统中选择何种模式，可以得出以下结论：在安全性要求高，交互性强，处理数据量大，且地点固定、计算机分布范围小的情况下，应选用C/S模式；在安全性和交互性要求不高，用户地点分布范围广的情况下，可选用B/S模式。但在实际应用中，一个系统很可能同时有以上特征，其中有些功能模块是在内部运作的，适合采用C/S结构；而有些信息需向外发布，适合采用B/S结构。针对这种情况，我们可以把两者结合起来，对一个信息管理系统中的各个模块分别根据其特点选择C/S或B/S结构模式，两种结构的应用程序存取同一个数据库，互相配合把多个应用不同模式的子系统集成为一个混合式的系统。

一个完整的数据库应用系统通常包括应用的数据逻辑（即数据库）、事务逻辑以及应用界面三部分。集中式的主机终端系统缺乏灵活性，不能满足信息量急剧增长、信息处理要求日益灵活和复杂的需要。两层的客户服务器结构比集中式的主机终端结构更具可操作性。C/S与B/S混合结构的数据库系统既方便查询又方便数据处理。

C/S和B/S混合结构相对于单独采用C/S或B/S模式构建方案的优点在于：一是节省投资，由于基于C/S结构的查询程序开发较早，若完全抛弃，势必造成资金上的浪费，采用混合结构是对原有功能的扩展，提高了资金的利用率；二是保证了敏感数据的安全性，特别是对数据库修改和新增记录加强控制；三是增加了系统的通用性，原有的基于C/S结构的查询软件，只适合于专业的房地产评估工作人员操作，对于其他部门的人员查询起来较困难，采用混合结构以后，既能满足专业人员日常工作的需要，又能满足其他部门工作人员以及用户对房地产评估信息的查询；四是提高了系统的可扩展性，通过将用户业务逻辑集中到中间层（应用服务器），系统就获得了对业务逻辑的独立性，即当用户的需求改变时，开发人员可以迅速地在中间层（应用服务器）上更新业务逻辑，而无须将更新后的应用递交到成千上万的桌面系统上去；五是便于与Internet接轨，B/S结构能方便地和Internet捆绑起来，从而使房地产信息查询应用扩展延伸到整个Internet范围；六是提高了系统的可伸缩性，增加了系统的稳定性，B/S结构通过将大量的数据处理从客户端转移到应用服务器和数据库服务器上，这样就提供了很强的系统可伸缩性，使得在用户数急剧增加时保持系统性能的稳定。这种可伸缩性在今后的系统扩展中显得尤其重要，因为今后对房地产评估信息查询的用户数是不可预测的。

二、 MapX 组件技术的应用

本系统采用组件技术，主要实现以下功能：

第一，实现空间数据和属性数据的一体化管理，保证图形数据和数据库的结合，以及与相应属性数据的正确对应关系。

第二，实现空间数据的采集，即能够精确获取地理图形的空间地理坐标、面积、数据高程等空间信息。

第三，对数据库的空间数据（包括矢量数据和栅格数据）以任意比例显示，同时，可以对需要修正的空间图形对象进行编辑。

第四，能够进行空间运算分析。因为在房地产评估系统中，计算影响因素对待估房地产的影响作用分值是进行评估的关键，它不仅包括计算结果的正确性，而且包括其计算精度，这些都是影响评估正确性、精确性的主要因素。

第五，提供用户方便、准确的数据查询功能。查询功能不仅要实现各个方面的查询，如坐标查询、名称查询、字段查询等，而且应该提供精确查询和模糊查询两种方式。

第六，良好的用户界面，这是 MapX 组件技术的优势体现，也是设计系统的原则。开发者利用组件方式，可以根据用户的需要，实现图形数据与属性数据的互操作，同时，为用户提供直观、优美、易于操作的系统界面。

三、基于 MapXtreme 的 Web 服务器的实现

MapXtreme 是一个基于 Internet/Intranet 技术的 Web GIS 地图应用服务器，通过对 MapInfo 和 MapX 的功能集成，信息管理员只需在 Web 服务器上安装 MapXtreme，并对其进行编程和管理，用户只需在自己的机器上安装浏览器（如 Microsoft Internet Explorer）即可通过 Internet/Intranet 访问 MapXtreme，并获得 MapXtreme 所提供的 GIS 功能，如显示地图，地图的缩放、漫游，访问地图上连接的信息，信息查询、统计等。此外，MapXtreme 还提供了许多强大的地图化功能满足用户的不同层次的需要，包括专题图、缓冲区分析、对象（地图）编辑、绘制图层、查找、图层控

制、空间选择和访问各种数据源等。使用MapXtreme开发应用系统，开发人员能集中地控制和维护地图与数据库数据，并集中实现地图应用程序功能，避免了以往系统的维护、同步困难的问题，尤其适合信息量大、访问用户多的单位的实际情况。另外，由于使用Web浏览器作为MapXtreme应用的客户端，可使开发人员将地理信息系统紧密地与其他系统结合，给用户提供统一、完整的综合信息系统。

MapXtreme由三大部分组成：一是地图服务器管理，完成服务器的配置和地图引擎的设定，它指定了浏览器端所显示的地图表现形式；二是基准地图数据管理是一个管理无缝地图图层的工具，指定了基准地图数据所在目录和路径；三是地图对象管理，由多个地理对象按选定的投影方式以适当的显示比例构成地理对象集合（Geoset），并根据不同的地理对象设置相应的缩放显示范围。这种由上至下的设置方式实现了地图对象的逐级分类显示，可以保证图面的清晰和整洁，还允许系统设置标注属性、增减图层或改变图层属性设置。

MapXtreme的技术特点有：一是低消耗。MapXtreme在服务器上实现软件和数据的中央管理，能够大大降低管理和维护的费用。二是开发便捷。MapXtreme为开发人员在Internet/Intranet进行Web GIS应用开发提供了完备的工具，MapXtreme将MapInfo的高效地图化引擎MapX和ASP等技术结合在一起，组成集成的Web GIS解决方案软件包，MapXtreme使用通用的数据界面，如ODBC，DAO和OLE Data界面访问属性数据库（SQL Server、Oracle等）。三是与Web服务器和浏览器兼容。MapXtreme是以MapX为引擎的，它把MapX的全部功能用于Internet/Intranet的体系结构中，这种开放结构使得它能够在Web服务器上运行，MapXtreme不需要专门的插件，可在基于PC或UNIX的Web浏览器上显示地图。四是地图可视化功能。MapXtreme提供了全方位的、强大的地图功能满足用户的需要，包括专题图分析、缓冲区分析、对象编辑、目标查找、直接读取Lotus Notes、地图显示、图层控制、空间选择、访问各种属性数据等。MapXtreme可运用专题地图表现和分析数据，为创建专题地图提供强有力的支持，用户可以使用范围值、等级符号、点密度、独立值、直方图和饼图等方式创建不同的专题地图。①

本系统要求在 Web 服务器上安装 MapXtreme，其主要目的是为了当浏览器端通过网络向服务器提出访问空间图形数据时，服务器运行 MapXtreme，响应网络用户对空间图形信息和与其相关联的属性信息的访问请求，提供用户操作数字化地图以及进行各种空间运算分析等功能，提高空间数据的共享性。而此时浏览器端不必安装任何组件，方便用户使用。

四、系统体系结构

基于 3S 的房地产动态评估系统是基于 RS、GPS 和 GIS 技术和集成 GIS 组件技术的 C/S 和 B/S 相结合的体系结构，其中，客户端负责房地产基础数据的采集、组织、管理以及空间分析和房地产评估等功能，根据用户的操作，请求访问应用服务器，永远不会直接访问后台数据库服务器；应用服务器是整个应用系统的关键所在，是连接客户和数据库服务器的中介和桥梁，负责响应所有用户（包括客户机和经 Web 服务器提出请求的浏览器）发来的请求，执行某种应用逻辑任务，同时向数据库服务器发送 SQL 请求，接收来自数据库服务器返回的结果，并把数据和处理结果以各种方式返回给用户，以便实现人机交互；浏览器负责房地产基础数据和评估结果的浏览和查询等功能。数据库服务器提供系统的数据库支持，维护与管理系统的空间图形数据、图像数据、属性数据和模型方法数据等，并实现数据的存储、数据的访问控制、数据完整性约束和并发控制等。系统的体系结构如图 5-8 所示。

基于 3S 的房地产动态评估系统之所以采用 C/S 与 B/S 相结合的体系结构，是因为 Client/Server 方式性能稳定，软件产品比较成熟，但客户端管理、维护的复杂程度较大，所以适合作为系统维护使用；而 Browse/Server 结构用户端所用软件只是一个简单的浏览器，用户端软件无需维护，软件的升级与修改只在服务器端进行，但产品不够成熟，适于浏览查询，而不适于做系统维护。使用两种体系结构结合的方式可以取长补短，发挥各自的优势，满足不同用户的需要。客户机/服务器结构针对具有权限的

① 刘南，刘仁义. 基于 MapXtreme 的互联网地理信息系统开发与实现. 浙江大学学报（理学版），2000，27（5）：573-577.

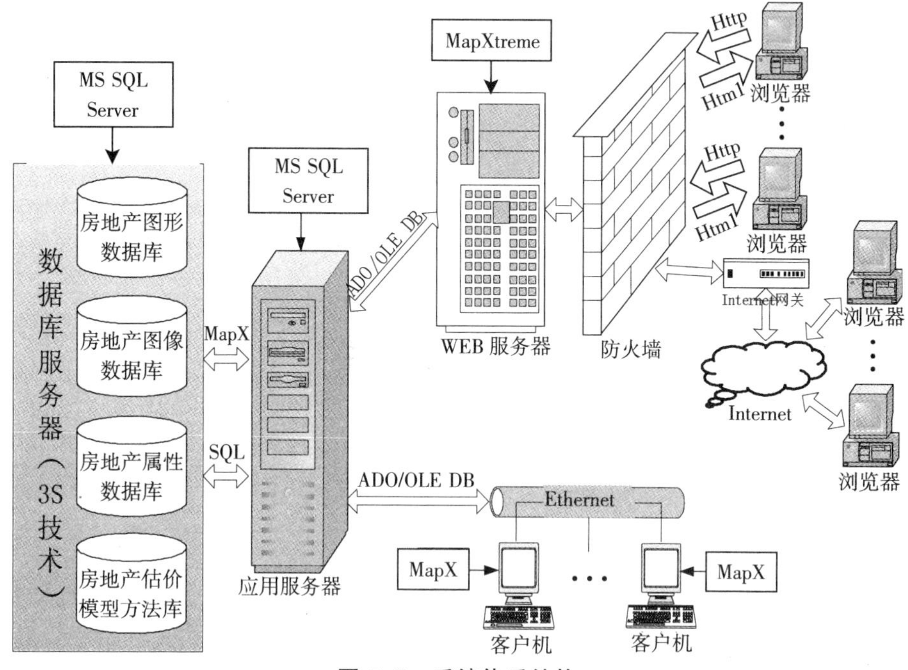

图 5-8　系统体系结构

专业人员使用，具有权限的专业人员可在任何一台装有本系统的客户机上对图形和数据进行修改和管理，修改之后的图形和数据自动传到服务器上。浏览器/服务器结构针对非专业人员使用，对于企业内部的一般职工和其他的网上用户，只要能够上网，就可以通过浏览器对图形和数据等有关信息进行查询。

第四节　系统的模块划分及功能设计

基于 3S 的房地产动态评估系统把 C/S 模式客户端的数据处理逻辑（业务逻辑）独立出来，将其做成一个独立的组件，放在应用服务器或者其他数据库服务器上，其设计与实现的关键在于合理构造数据处理逻辑（业务逻辑）中间层。

一、模块划分

（一）客户端

客户端是在 MapX 控件的基础上，用 VB 6.0 开发平台实现，主要是实时动态显示房地产的变化情况。其图形的基本显示、编辑等功能通过二次开发来实现。其功能主要有：实时显示各种类型的影响因素（用不同形状的符号来表示）；实时查询（属性和空间数据）；设置各类图形的显示特性；对各类图形进行编辑等。客户端的另一种接口是基于 Web 的应用程序接口，即浏览器，主要用于地图的浏览显示，与房地产评估相关的信息以及评估结果的各种查询。

（二）中间层功能组件

主要完成业务流程处理、数据逻辑处理等任务，其主要功能有：进行系统业务流程处理和复杂的统计分析与计算；与数据层进行数据交互，通过 DBMS 管理、修改数据库数据，并与客户端进行数据交互；数据缓冲处理和组件访问的并发控制。

中间层是通过 MapX 组件和空间数据应用服务器 MapXtreme 来完成的。MapX 主要负责对空间数据和属性数据的一体化管理，空间数据的编辑、分析、运算，房地产的评估等功能；地图应用服务采用的是 MapXtreme，主要负责简单的网上地图发布、网上房地产评估结果的发布、数据的浏览与查询功能。

（三）数据层

负责数据存取管理并与中间层进行交互，通过存储过程进行简单的数据逻辑处理，主要通过数据库开发接口 OLE DB、ADO 等来实现。

二、功能设计

系统采用 C/S 与 B/S 混合结构，C/S 主要针对批量录入、修改数据的用户，而 B/S 结构针对显示和查询及网上发布，这样可以大大降低软件成

本。因此，基于以上体系结构的思想，可以将系统按功能和业务分为数据管理模块、应用模块和基本功能模块。其中，数据管理模块主要包括基础空间数据管理子系统（图形数据管理子系统和图像数据管理子系统）、基础属性数据管理子系统、评估流程管理子系统、评估模型库管理子系统等；基本功能模块主要实现数据更新、分析、查询、统计、显示、输出等功能，主要包括查询统计子系统、运算分析子系统、评估成果管理子系统等；应用模块主要是进行房地产的价格评估工作，主要包括房地产价格评估子系统以及用户管理子系统等。这种划分并不一定最优，但由于采用组件式开发和元数据、规则库与工作流技术，系统中子系统的功能与结构的调整只是一个重新组装或定义的过程，因此，系统具有较大的灵活性。

数据管理模块中的基础空间数据管理子系统、基础属性数据管理子系统以及评估模型库管理子系统的具体内容分别如图5-9、5-10、5-11所示，其中，评估模型以综合模型评估法和神经网络评估法相结合的评估方法为主，可适当参考模型库中的其他评估方法；评估流程管理子系统主要是对房地产评估的规程、评估人员的道德行为以及房地产评估流程进行管理，以备查询。

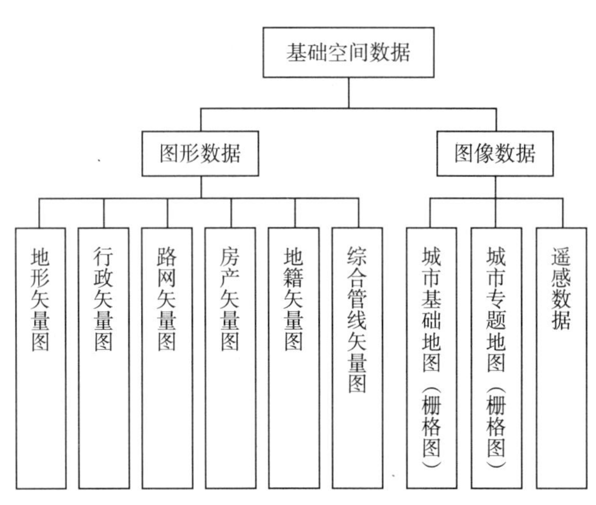

图5-9　ASDULP的基础空间数据库

基本功能模块中的查询统计子系统主要是满足用户对房地产基本信息以及评估结构的查询、统计；运算分析子系统是供交易商对交易房地产进行分析决策使用，评估成果管理子系统负责管理评估结果报告的标准格式、评估成果图的绘制标准等信息。

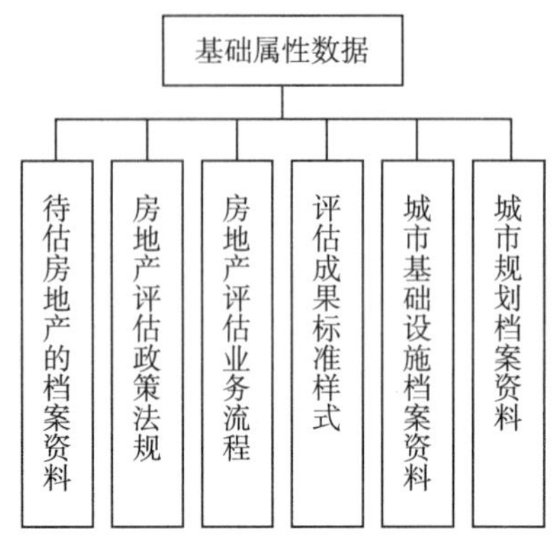

图 5-10　ASDULP 的基础属性数据库

应用模块中的房地产价格评估子系统主要完成在基础数据准备就绪后的具体评估工作，并给出相应的评估成果；用户管理子系统主要对用户的权限进行管理，包括权限的浏览、用户的添加以及删除等，系统的用户权限从低到高可分为查询权限、修改权限和管理权限三种，用户只能在规定权限范围内对数据进行操作，从而确保系统的安全性。

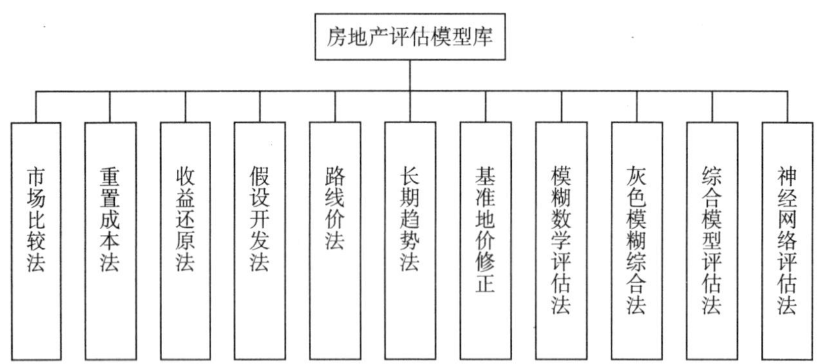

图 5-11　ASDULP 的模型数据库

第五节 系统的软件结构和安全性设计

系统的软件结构主要指系统软件设计所采用的模型、开发工具和数据库，系统的安全性设计主要指系统所采用的安全防范技术。

一、系统开发数据库的选择

目前，比较常见的大型数据库管理系统有 Oracle、Sybase、DB2 和 SQL Server 等，它们适应于网络环境，对多种操作系统硬件平台都有很好的兼容性。其中 SQL Server 是一个可伸缩的、高性能的数据库管理系统，简单易学，应用面广，专为分布式客户/服务器环境设计，它的内置数据复制功能、强大的管理工具和开放式的系统体系结构为发布物有所值的信息解决方案提供了一个卓越的平台。SQL Server 作为微软出品的大型数据库管理系统与其他微软的产品有很好的集成性，因此，该系统选用 SQL Server 作为数据库。

二、数据库访问技术选择

由于本系统是基于大型数据库的运算、查询、统计与输出的系统，选择何种数据库访问技术直接关系到系统的运行效率和开发速度，因此，建议采用 OLE DB 或 ADO 等数据库访问技术。OLE DB 要设计一个全新一致的数据访问模型，最快也最方便的方法是利用 ODBC 作为访问数据源的中间层，此方法的缺点是 ODBC 利用 SQL 去获取和更新数据。虽然 SQL 很适合那些带有 SQL 编译器或解释器的 Client/Server 和 Jet 数据库，但对于电子表格、E-mail 之类的数据源，SQL 基于集合的命令方式就无能为力。由于我们拟利用的数据库是由 SQL Server 开发的，而且拟采用 VB 6.0 作为开发工具，这样就可以发挥 OLE DB 的优势而回避其不足。

三、系统开发工具的选择

本系统是基于 SQL Server 数据库上的 Client/Server 应用程序和 Intranet 应用程序，采用 Visual Basic 6.0 作为编程工具较好。因为 Visual Basic 是一个强大的 Windows 平台上的开发工具，是真正的面向对象化编程，它采用了可视化的方法便于学习和开发。VB 的数据访问特性允许对包括 Microsoft SQL Server 和其他企业数据库在内的大部分数据库格式建立的数据库和前端应用程序，且 VB 的 Internet 能力较为强大。

四、系统软件结构

软件的设计采用三层模型，按数据服务层、应用逻辑层、表现层等层次构造系统。软件设计与实现将采用面向对象的方法，以 GIS 应用组件 MapX 为基础进行开发。在具体实现上，对于需要处理大量图形数据的应用（如数据批量采集），为了提高运行效率，充分应用比较成熟的 Client/Server 结构，基于组件进行集成；对于数据查询、浏览、统计和企业业务处理，全部采用 B/S 结构，即 Web GIS，通过 MapXtreme 发布空间和非空间信息、实现信息的共享。

在系统中，涉及对空间数据和非空间数据的处理，二者需要协调一致。同时，C/S 与 B/S 结构也需要有机结合，构成完整的房地产动态评估系统。所有这些都使得系统涉及的软件平台、数据种类、数据格式、开发工具呈现出多样化的特点。软件系统构成的示意图如图 5-12 所示。

五、系统集成

根据系统的实现技术框架，基于 3S 的房地产动态评估系统采用 3S 技术+VB 6.0+MapX+MapXtreme 进行集成。借助组件式 GIS 软件的优势，该系统实现了对 GIS 数据、遥感数据和多媒体数据的集成、组织和管理，空间数据和属性数据的互操作和一体化管理，评估结果的网上分布和共享、图文并茂的输出结果等。

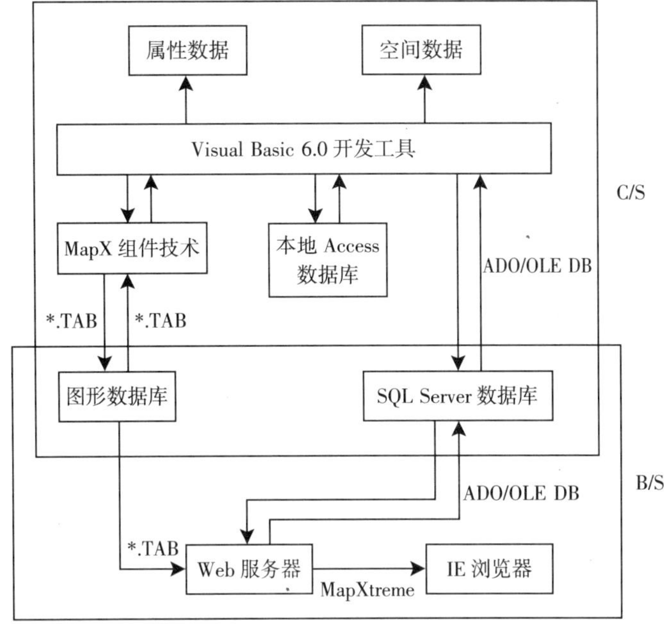

图 5-12 ASDULP 的系统软件构成

六、系统的安全性设计

系统运行过程中，保证系统的安全是非常必要的。对于系统数据库，必须能够确保数据的完整性、可靠性、正确性和一致性；对于网络管理，必须确保网络数据的可用性、完整性和保密性，使经过网络传输和交换的数据不会出现增加、修改、丢失和泄露等情况，尤其要防止一些重要的数据和文件被蓄意破坏者通过网络病毒等攻击。

本系统的安全设计应该从以下几个方面着手考虑：

（一）身份识别

将被授权用户的注册名及注册码等存放在 SQL Server 数据库中，当用户向系统请求服务时，要出示自己的身份证明，服务器取得注册码和注册口令，然后与 SQL Server 数据库相连，判断用户的合法性。同时，系统要提供取回密码功能，即当用户忘记注册密码时，可提示用户回答问题，输入信息正确便可索回密码，否则被拒绝。这样可防止非授权人员读写，并根据系统管理员赋予的权限来决定用户允许使用该系统的相应功能及信息资料情况，以保证数据读写、传输过程的正确性和一致性。

（二）存取控制

数据库管理系统可对系统数据设置密级，并根据用户的访问权限，按不同口令进行数据存取控制，将访问权限分为不可读写、只读、可读写等，从而防止非法用户进入系统以及防止合法用户对系统资源的非法使用。

（三）支持容错技术

在构造网络时，要考虑对网络的一切关键信息和数据进行保护，确保系统因自然原因（如地震、机器出现故障、磁带备份失效等）引起网络中断时，能够使网络迅速从灾害中恢复正常，即要求网络管理系统支持容错技术，保证网络不会因一两个关键设备失效而中断。网络可采用硬件“热备份”的方法，如磁盘镜像、多组磁盘等冗余技术实现容错功能。

（四）使用日志监视数据库的活动

在日志中记载用户对数据库的存取信息来监视数据库，即对于可疑的存取操作或对系统重要数据信息进行存取，可通过日志进行调查。

（五）防火墙技术

在互联网的边界上采用防火墙，既可以阻止外界用户对内部资源的非法访问，又可以防止内部对外部的不安全访问，从而起到保护系统数据安全的作用。具体的防火墙实现技术可采用数据过滤包、应用网关等。

（六）SSL 技术

它是目前被大多数浏览器（包括 Netscape 和 IE）支持的加密传输协议，主要目的是提供 Internet 上安全的通信服务，提供网络上可信赖的通信服务、保密服务与身份鉴别等，在两个网络应用之间提供通信数据的保密性和可靠性。因此，利用 SSL 技术可防止数据在传输过程中被偷听、篡改或伪造，从而保证安全执行 HTTP 应用程序。

第六章　房地产业信息化发展评价[①]

随着计算机技术、网络技术和3S技术的飞速发展，整个社会的信息化水平突飞猛进。然而由于行业之间的差距、各地经济之间的差距和区域资源的不平衡，使得中国各行业之间、不同地区之间在信息化发展进程和途径上存在着一定的差异。信息化带动产业化，是当今中国现代化建设过程中提出的一个极为重要的发展战略，房地产业作为国民经济的支柱产业，直接关系到我国经济的发展状况，用信息化带动房地产业发展也是房地产业可持续发展的重要战略。在知识经济时代，房地产业信息化的实施具备了先进的技术条件，同时对于地方政府管理部门、房地产开发商、房地产中介机构以及房地产需求者而言，房地产业信息化的实施存在着必要性和迫切性。房地产业信息化的实施有助于地方政府管理部门通过网络信息快速便捷地获取中央及其他各省市有关房地产的政策信息，及时学习它们在发展房地产方面的先进经验，将房地产行政主管部门职责、业务流程、政策法规等信息公布于众，增加办公的透明度，提高办事效率，推进廉政建设；有助于地方政府管理部门利用及时反馈的信息跟踪房地产发展的供求状况，及时调整土地供应政策和房地产发展政策，掌握房地产价格动态变动情况，建立城市房地产预警系统，促进房地产业的可持续发展；有助于房地产开发商及时掌握房地产市场需求状况，为投资决策提供服务；有助于房地产中介机构拥有更多可靠的信息，降低业务成本；有助于房地产需求者了解市场供给，为购房决策提供支持和服务。

① 本章的主要研究结果见赵华平主持完成的山西省软科学研究项目“山西房地产业信息化发展的现状分析与对策研究”（2009041011-03）研究报告。该项目通过了山西省科技厅组织的专家组验收。

第一节　房地产业信息化概述

信息经济时代，人们对房地产的性能、质量要求及环境素质甚至周边的人文环境有了更高的要求，只有不断融进新知识、新技术，提高房地产产品的性能和质量，才能满足人们日益增长的这种需求。传统的诸如土地、劳动力和资本等生产要素已不再是经济发展的主要动力，以知识、信息和科技为代表的无形资产将取代实物资产的地位，成为经济发展的绝对性资源，对房地产业的发展起绝对性的支配作用。同时，知识变量和科技变量的可移动性和传递性，加上信息化和网络化社会的逐步形成，使得房地产的地区之间、国际之间的差别逐步退化，房地产业的竞争愈发激烈，优胜劣汰机制更加明显，各环节的企业必须有效利用信息手段学习先进的知识和技术才能立于不败之地。因此，利用信息化带动房地产业发展，即坚持房地产业信息化发展推动可持续发展是信息经济时代的必然选择。

一、房地产业信息化

房地产业信息化是指在房地产整个产业链中全面开发和应用现代信息技术，广泛深入地开展信息资源生产、收集、交流、利用以及增值服务，最大限度地发挥信息的社会效益和经济效益的过程。房地产业信息化是一个系统工程，既包括房地产产品的信息化，如“智能化小区”的建设，又包括房地产业务的信息化，如房地产投资决策、开发建设、经营管理、中介服务等环节的信息化建设，还包括房地产行政管理的信息化。

二、房地产产品信息化

房地产产品信息化是指房地产开发商开发的建筑物或小区的智能化程度达到了一定的水准，如“智能化建筑”、“智能化小区”即为典型的房地产信息化产品。所谓智能化建筑，按照我国的《智能建筑设计标准》给出的定义，是指以建筑为平台，兼备建筑设备、办公自动化及通信网络系

统，集结构（建筑环境结构）、系统（智能化系统）、服务（住用、用户需求服务）、管理（物业运行管理）及它们之间的最优化组合，向人们提供一个安全、高效、舒适、便利的建筑环境；所谓智能化小区，按照国家建设部住宅产业化办公室提出的概念，是指利用4C（计算机、通信与网络、自控、IC卡）技术，通过有效的传输网络，将多元化信息服务与管理、物业管理与安防、住宅智能化系统集成，为住宅小区的服务与管理提供技术的智能化手段，以期实现快捷高效的超值服务与管理，提供安全舒适的家居环境。

三、房地产业务信息化

房地产业务信息化是指房地产生产、经营、管理、服务等各环节的业务活动要充分有效利用计算机技术、3S技术和通信网络技术实现信息化管理、网络化管理。如房地产投资决策支持系统、房地产企业办公自动化、房地产网络营销信息系统、物业管理信息系统、房地产评估系统等。

四、房地产行政管理信息化

房地产行政管理信息化是指房地产业的行政主管部门为了更加经济、有效、快捷地实现自己的职能，为政府管理部门、房地产开发企业提供决策支持，为公众提供及时、准确的信息服务而广泛应用信息技术、建立信息通道的活动和过程。行政管理信息化其实质是运用通信技术和信息技术打破行政管理部门的组织边界，构建一个信息化的虚拟机关，使得房地产业界及公众可以多渠道地获取政府的信息和服务，淡化了传统意义上的层层关卡、书面审检的运作方式。政府平级机关之间、垂直隶属机关之间以及政府和社会各界之间是经由电子化渠道进行相互交流。

第二节　房地产业信息化评价指标体系的构建①

房地产业信息化评价指标体系的构建为房地产业信息化发展现状的分析提供了框架和内容，对于推进房地产业信息化进程具有重要的指导作用。目前，国外学者的多数研究集中在对美国、欧洲房地产业信息化发展中成功经验的总结以及房地产业信息化对促进可持续发展的作用等方面的研究。国内学者的研究集中在对中国房地产业信息化发展现状的定性分析、房地产业信息化标准体系的构建、房地产企业发展信息化或电子政务的方法等方面的研究。尚春明从信息化自身的规律出发，探讨了房地产业信息化标准体系设置的思路与框架；黄曼慧从房地产业信息化建设的内容出发，给出了电子商务在房地产业信息化中的具体应用，分析了房地产企业、行业协会和政府的作用；王要武从房地产企业、政府和网站建设等方面定性分析了我国房地产业信息化的现状，并通过国内外对比提出了我国房地产业信息化发展的趋势；迟旭锋从企业微观层面出发，构建了房地产企业信息化的评价体系，并利用 AHP 对指标的重要性进行了排序；宋丽珠从房地产管理的业务出发，以地理信息系统为平台，构建了房地产管理信息系统体系结构。但是，很少有文献研究房地产业信息化评价指标体系的构建和各地区房地产业信息化发展现状的评价。

从中国房地产业发展现状来看，房地产业信息化评价体系的构建应该基于房地产业信息化建设的内容。下面将给出房地产业信息化建设的内容，基于此形成房地产业信息化评价指标体系，部分具体数据仍以山西省的房地产发展现状为依据。

一、房地产业信息化建设的内容

房地产业信息化建设的主要内容包括：信息化基础设施的建设、信息

---

① 本节的主要研究结果见赵华平和张所地合著的《房地产业信息化评价指标体系的构建》，发表于《科技管理研究》2011 年第 31 期第 209~211 页。

技术在房地产业务中的应用、智能化小区的开发建设、房地产信息管理和技术人员的培训、房地产信息的数字化处理、房地产行政管理信息化的实施等。

(一) 信息化基础设施的建设

信息化的先导就是网络信息技术的应用和普及，而山西省房地产行业信息化硬件投资建设起步较晚，网络设施条件与东部地区或沿海地区差距较大，网络信息技术的应用基础还相当薄弱。所以，必须加强信息化基础设施的建设。重点进行计算机软硬件设备、信息化网络设施和3S技术的投资建设，因为房地产管理涉及海量的空间数据和属性数据，单纯利用简单的数据库软件无法实现空间数据与属性数据的集成化管理。因此，要有效利用3S技术在空间数据采集、处理和管理的特有功能，真正实现房地产的数字化和信息化。

(二) 信息技术在房地产业务中的应用

(1) 房地产投资决策环节的信息技术应用。通过信息网络技术，开发企业可及时了解国家有关经济政策、人口政策、产业政策、税收政策、金融政策及各类优惠政策，以及欲投资地区相类似楼盘的相关信息；可以直接与房地产代理商、物业管理公司、求购求租客户联系，全面了解房地产市场需求动态，利用3S技术适时捕捉项目周围的区位条件和环境状况，通过综合分析比较各类信息流，为开发商准确预测未来房地产市场需求，掌握房地产市场的现有竞争对手和潜在竞争对手的供给，确定投资开发方向提供重要依据。

在房地产投资决策环节，信息化程度主要是考察决策支持系统和3S技术在房地产投资中的应用。决策支持系统是以计算机为工具，通过与系统直接交互使用数据及分析模型，帮助决策者解决非结构化决策问题的系统。房地产投资决策支持系统能够对开发商所设计的各种方案进行分析，并能综合各方面的因素对投资项目做出一个合理的判断，从而减少房地产投资中的盲目性，提高决策者的决策水平；3S技术可以方便快速地获取各城市的地籍、土地利用现状、房地产建设状况等信息，而且通过调查获得的房地产价格的影响因素状况，利用地理信息系统的空间数据管理、运算和分析功能，能够适时地生成各城市的房地产价格波动曲面和波动范围图形，从而有助于房地产投资者进行选址分析，也有助于房地产管理部门对土地的出让进行有效控制，实现城市的房地产业开发与环境的协调发展，进而保证房地产业的可持续发展。

（2）房地产开发建设环节的信息技术应用。利用电视监控施工现场、利用计算机监控大体积混凝土的温度、利用计算机虚拟仿真技术对施工现场进行可视化管理、利用质量管理软件生成各种质量评定报表、绘制各种质量评定曲线等，这些都可以为工程质量控制提供可靠、科学的有力保证，以实现房地产开发建设的顺利进展。

在房地产开发生产环节，信息化程度主要是考察在规划设计中采用的软件技术、建设过程中关键路径的确定技术、开发产品的信息化程度。其中，在房地产开发前期的规划设计阶段，GIS、VEGA、CAD、CASS 等软件技术的使用能够使房地产规划设计具有可视性、立体性和直观性，测绘精度大大提高，布线路径达到最优化，这样不仅可以有效降低后期的开发建设成本，保证房屋质量，而且可以使用户及早介入开发环节，真正实现房地产开发满足用户的有效需求；在房地产建设过程中，关键路径的确定可以使得开发商集中力量解决关键问题，从而保证开发建设工作如期完成，降低市场风险、金融风险等不确定因素对房地产成本的影响；对于开发完成后的产品，其信息化程度的高低直接决定着房地产业的可持续发展。智能建筑是目前大力倡导的建筑产品，是集节能与绿色为一体的建筑物。智能建筑的开发是以建筑节能与环保为标准的，对建筑物的给排水、照明、电梯等机电设备的使用进行实时监测与控制，在满足需求的前提下，优化设备运行，在能源应用中尽量采用太阳能、天然气等无污染能源，从而达到节能减排的目的，推动城市的可持续发展。

（3）房地产租售环节的信息技术应用。通过信息技术与建材、建筑、装潢、物业等相关上下游企业直接开展业务，减少中间环节，降低营销成本；利用数据库对客户信息及楼盘状态信息进行记录、查询和更新，使得营销人员准确了解楼盘相关销售情况，同时购房者也可以通过网络查询楼盘信息、观看楼盘展示、了解付款条件等购房前的准备信息并通过信息系统完成购房流程及相关事务的办理。

房地产交易信息管理系统可以利用电子商务的手段在网络上公开发布房地产的供需信息，并利用数据库获取消费者的需求信息，从而有针对性地提供其房源，以促成交易。同时，还能够利用信息系统实现交易双方的租赁合同或买卖合同，简化交易者的操作手续，提高企业利润。

（4）物业管理环节的信息技术应用。利用先进的无线电数字技术、计算机技术、网络通信技术，将业主的各种信息进行系统化管理，将物业管理人员对楼宇的日常维修保养进行流水式记录，对物业管理人员的工作进行合理的分配和统计，对公司的财务进行自动汇总和安全管理。

在物业管理环节，主要是对于住户资料、业务数据、住户的投诉、楼宇设施的使用状况、停车场的收费等信息进行电子化管理，对小区的治安消防人员、卫生清洁人员、楼宇的维修保养等进行系统安排，对住户的应付款项和公司的应收款项进行统计和汇总。因此，这一环节的信息化程度主要体现在物业管理信息系统的使用情况和管理水平上。

（5）房地产中介服务环节的信息技术应用。信息技术的应用将为所有的房地产市场交易双方提供详细而全面的市场信息，打破现有中介服务过于分散的格局，既可实现跨城市、地域房源信息共享，又能直接与开发商、投资业主进行信息沟通，逐渐把以前掌握在房地产专业人士手上的有偿信息转化为无偿信息，它的应用将使商业租赁合同等有关文件规范化、专业化，通过现代化的通信技术可以进行长距离信息交流，这些都将减少中介商与客户面对面地交流的时间，提高了中介商的工作效率和成交量，加剧了中介商之间的竞争，进一步降低了交易费用，达到一个标准化水平。

在房地产中介服务环节，主要从房地产评估机构、房地产投资咨询机构、房地产经纪机构等从事的各项业务中利用信息资源的程度方面进行考察。由于房地产中介服务贯穿在房地产业经济运行的全过程之中，所以，中介服务环节的信息化程度仍然体现在评估机构、投资咨询机构、经纪机构等对于3S技术的利用程度、对Google Earth提供的数字信息的利用程度、对电子商务的利用程度等方面。

（三）智能化小区的开发建设

智能化小区的重要组成部分包括安全自动化系统、通信自动化系统和管理自动化系统，智能小区的开发建设关键在于设置和安装这三大系统。

安全自动化系统是住宅小区智能化的最基本功能之一，也是实施智能化最基本的出发点。在开发建设中，要求在住户入室门、阳台门及窗扇上安装门磁系统、红外线报警系统；在厨房和厕所内设置可燃气体泄漏报警系统；在楼梯间、电梯前室及居室客厅等处安装消防报警系统；在住宅客厅、卧室等处设置紧急救助系统；在住宅单元入口处设有带电控锁的防盗门及对讲主机；在行人、车辆出入口、公共场所、小区死角、汽车库、无人值班的设备房、主要路口及围墙边绿化带等处安装闭路电视监控系统；在围墙上设置红外线防越报警系统；在小区适当位置设置电子巡更系统；安装小区紧急求助系统等。

通信自动化系统是智能化小区的神经中枢，是小区实现对外界联系，获取信息的关键系统。在开发建设中要求安装小区通信系统，即为住户提供电话接入服务；在小区内设置高速计算机网，方便用户生活和家庭办公；通过综合布线实现小区三网合一（电话、电视、数据）。

管理自动化系统是智能化小区的基本要求，是小区实现自动管理和服务的系统。在开发建设中要求在小区入口安装车辆出入管理系统；安装设备管理系统，对小区内给排水设备、供配电设备、公共照明、电梯、中央空调、喷淋灌溉、净水等进行工作状态的实时监测和控制；安装水、电、煤气远程自动抄表系统。

（四）房地产信息管理和技术人员的引进和培训

房地产业信息化工程的推进必须有相应的管理和技术人员作为保障，要深刻认识到信息化工程并不只是购置先进的设备，关键在于对信息设备的使用，因此，人才建设是信息化工程的重要内容。

房地产企业员工计算机应用水平参差不齐，信息管理能力差异明显，所以要创造环境引进先进人才，要制定具体的培训计划来提高企业员工的信息化操作和管理水平，并对培训计划进行严格实施。同时，企业还要利用一些制度来保障系统的实施，如培训考核制度、绩效考核制度，并与员工运用信息系统水平挂钩。这样才能使得企业员工完全自觉使用信息手段，信息系统才能产生最大的效益，避免信息化只是成为企业的空洞口号。

（五）房地产信息的数字化处理

房地产管理信息系统管理的对象是数字信息，所以，对房地产数据进行数字化处理是应用管理信息系统的关键。房地产涉及的信息不仅有属性数据，而且有海量的空间数据，所以房地产管理信息系统的使用必须首先将房地产信息进行数字化处理。对于属性数据的数字化处理，主要指将现有的数据利用计算机输入，并以数据库的方式进行存储；对于空间数据的数字化处理，主要指利用计算机和 GIS 输入，并以地理坐标的空间数据库

方式进行存储。

（六）房地产行政管理信息化的实施

在房地产行政管理环节，信息化程度主要考察城市的房地产产权产籍管理系统、交易信息管理系统等的应用范围。其中，房地产产权产籍管理系统可以实现房屋档案资料的数字化输入、房产产权产籍登记与管理的信息化、产权产籍更新的简单化，克服重产权轻产籍、有属性无图形的管理弊端，实现各级房地产交易所档案的资源共享，达到降低成本、提高效率的目的。

政府管理部门通过网络信息可以快速便捷地获取中央及其他各省市有关房地产开发、经营、税收、管理、金融等方面的政策信息，及时学习它们在发展房地产方面的先进经验，甚至不出国门就可以借鉴世界各地先进城市的管理经验。同时，还可以通过网络，将房地产行政主管部门职责、业务流程、政策法规等信息以公告栏形式公布于众，方便公众了解有关信息资料；大大增加管理部门办公透明度，提高办事效率，推进廉政建设，避免“政出多门，开发商无所适从”的现象。

管理部门可以借助网络及时指导下一级房地产管理部门的工作，有效地规范市场行为与市场竞争；还可以借助网络信息反馈的及时性，建立城市房地产“动态预警系统”，跟踪房地产发展的供求状况，及时调整土地供应政策和房地产发展政策，从宏观上对开发商予以指导。

二、房地产业信息化评价指标体系

从房地产的产业链角度来看，房地产业包括投资决策、开发建设、经营管理、物业管理、中介服务等，因此，房地产业信息化评价指标体系应该涵盖所有这些环节的信息化评价指标；从房地产业信息化工程涉及的角度而言，由于信息化过程涉及资源、人口、环境、技术等诸多方面，因此，房地产业信息化评价指标体系应该涵盖资源、技术、人才、环境等指标。

本书所构建的指标体系是以房地产业信息化建设的内容为基础，将房地产产业链各环节的信息化要求和信息化工程涉及的资源、技术、人才、环境等因素纵横结合而形成的，具体指标体系如图 6-1 所示。

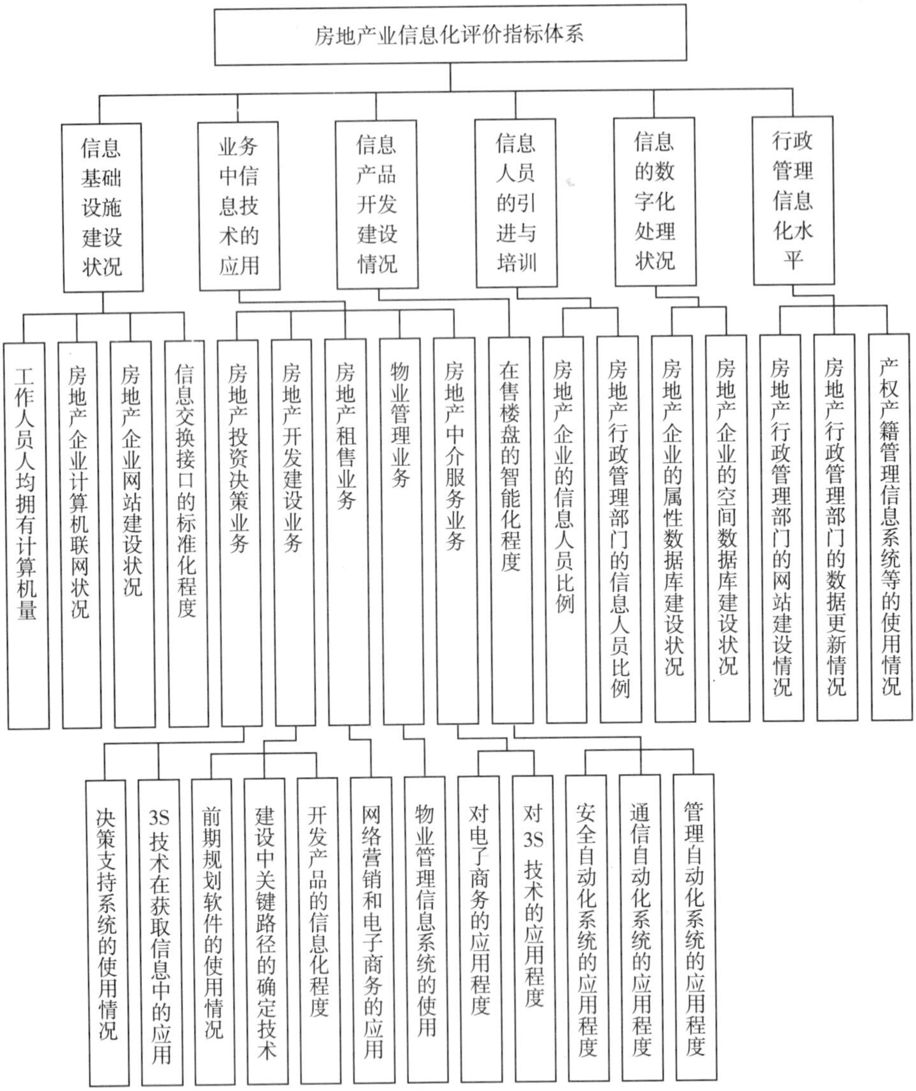

- 房地产业信息化评价指标体系
  - 信息基础设施建设状况
    - 工作人员人均拥有计算机量
    - 房地产企业计算机联网状况
    - 房地产企业网站建设状况
    - 信息交换接口的标准化程度
  - 业务中信息技术的应用
    - 房地产投资决策业务
      - 决策支持系统的使用情况
      - 3S技术在获取信息中的应用
    - 房地产开发建设业务
      - 前期规划软件的使用情况
      - 建设中关键路径的确定技术
      - 开发产品的信息化程度
    - 房地产租售业务
      - 网络营销和电子商务的应用
    - 物业管理业务
      - 物业管理信息系统的使用
    - 房地产中介服务业务
      - 对电子商务的应用程度
      - 对3S技术的应用程度
  - 信息产品开发建设情况
    - 在售楼盘的智能化程度
      - 安全自动化系统的应用程度
      - 通信自动化系统的应用程度
      - 管理自动化系统的应用程度
  - 信息人员的引进与培训
    - 房地产企业的信息人员比例
    - 房地产行政管理部门的信息人员比例
  - 信息的数字化处理状况
    - 房地产企业的属性数据库建设状况
    - 房地产企业的空间数据库建设状况
  - 行政管理信息化水平
    - 房地产行政管理部门的网站建设情况
    - 房地产行政管理部门的数据更新情况
    - 产权产籍管理信息系统等的使用情况

图 6-1 房地产业信息化评价指标体系

第三节 山西省房地产业信息化发展环境分析[①]

在知识经济时代，房地产业信息化的推进，影响着房地产业可持续发展的进程，制约着其他行业的信息化发展。促进中部地区崛起规划提出山西省要加快发展旅游电子商务，提高旅游业信息化水平，山西省“十二五”规划也提出了以加快转变经济发展方式为主线，坚持把经济结构战略性调整作为加快转变经济发展方式的主攻方向，坚持把科技进步和创新作为加快转变经济发展方式的重要支撑，把山西省建设成为全国重要的现代制造业基地、中西部现代物流中心和生产性服务业大省、中部地区经济强省和文化强省，再造一个新山西的战略目标。经济结构的调整强调重点发展服务业，尤其是现代物流业和文化旅游业，而物流业和旅游业的发展离不开房地产业的开发建设，离不开信息网络的应用和信息基础设施的建设。下面运用 SWOT 分析法对山西省房地产业信息化发展的内部环境和外部环境进行分析。

一、山西省房地产业信息化发展的内部环境

（一）可利用的优势（Strengths）

（1）国外以及国内东部地区发展中总结的先进经验形成了后发优势。美国、英国、新加坡、日本等国家的房地产市场发达，信息技术应用广泛，房地产业信息化工程已取得明显成效，我国的广东、厦门、上海等地区的房地产业信息化进程也已经有所推进。国外和国内这些地区总结了很多建设经验，山西省作为后发展地区，可以借鉴成功经验，吸取教训，少走弯路，快速推进，发挥后发优势。

（2）山西省房地产市场巨大的发展空间形成了明显的市场优势。我国

① 本节的主要研究结果见赵华平和张所地合著的《山西房地产业信息化发展的 SWOT 分析》，发表于《未来与发展》2011 年第 4 期第 107~109 页。

住房建设部政策研究中心主任陈淮先生在 2010 年 11 月 8 日举行的 2010 蓝筹地产峰会上指出："未来 5~10 年或者更长一段时间，中国的房地产业仍然是全世界最大的市场，仍然是全世界需求增长速度最快的市场，仍然是全世界需求方的购买力增长速度最高的市场。"另外，从我国提出的"要实现大多数城镇居民从脱困期向改善期的转变"的目标也可以推断出我国房地产市场存在巨大的发展空间。山西省 2009 年底城镇居民人均住房建筑面积达 29.73 平方米，户均住房建筑面积达 89.2 平方米，还没有实现改善期的居住条件，所以未来山西省房地产市场发展空间巨大，奠定了房地产业信息化建设的市场优势。

（二）需要克服的劣势（Weaknesses）

（1）房地产业基础数据零散、不规范成为发展的软件劣势。山西省房地产的投资和销售自 2002 年以来一直保持着平稳增长，尤其是"十一五"期间取得了快速发展。2005 年，山西省房地产开发投资增幅为 22.8%，位居全国第 19 位，商品房销售面积为 688.75 万平方米；2009 年，开发投资增幅达 45.5%，跃升至全国第 1 位，商品房销售面积达 1034.2 万平方米。房地产业的发展使得基础数据快速膨胀，但是这些数据仍然零散地存储在各中介机构，没有得到有效管理，且数据格式不统一、不规范、不完整，使得房地产业信息化推进难度加大，工作量倍增。

（2）信息化工程建设的区域不平衡成为发展的硬件劣势。山西省信息化工程建设已取得明显进展，且发展态势良好，但是存在着明显的区域不平衡。主要表现在经济发展较快的地区信息化建设力度大、成效显著，如太原、晋中、晋城、临汾、运城等地区；处于经济贫困区的一些地区或者县市却在信息化工程方面几乎没有推进，包括软件环境和硬件设施，如吕梁的岚县、方山县等地区。这种显著的区域不平衡对于山西省房地产业信息化建设的推进形成了极大的障碍。

二、山西省房地产业信息化发展的外部环境

（一）面临的新机遇（Opportunities）

（1）区域协调发展提供了新契机。国家发改委在 2010 年 8 月发布的

《促进中部地区崛起规划》中提出："今后5~10年要大力促进中部地区崛起，加快形成东中西互动、优势互补、相互促进、共同发展的区域发展新格局。"这一战略的实施，国家将出台扶持力度更大的一揽子新政策来支持中部地区的发展，山西省作为中部地区省份之一，要抓住这一契机，积极利用政策优势，发展房地产支柱产业，提高房地产业各个环节的信息化水平。

（2）山西省信息技术等战略性新兴产业的重点发展提供了新平台。《中共山西省委关于制定国民经济和社会发展第十二个五年规划的建议》中指出："要力争在新能源、节能环保、生物产业、新一代信息技术等战略性新兴产业发展上取得新突破。"在"十二五"期间，山西省要重点发展信息技术产业，加大信息网络基础设施的建设，能够为山西省房地产业信息化发展的推进提供有力的技术和设施平台。

（3）山西省经济结构转型提供了新思路。《中共山西省委关于制定国民经济和社会发展第十二个五年规划的建议》中指出"着力改造提升传统产业，培育壮大新兴产业，大力发展文化旅游等服务业"的经济结构转型战略，2011年3月17日国务院将山西省太原市列为历史文化名城。因此，"十二五"期间，旅游业的发展会成为山西省重点发展的服务业，尤其是具有历史文化底蕴的旅游景点。同时，物流业也是山西省重点发展的第二大服务业，将成为重点发展的第二大产业。旅游业的发展，离不开房地产业和信息产业的支持，旅游房地产将成为山西省房地产业发展的特色和重点，配套的房地产信息设施将成为基础设施建设的一大工程。这些能够为山西省房地产业信息化发展提供新思路。

（二）需要应对的挑战（Threats）

（1）房地产行业管理人员对信息化推进动力不足带来的挑战。房地产行业管理人员包括省国土资源厅、各地区土地管理局等政府机构管理人员和房地产企业管理人员。政府机构的房地产管理人员认识到了房地产业信息化的重要性，成立了山西省建设厅信息化领导组，但是在推进过程中由于遇到信息工程的复杂性和庞大性，以及短期内成本高于收益、项目见效慢等问题，所以建设进程缓慢，主动推进积极性不高。房地产企业管理人员考虑到信息化过程中硬件投资成本加大，数据处理工作量大，软件使用程序复杂，信息人才引进难度较大，在岗员工培训成本高昂，人员岗位调整困难等，对企业信息化进程的推进动力不足，因此，形成了山西省房地产业信息化推进的观念障碍。

（2）复合型人才缺乏带来的挑战。房地产业信息化是一个系统工程，既包括房地产产品的信息化，又包括房地产业务的信息化，即要求房地产投资决策、开发生产、经营管理、中介服务、物业管理等各个环节和房地产产品都要实现信息化，这就要求各个业务环节都要有相应的专业人员，这些人员不仅要具备较强的房地产专业知识，而且要懂得信息技术手段。山西省经济相对落后，导致人才流失较为严重，吸引外来人才的环境不够宽松，严重缺乏这种复合型人才，形成了房地产业信息化推进的人才缺口。

第四节　山西省房地产业信息化发展现状分析

按照房地产业信息化评价指标体系的构成，房地产业信息化涉及了硬件、软件、产品、技术、业务和行政管理六个方面，其中，房地产业的硬件、软件、技术和业务的信息化主要体现在房地产企业的水平上；房地产业产品信息化主要体现在住宅小区的智能化程度上；房地产业行政管理信息化主要体现在房地产管理部门的信息化水平上。对于这些不同方面的信息化数据，其获取途径有所不同：房地产企业信息化数据在山西省住房和城乡建设厅有统计，但由于没有动态更新，数据陈旧，不能体现当前的实际情况，所以采用对企业发放调查问卷的方式获取；住宅小区的智能化程度主要通过实地调查的方式获取；行政管理信息化数据主要通过浏览和分析政府官方网站、与房地产管理部门人员沟通交流获取。

一、房地产企业调查问卷数据的综合统计

调查问卷分为房地产开发企业信息化应用现状调查、房地产中介服务企业信息化应用现状调查、物业管理公司信息化应用现状调查三部分。为了提高企业回答问题的积极性和可信度，问卷采用匿名填写的方式进行，即问卷中关于企业名称、联系方式以及填写问卷的人员姓名等方面的问题完全由被调查人自愿决定是否填写。

为了尽可能保证调查问卷能够反映房地产业信息化的实际水平，对样

本的发放范围进行了限定。发放的调查问卷在企业规模、企业资质等级、企业所在地区等方面都做出了要求。在企业规模方面，调查样本既要包括员工数量在200人以上的大企业，也要包括员工数量只有10人以下的小企业，还要包括员工数量在50人左右的中等企业，即样本涵盖不同规模的企业信息。在企业资质等级方面，山西省注册的房地产开发企业共有一、二、三、四级和暂定级5种资质等级，房地产中介企业共有一、二、三级和临时4种资质等级，物业管理公司共有一、二、三级3种资质等级，山西省物业管理公司资质等级相对较低，多数为三级。在调查中，样本涵盖不同资质等级的企业。在企业地区方面，样本包含山西省的太原、晋中、阳泉、吕梁、忻州5个晋中城市，大同、朔州2个晋北城市，临汾、运城2个晋南城市，长治、晋城2个晋东南城市，即样本覆盖山西省的各个区域。

采用随机抽样的方法，通过当面调查、电话调查、电子邮件调查等方式发放问卷，发出问卷总数为1852份，共收回问卷438份，其中16份问卷存在漏填选项，2份问卷存在逻辑错误，最终确定有效问卷420份（其中，房地产开发企业142份；房地产中介服务企业108份；物业管理公司170份）。通过对这420份有效问卷的整理分析，得到了问卷的综合统计结果如下。

房地产开发企业人均拥有计算机数量为1台，企业信息人员（包括信息管理人员和技术人员）约占总员工数量的50%；73.94%的企业建设了网站，其中建设有独立网站的企业达到51.41%；81.69%的企业采用了基于空间数据的管理信息系统，系统中重点存储了各地的楼盘信息数据库；企业获取信息的渠道主要包括互联网、行业协会、报纸；所有的企业均建设有内部OA系统，实现了企业内部信息资源的共享；企业在房地产开发建设中主要使用项目管理软件和工程概预算软件，施工现场监控软件、房地产前期规划设计软件和工程质量控制系统应用很少。

房地产中介服务企业人均拥有计算机数量为1.4台，企业信息人员约占总员工数量的85%；31.48%的企业建设有网站，其中建设有独立网站的企业不超过15%；65.74%的企业采用了基于空间数据的管理信息系统，这些企业多是房地产评估企业；多数房地产中介和经纪机构以服务地方为主要目标，因此基本上不利用电子商务平台承揽业务；企业获取信息的渠道主要包括互联网、行业协会、报纸、朋友间的交流；90.74%的企业建设有内部 OA 系统，实现了企业内部信息资源的共享；企业建立的数据库中主要包含有楼盘信息数据库和数字化地图，其中数字化地图数据库的建立多在房地产评估企业。

物业管理公司人均拥有计算机数量为 0.5 台，企业信息人员约占总员工数量的 10%；14.71%的企业建设有网站，其中建设有独立网站的企业只有 4.12%；8.82%的企业采用了基于空间数据的管理信息系统；所有的企业均有关于住户资料、业务数据、住户投诉和楼宇设施使用状况的管理信息系统；55.29%的企业有关于停车场收费的系统；所有的企业都有系统安排小区治安消防人员、卫生清洁人员、楼宇维修保养等日常工作的管理信息系统。

二、房地产信息化产品实地调研数据的综合统计

房地产信息化产品主要指智能小区，而智能小区的重要组成部分包括安全自动化系统、通信自动化系统和管理自动化系统。由于在售的期房只能看到其设计图纸，最终的产品是否与设计完全吻合不能确定，自然也无法定位其是否能达到智能小区的标准，所以在调研中将研究对象限定为已有业主入住的小区。另外，考虑到现房的数量相当多，无法全部展开调研，再加上新开发的楼盘更能体现目前的房地产需求和设计，所以将研究对象进一步限定为小区内已有业主入住的在售楼盘。

通过对山西省 11 个地区 205 个在售住宅楼盘的实地调查和统计分析发现，目前多数楼盘只是实现了智能化要求的部分功能。其中，所有小区都实现了在住宅单元入口处设有带电控锁的防盗门及对讲主机，都实现了通信自动化，即达到了 100%；安装车辆出入管理系统、消防系统的小区较多，达到了 88.78%；安装门磁系统、红外线报警系统的小区占 21.95%；设置可燃气体泄漏报警系统的小区占 7.32%；设置电子巡更安保系统的小区占 1.95%；没有小区安装设备管理系统对小区内给排水设备、供配电设备等进行实时监控和水、电、煤气的远程自动抄表系统。

三、房地产行政管理信息化数据的综合统计

房地产行政管理信息化建设主要强调房地产官方网站的建设、房地产产权产籍管理系统、交易信息管理系统的应用等。

对于房地产官方网站的建设情况，山西省房地产行政管理部门建立了太原市房地产信息网，在网站中设立了“新闻中心”、“政务公开”、“公示公告”、“政策法规”、“信用档案”、“便民服务”、“查询业务”等栏目，对房地产的政策法规、相关新闻、政府公告、房地产项目信息等进行了及时发布和公开。但是，在房地产企业的信用档案栏目中存在着严重的信息滞后问题，主要体现在网站中对于企业信息的记录只限于企业注册时的信息，对于很多企业在注册后的地址变更和注销等没有进行任何统计，即对信息没有进行动态更新，导致网站中给出的企业信息与现实存在严重不符，无法实现网络资源的共享。

太原、阳泉、晋中、大同、朔州、临汾、运城、晋城、忻州 9 个地区都建立了相应的房地产官方信息网站，而长治和吕梁地区没有建立独立网站，只是在搜房网和 58 同城等网站上租赁部分空间进行了信息的发布。在这些网站中，基本上对于房地产政策法规的发布都比较及时，对于山西房地产协会和建设厅都有相关链接，对于当地的在售楼盘信息都有在线发布，对于地方房地产开发企业的信用档案部分网站有所统计，但是对于中介服务企业和物业管理公司的档案资料统计不够完善，甚至缺乏。相比而言，大同市房产信息网对于房地产开发企业统计信息较为全面，对于中介服务企业和物业管理公司的信息统计也相对完善和适时，其余的网站基本上都缺乏这方面资料；其次是晋城市房地产信息网、忻州房地产网、阳泉住宅与房地产信息网，这些网站对于房地产开发企业的统计信息较为全面，但对于中介服务企业和物业管理公司的统计信息缺乏。

对于房地产产权产籍管理系统和交易信息管理系统，目前已有比较成熟的系统，通过与太原市房地产管理局、房地产协会、地市房地产管理局的工作人员的沟通交流，得知山西省各地方的房地产行政管理部门都已经很好地使用了这些系统，因此，这方面的建设相对比较成熟和完善，有利于基础数据的搜集和整理。

四、山西省房地产业信息化发展现状分析

（一）房地产企业信息化基础设施建设现状

山西省房地产业信息化硬件设施建设处于较高的水平，尤其是房地产

中介服务企业的硬件设施信息化水平较高，达到了人均拥有计算机数量1.4台，这为加强和完善信息化建设工程提供了良好的硬件平台。这种相对较优的平台主要是源于山西省房地产企业领导人对提升企业信息化水平有较高的意愿，使得企业在计算机硬件设施配置方面进行了大量的投资。但是由于领导人对企业信息化建设的内容和重点理解不够深入，导致了企业在信息软件和信息人员方面相对薄弱，硬件设备利用率低下。

目前，山西省的房地产企业基本上都构建了内部网，实现了企业内容数据的网络传输和软硬件资源的共享。但是，房地产企业对外网利用率较低，一定程度上阻碍了信息资源的及时获取和共享，造成了房地产企业信息冗余度过高，出现低效率高成本的运营。其部分原因在于山西省的网络基础设施配备整体水平较差，网络的运行速度较慢，而且我国的网络安全机制不够健全，企业出于对信息的保密要求，接入外网的意愿受到影响。

另外，房地产企业网站建设滞后，尤其是独立网站建设的企业相对较少，更多集中在房地产开发企业，对于中介服务企业和物业管理公司建立独立网站的比例较少。这主要是由于房地产开发企业为了承揽更多的开发项目和宣传自己的产品以达到更好的销售，建立网站较多；而房地产中介服务企业和物业管理公司考虑到高昂的网站建设和维护费用，望而却步，再加上它们重在服务地方经济的思想，所以建立独立网站动力不足。

（二）房地产企业信息化软件应用现状

山西省多数房地产企业建立了属性数据库，但对于基于GIS的空间数据管理信息系统的使用率在不同经营业务的企业中存在着明显的差异，总体来说，按照简单算术平均法计算，房地产企业中应用空间数据管理系统的企业占48.1%，比例相对偏低。在业务中基本上使用了专用软件，但房地产开发企业在现场管理方面的软件使用率偏低。

房地产开发企业由于涉及更多的投资决策分析，需要掌握和了解更多的区域空间信息，所以有81.69%的企业使用了基于空间数据管理的信息系统。房地产开发企业对于业务专用软件的使用在质量监控方面有所欠缺，总体来说，对于项目管理软件和工程概预算软件的使用率达到90%以上，而对于施工现场监控软件、房地产前期规划设计软件和工程质量控制系统的使用却不及15%，反映了企业领导人对于适时监控施工质量重视度不高，主要是通过项目监理来尽量提高工程质量，但不可避免存在疏忽或

渎职行为。

房地产中介有65.74%的企业使用了空间数据管理信息系统，且这些企业多为房地产评估机构和投资咨询公司，明显低于房地产开发企业，这主要是由于房地产经纪机构对空间数据管理信息系统使用率较低所造成，当然这与工作性质存在密切联系，评估机构和投资咨询公司重在提供决策支持和评估专业意见，工作中需要更多的空间数据和分析，而经纪机构只需要利用网络了解客户需求，不需要更多空间信息。

物业管理公司对于空间数据管理信息系统的使用却只有8.82%，这更多的是由于物业管理公司的工作多数限于对工作人员的分配、设备维修的记录、住户投诉的记录等，而这些主要工作仅仅依靠简单的属性数据库即可完成，因此对空间数据管理信息系统没有切实的需求。其实，物业公司应该利用基于GIS的系统对所管小区进行电子监控、远程抄表等工作。所以，房地产信息化产品的落后一定程度上影响了物业管理公司信息化的发展。

（三）房地产企业信息人员比例现状

山西省房地产企业的信息人员比例相对偏低，尤其表现在物业管理公司，其信息人员比例只有10%，其原因在于山西省物业管理公司目前所服务小区智能化水平较低，因此，信息管理系统和动态监控系统的利用率很低，自然所需信息管理人员和技术人员数量少，结果是企业的大部分员工从事保安、维修等工作，他们既不属于信息管理人员，也不属于信息技术人员，导致信息人员比例过低，这与房地产业信息化发展明显不相称。

对于房地产开发企业而言，信息人员比例尽管达到了50%，但同恒大地产集团太原有限公司、太原富力城房地产开发有限公司等实力较强的公司相比，仍然处于较低水平。其原因在于开发企业的工作性质决定了要有更多的信息人员参与企业的投资决策，但又有很多企业考虑到短期经营目标，不愿投入大量的资金用于信息人员的引进和培训，所以只是在某些项目上高薪聘请企业外的有经验的信息人员参与部分决策，而没有实质性的提高本企业员工的信息操作水平，所以，房地产开发企业的信息人员比例总体水平不高。

对于中介服务企业而言，信息人员比例相对较高，达到了85%，其原因在于评估机构和投资咨询公司中98%的员工都属于信息人员，只有房地产经纪机构的信息人员相对少，有部分员工主要负责与房地产管理局联系办理业务中房产过户手续等相关工作。

（四）房地产信息化产品的开发建设现状

同我国东部一些经济发达省份相比，山西省的智能化小区数量处于偏低状态，多数小区只是实现了智能化的部分功能，集中在住宅单元入口处设有带电控锁的防盗门及对讲主机、车辆出入管理系统、消防系统，而对于智能化小区要求较高的系统却很少有小区采用。这主要是由于防盗门、消防系统等设备是国家建筑标准所要求的项目，新建小区基本上都采用；防盗门及对讲主机安装成本相对较低，容易管理，所以利用率也达到了100%；门禁系统使用率较低，其原因在于目前一些小区采用的IC卡门禁系统质量较差，经常出现故障，再加上门禁系统给业主出入带来的不便和活动空间的受限，因此，业务经常认为门禁系统的作用不够明显，一定程度上影响了其使用率；红外线报警系统、可燃气体泄漏报警系统、电子巡更系统以及水、电、煤气的远程自动抄表系统等的使用不仅需要较高的成本，而且需要物业管理公司较高的管理水平配合，所以双方面原因制约了其使用率。

（五）房地产行政管理信息化的建设现状

从山西省房地产官方网站的建设情况来看，房地产行政管理部门还有相当一部分人没有真正了解信息化的内涵及其作用，对房地产行政管理信息化的认识上还存在一些误区，比如重硬轻软，仅仅把信息化当作政府部门的计算机化和原始网站的形成化，只重视信息设备的采购和添置而忽视了信息资源和软件的开发利用以及政府业务流程的整合，缺乏对信息资源加工后增值的手段；忽视经常性的维护，使得网站中数据陈旧，更新滞后，不具有实时动态性，房地产业信息化建设很难达到预想的目标，而且在信息系统之间也缺乏信息交流与合作联网，形成了“信息孤岛”。

房地产行政管理部门对山西省房地产业的信息化发展也尚未进行全面的规划，没有设立信息化的标准规范，也没有给各地区提出明确的信息化发展目标，导致各地区的信息化建设是各自为政，发展进程不同，采取的标准也不尽相同。

另外，房地产行政管理信息化的发展还需要完善的法律体系、税收体系、便利的银行支付体系与之相配套，我国目前尚无完善的法律体制和税

收体系，山西省房地产行政管理部门也没有给出相应的解决方案，因此一定程度上制约了房地产行政管理信息化的发展进程。

第五节　山西省房地产业信息化发展对策建议

房地产业信息化的发展直接关系到山西省“十二五”规划产业结构的顺利调整和经济目标的圆满完成，因此，解决山西省目前房地产业信息化发展存在的问题，提高信息化水平，探索适合省情的发展策略，有着重要的研究意义。下面将从房地产企业、房地产行政管理部门和山西省政府三个方面给出相应的对策建议。

一、房地产企业发展的对策建议

不同经营内容的房地产企业在信息化建设方面具有不同的建设项目，在提高企业信息化水平上也存在着不同的解决方案。下面将分别针对房地产开发企业、房地产中介服务企业、物业管理公司给出相应的对策建议。

（一）房地产开发企业发展的对策建议

（1）要逐步增加房地产开发可视化管理系统的使用。房地产企业的信息化建设其首要条件是构建信息化平台，包括计算机、网络等硬件设备，还包括开发监控软件、前期规划软件等软件设备。目前，山西省房地产开发企业的硬件设备已处于较好状态，但在软件方面有所欠缺，尤其是施工现场电视监控系统、大体积混凝土的温度监控系统等可视化管理系统的使用还很少见，一定程度上影响着企业的产品质量和品牌声誉，因此，房地产开发企业要进一步加大对可视化管理系统的投资和使用，以实现信息化水平的更高提升。

（2）提高开发小区的智能化水平，增加智能小区的开发数量。工业和信息化部装备工业司副司长李东在2011年国际现代工厂/过程自动化技术与装备展览会上表示，智能制造装备是高端装备制造业的重点方向之一。山西省“十二五”规划提出了要打造中国北方铁路装备制造基地，因此，智能制造装备自然会成为“十二五”期间山西省创新发展的重点行业，这为下一步山西省房地产智能产品的大力开发提供了原料和技术支持。目前，山西省房地产信息化产品的数量甚少，智能化程度偏低，在今后的开发中要积极主动利用山西省提供的智能设备建造智能化产品，提高信息化产品的数量和智能化程度，这样不仅推动了山西省房地产业的可持续发展，而且大大促进了山西省地方经济的增长。

（二）房地产中介服务企业发展的对策建议

房地产中介服务企业的信息化工程发展重点是建立网站，对企业进行宣传，并利用电子商务平台承揽业务，同时增加对空间数据库的建设投资，以避免重复工作的高成本低效率。

（1）要提升企业的网站建设水平。网站作为企业的宣传平台，对于提升企业的品牌和知名度，扩大业务范围有着重要的作用。在网站上，企业可以将自己曾经完成的项目予以展示，提高客户对企业的信任，增加业务来源范围，将重点服务地方经济转变为服务全国乃至全球。这样，不仅提高了企业的经济效益，而且扩大了企业的知名度。目前，山西省房地产中介企业的网站建设水平较低，只有31.48%的企业拥有网站，而其中拥有独立网站的企业更少，所以，必须提高网站建设水平，以此对企业进行宣传并承揽业务。

（2）要加大对数据库建设的投资，提升对3S技术的应用能力。房地产中介企业其服务对象主要是房地产投资者、需求者、供给者和地方政府，在业务处理中需要涉及海量的基础数据和复杂的空间计算，简单依靠人力去完成工作不仅需要耗费很长的时间，无法满足适时动态性和低成本的要求，而且每次工作所搜集的信息不能有效用于以后的类似工作，使得重复劳动过多，工作成本过高。所以，房地产中介企业必须加大对数据库建设的投资，要有序、有效地完成基础数据的收集、整理、录入和数据库建设工作，以便能够快速有效地提升企业的信息化水平，能够通过信息化的手段以最快的速度向客户提供最满意的服务。

同时，企业还要进一步提升对3S技术的应用能力。3S技术在国外和国内发达地区已深入应用到房地产业的各个环节，利用RS获取大范围面积的城市房地产动态变化，利用GPS外业操作对房地产的变化进行实时定位，利用GIS对获取的属性信息和空间信息进行集成化管理。目前，山

西省房地产企业对于GIS的使用相对较多，但对于RS和GPS的使用还较少，关键在于高昂的设备费用和较高的技术水平影响了企业的使用。房地产中介企业应该以企业的长远发展为目标，增加对3S技术的应用，提高信息化手段。

(三) 物业管理公司发展的对策建议

(1) 提高服务小区的安全自动化和管理自动化水平。山西省各地的物业管理公司在住户资料的管理、住户的投诉记录、楼宇设施的使用记录等方面的电子化管理已经基本实现，能够达到信息化要求的基础条件；在小区的治安消防人员、卫生清洁人员、楼宇的维修保养人员等的统筹分配方面应用系统实现了无差错高效率的管理；对于住户的应付款项和公司的应收款项也通过财务系统实现了快速统计和科学汇总的管理。这些方面为物业管理公司的信息化发展提供了极为有利的基础和条件。但是，目前物业公司管理的小区多数在安全自动化和管理自动化方面相对较弱，一定程度上影响着物业管理公司信息化水平的提升。所以，下一步的重点工作就是加强安全自动化系统和管理自动化系统的建设，尤其是要加强消防报警系统、紧急救助系统、电子巡更系统、红外线防越报警系统等的利用，尽可能安装水、电、煤气远程自动抄表系统。而这些系统的利用需要大量的投资，企业短期利益不明显，所以企业领导人首先要认识到投资的长期收益，对信息化建设充满信心，重点投资建设小区的自动化系统。

(2) 加强信息管理和技术人员的培训和引进。信息化建设的关键是人才，包括信息管理人才和信息技术人才。由于山西省经济相对落后，再加上人才激励机制不够完善，导致吸引人才的总体环境偏差。在这种背景下，物业管理公司更要努力在机制体制上创造一个能够吸引人才、留住人才的宽松环境：在用人机制、分配体制和发展条件上创新，即对于引进的先进智能化系统的使用要公开选拔、竞争上岗，提高选人用人的公信力；要逐步健全人事考核评价机制，以实绩论奖惩、以发展论成败；努力营造催人奋进的发展环境，以马斯洛的需求理论为指导对不同人才施以不同的激励方式，提供发挥才能和施展才华的工作岗位。

物业管理公司还要进一步完善在职员工的培训机制，让这些曾经为企业发展付出艰辛的员工有更多的学习和提升的机会，真正融入信息化建设行列，与企业吸引的新进人才共同完成信息化建设，提高在职员工的工作热情和积极性，促进企业的长远发展。

二、房地产行政管理部门发展的对策建议

房地产行政管理部门要重点扮演好“规划者”、“监督者”和“协调者”的角色。其中，“规划者”强调房地产行政管理部门要设立房地产业信息化的标准规范，要保证地区之间信息化发展的平衡协调；“监督者”强调房地产行政管理部门要适时监督房地产企业的信息化建设质量、进程和信息发布的内容；“协调者”强调房地产行政管理部门要协调各地区的信息化建设资金分配，协调企业间信息资源的整理和存储，保证资源的共享。

（一）切实加强“规划者”的作用

房地产行政管理部门作为房地产业信息化建设的“规划者”，首先，要统一规划、统一指导，设立信息化的标准规范，这样有利于避免低水平的重复开发，促进房地产信息的共建和共享。信息化的标准规范包括：信息指标体系标准化、信息分类编码标准化、信息交换接口标准化。目前，山西省的这些标准规范还很不完善，仅仅存在房地产交易和权属登记管理规范，房地产估价技术标准，房屋测量技术标准等，对于包括文字、数据、图形、表格等的技术标准需要加紧制定。其次，要强化房地产管理人员的创新意识和管理水平。房地产行政管理部门要通过国际间发展差异、省区间发展差异的比较分析得出山西省房地产业信息化发展的现状以及对山西省经济发展的制约程度，要使山西省房地产管理机构的领导清楚地认识到房地产业信息化的重要性和必要性。在发展中，要充分发挥后发优势，积极借鉴先进成功的经验，结合山西省实际情况勇于创新，开拓有特色、适省情的发展方式，并不断提供管理人员的管理水平。

另外，房地产行政管理部门还要保证地区之间信息化发展的平衡协调。由于山西省不同地区房地产业的信息化程度存在明显差异，制约着整体水平的全面提升，因此，必须严格管理各地区的信息化发展水平，及时督促和支持信息化发展落后地区按照统一规划目标推进建设进程。

（二）务必实现“监督者”的任务

房地产行政管理部门作为房地产业信息化建设的“监督者”，要适时监督房地产企业的信息化建设质量和进程，保证企业信息化的稳扎稳打，而不是徒有虚名。尤其对于那些政府有资金支持的地区或企业更要严格监控，保证分配资金的按时到位使用，保证建设质量的稳步有效提升，保证建设进度的合理有序推进。

同时，房地产行政管理部门还要监督企业信息发布的内容和信息传输的安全性，保证涉及业务密级的数据不得在互联网上发布，要通过权限控制、存储和传输加密以及电子签名等安全控制技术确保信息在存储、处理等环节的机密性、完整性和可用性。

（三）努力充当“协调者”的角色

房地产行政管理部门作为房地产业信息化建设的“协调者”，首先，要协调企业间信息资源的整理和存储，要坚决杜绝房地产信息化建设中出现的企业各自为政、一盘散沙的局面，避免信息资源的重复搜集整理和冗余存储造成的资源浪费，有效协调企业间资源的共享。其次，要协调各地区的信息化建设资金分配。山西省房地产业信息化水平的提升必须依靠11个地区的共同发展，而不是部分地区建设过度，而其他地区建设严重不足。因此，房地产行政管理部门要根据各地区的发展现状进行资金的合理分配，保障房地产业信息化建设的顺利推进。

三、山西省政府对于房地产业信息化发展的引导与支持

（一）大力宣传信息化建设的重要性

房地产业信息化建设是一项高投资、高风险、见效慢的项目，多数房地产企业没有动力和积极性去投资建设，为此，山西省政府要大力宣传信息化建设的重要性，提高对企业信息化建设的支持力度，从而降低房地产企业在信息化建设过程中面临的高风险，增强企业领导人对信息化的认识和提高建设的积极性。

（二）不断增加信息基础设施的投资

政府要在城市信息基础设施建设方面加大投资。房地产业的信息化离不开城市信息网络的建设，政府要在城市公共信息设施建设上增加投资，同时要对房地产企业的信息化建设相关项目在贷款利率上给予一定的优惠，这样可以加快信息化建设的进程。

（三）适时监督官方网站的动态更新

房地产官方网站的设立主要是为企业和居民提供最新的政策法规、楼盘租售、行业动态、企业信用档案等信息，如果这些信息得不到及时更新，则网站形同虚设，不但起不到传递信息的作用，而且还可能会误导人们的决策。所以，对于房地产行政管理部门设立的网站，政府要对信息的实时动态更新进行必要的监督，以奖惩的方式来督促房地产行政管理部门的网站建设工作。

第七章　房地产业可持续发展评价

房地产业是社会发展和经济发展的一把“双刃剑”。社会发展是目的，经济发展是手段，而房地产是社会发展和经济发展的统一，也是目的和手段的统一。从世界城市化进程来看，城市化是世界经济发展不可逆转的潮流。而城市化的结果，一方面，城市人口不断增加，需要更多的住房以解决居住问题，需要更多的厂房、办公楼等生产营业性用房以解决生产就业问题；另一方面，城市规模在不断扩大，耕地等土地面积在不断减少，即城市化的发展最终必然是房地产业发展的问题。房地产业必须和可持续发展的概念连接起来，才能积极稳妥地推进城市化进程，才能保证经济的繁荣昌盛和社会的安定团结。

第一节　房地产业可持续发展概述[①]

房地产业作为我国国民经济的基础性、先导性和支柱性行业，关系国计民生，必须坚持可持续发展战略。房地产业可持续发展应包括两个方面的含义：一是指房地产业的发展既要满足当代人对各种房地产品的要求，又要满足子孙后代未来发展的需要，其中包括土地资源的永续利用、住宅业的稳定协调发展、人居环境的改善等。二是既要保持产业自身不断增长，又要与社会以及国民经济其他产业协调发展，主要包括社会的公平性；资源开发利用的可持续性，如土地资源、空间资源、建材资源利用的可持续性；产业发展的协调性，等等。简而言之，房地产业可持续发展就

① 本节的主要研究结果见赵华平和张所地合著的《论中国房地产业的可持续发展》，发表于《技术经济》2006 年第 4 期第 5~11 页。

是要实现房地产业与经济、社会、资源、环境的协调发展。

一、我国房地产业可持续发展面临的问题

我国房地产业在带动国民经济增长、维持社会安定团结方面做出了重要贡献，但是，在发展中仍然存在一些问题，诸如房地产业粗放型的“重复建设”，不仅耗费了大量的资源，而且加剧了环境的污染；房地产开发的短期行为造成的生态环境破坏等。这种忽略远景目标而只注重近期效益的房地产业的发展，给资源、社会、经济和生态环境带来了极大的压力或者破坏。因此，在城市化潮流不可逆转的情况下，必须改变传统的思维模式和发展方式，实现房地产业与经济、社会、资源、环境的协调发展，即坚持走房地产业可持续发展的道路。

从目前来看，我国房地产业可持续发展面临的问题具体表现在以下四个方面：

（一）资源缺乏，特别是地面资源缺乏，而且存在资源的浪费与流失

对于我国这个人口众多、地大物博的国家来说，资源总量相对丰富，但是人均资源却相对贫乏，如地面资源只相当于世界平均水平的1/4~1/3，水资源相当于世界平均水平的1/8，草地资源等都是相对贫乏的。其中地面资源中的土地和水资源人均量严重不足，而且，由于开发失控和无序发展，导致土地资源的大量浪费和国有资产的大量流失。

（二）房地产开发中的短期行为，对生态环境造成破坏

当前，我国的许多开发单位在工程建设项目中，片面追求经济效益，致使建筑密度过高、容积率过高，缺少绿色空间，一些房地产开发建设忽视对生态环境的保护与建设。

（三）房地产业发展与金融业关系尚未理顺，房地产开发缺乏稳定的资金来源

房地产金融基础体系欠完备，国外发达市场经济国家住房消费信贷一般占到整个房地产信贷总额的70%左右，而中国消费信贷占房地产信贷的

比例不到10%，仅占银行全部贷款总量的1%。实现可持续发展是中国房产业面临的一项战略任务。

（四）资源的透支，包括空间性透支和时间性透支

长期以来金融信贷一直是制约房地产业发展的关键因素，房地产业进一步发展一直面临资金来源、期限错配、资金流动性等的约束。为实现房地产业的可持续发展，必须完善房地产金融体系，着手研究建立住房抵押贷款二级市场，实现抵押贷款的证券化，将一、二级市场作为一个整体纳入金融大循环，打通房地产市场与资本市场的联系。根据统计，世界个人住房贷款占全社会贷款比为20%，但我国却只有1.6%。鉴于我国房地产业有效需求不足的现状，房地产金融信贷应更多地向消费信贷转移，实现房地产业的生产—消费的良性循环。

二、我国房地产业可持续发展的对策建议

（一）要不断加强信息技术，尤其是3S技术的应用

要实现房地产业的可持续发展，离不开科学技术的支撑。没有科学指导，即使出于美好的愿望，也常会顾此失彼，造成资源浪费或环境破坏。自1998年美国副总统戈尔提出数字地球以来，3S技术已经广泛应用于全球的各个领域，并取得了巨大的成就，尤其是GIS技术的成熟发展，使得人们能够更方便、及时地获取地形、土壤类型、气候、植被、土地利用变化等地理信息，应用空间分析与虚拟现实技术，模拟人类活动对生产和环境的影响，制定房地产业的可持续发展对策。因此，中国要想推动房地产业和经济的可持续发展，也必须顺应时代的潮流，利用先进的地理信息系统，及时获取城市的各种动态变化，以提供强大的技术支撑。

（二）合理利用土地资源，避免浪费

土地资源是房地产业发展的命脉。但土地资源是有限的，不可再生的。土地资源的永续利用是实现房地产业可持续发展的物质基础，也是房地产市场发展与人居环境改善的基本前提，对于有限的土地资源，要按照可持续原则开发利用。在中国的城市化进程中，房地产开发通常是对城市

边缘土地进行开发，因此要注意保护好这一地区的农用地，防止过多的农用地成为城市建设用地。农用地转变为非农用地必须符合土地利用规划的规定，有关的政府部门应该严格把关。对于已经成为城市建设用地的农用地，要提高其使用效率。严格执行《城市房地产管理法》有关规定，即对未投资开发或投资未达到一定比例的土地，严禁转让；在一定时间内不进行投资的，政府应无偿收回，从根本上抑制炒地皮、哄抬地价现象的发生；要根据城市规划，对各类用地及郊区新入市的农用地合理配置，以实现土地资源高效配置。

（三）重视环境保护，维护生态平衡

房地产业发展要与环境发展相协调。生态保护水平的差异，将会极大地影响房地产的价值，房地产生态价值的实现是房地产可持续发展的必然要求。因此，要在开发的同时做好生态环境的保护和建设，使房地产业成为城市生态经济的有机组成部分。在开发的过程中要做好生态环境的保护和建设，塑造环境优美、和谐的社区。如积极发展立体绿化、屋顶绿化，建设“屋顶花园”、“空中林荫道”；提高建筑质量，提高住宅的高舒适度和微能耗性等。

提高城市土地的生态经济效益，保证高科技、居民住宅、环境设施等的用地，特别是作为净化空气、噪声、辐射等的绿化面积，要保证有一定的覆盖率。房地产开发应严格控制建筑密度，规定较宽的建筑间距，改善人类住区的生态环境。

（四）完善房地产金融体系

建立健全房地产金融市场，优化融资结构。金融业的合理支持是房地产业可持续发展的关键，采取有效措施促进金融业与房地产业的互动、互利。一是发展房地产金融组织机构，组建全国性房地产银行、土地银行、住宅银行，逐步形成一个较完善的房地产金融市场网络，规范房地产金融的运作。二是适度放开金融市场，优化企业融资结构。适度放开金融市场就是要将房地产市场培育成一个具有多样化市场活动主体、多层次多适应性的金融商品系列、种类和机构具有广泛多样性的金融服务体系的资金融通场所。三是以居民为中心来构造住房金融体系。将融资重点放在住房消费者身上，是符合市场经济要求的融资格局，把各类房改资金统一存储，

建立政策性和商业性并存的住房金融体系，为居民发放低息、年限较长，属于政策性的住房抵押贷款。四是建立房地产抵押、拍卖和信用保险制度，降低银行对开发商和居民贷款的风险，提高抗风险能力。

第二节 房地产业可持续发展评价体系的构建

房地产业可持续发展要求房地产业的发展不能追求经济增长的单目标模式，而是要在整个社会效益不断增加、在环境可承载的限度下和合理运用资源的前提下稳步推进，即同经济、社会、资源、环境协调发展的多目标模式。因此，房地产业可持续发展评价体系的构建不仅要包括房地产业的经济效益，即房地产业对国家 GDP 的贡献率和对相关产业的带动率，而且要包括房地产业的资源利用效益、社会效益和环境效益。资源利用效益主要考虑房地产开发引起的农业用地被征面积的变化和开发建设中土地是否被有效利用，社会效益应考虑随着房地产业的发展，当地居民的居住及就业条件是否得到提高和改善，而环境方面则体现在对环境的保护和城市建设的优化上。

一、房地产业可持续发展评价指标选择的原则

（一）科学性

房地产业可持续发展评价指标体系中的每个指标要有准确的名称、定义、解释和计算方法，且在一些统计数据库中能找到相对应的数据资料，以便进行实证分析，这样才能保证指标的科学性、真实性和规范性。

（二）系统性

房地产业的可持续发展涉及经济、社会、环境和资源四个方面，因此在指标体系的选取上必须包含有反映这些系统发展的指标，同时，还要求有反映这四个系统相互作用与联系的整体性指标。

（三）空间与时间协调、统一

房地产业可持续发展评价指标体系，要求在空间上能够反映经济、社会、环境和资源四个系统的关联性，在时间上要求保证每个指标都能搜集到其时间序列数据，这样才能根据历史、现在去预测未来，实现真正的可持续发展评价。

二、房地产业可持续发展评价指标体系

房地产业可持续发展就是要实现房地产业与经济、社会、资源、环境的协调发展，房地产业与经济、社会、环境、资源之间的相互关系如图7-1所示。房地产业可持续发展要解决的核心问题是房地产产业链中各环节如何协调来实现整个产业的健康稳定发展。因此，房地产业可持续发展评价指标体系也要结合房地产开发、房地产经营管理、房地产中介服务这三个环节来分析影响房地产业可持续发展的关键因素，保证每个环节都能

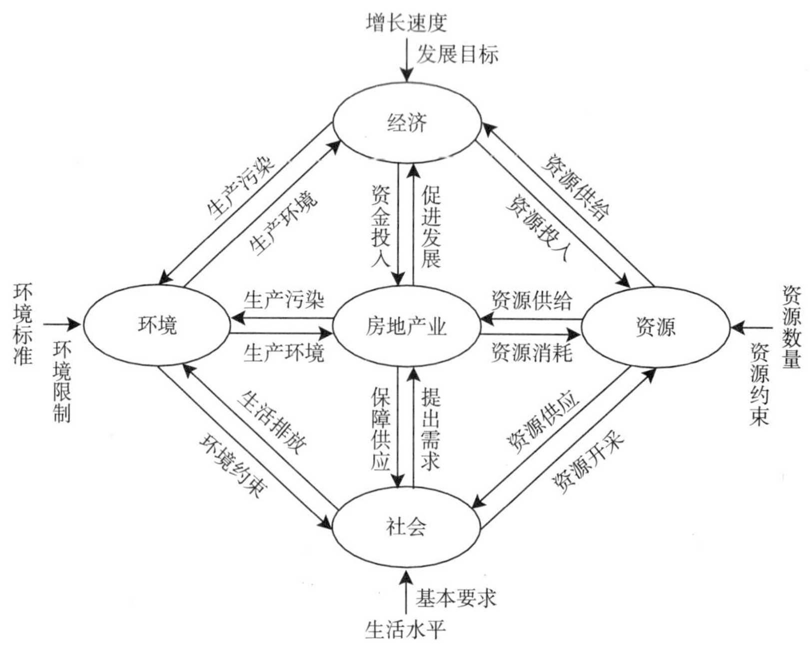

图 7-1 房地产业可持续发展系统结构

够在经济、社会、环境和资源等方面做到协调发展。

在房地产开发环节，经济方面主要分析房地产开发投入产出比率、房地产业增加值、房地产价格变动；社会方面主要分析房地产开发增加的就业人员数、实现的人均居住面积的变化、对地区房地产市场供求关系的影响；环境方面主要分析开发过程中造成的水污染、噪声污染程度和对垃圾及废水的处理能力、房地产开发小区绿化覆盖率、环保投入占 GDP 的比重；资源方面主要分析房地产开发引起的农业用地被征面积的变化、土地的利用效率、建筑的智能化水平。

在房地产经营管理环节，主要分析经营方式的经济效益和管理中所采用的高技术所带来的经济效益和社会效益，如基于 Google Earth 和 3S 技术的动态管理信息系统的利用，可适时采集房地产的各种数字化信息，不仅提高管理效率，带来较高的经济收益，而且能够有效防止囤地圈地行为的出现和政府官员受贿行为的发生，提高社会效益。

在房地产中介服务环节，主要分析各中介服务部门对资源和信息的共享能力带来的经济效益的提高。经营管理和中介服务环节重在对经济和社会效益的影响，如增加国内生产总值、解决就业人数等方面。

在遵循评价指标选择的原则的基础上，根据上面分析得出的各个环节的评价指标，按照经济、社会、环境和资源四个方面进行综合，可构建房地产业可持续发展评价指标体系，如表 7-1 所示。

表 7-1　房地产业可持续发展评价指标体系

系统指标	评价指标
经济效益指标	人均 GDP 、房地产业增加值占 GDP 的比重
社会效益指标	房地产业就业率提高程度、城镇居民居住条件改善程度
环境效益指标	城市人均公园绿地面积、城市用水普及率、城市燃气普及率、每万人拥有公共交通车辆 X_{34}、人均城市道路面积 X_{35}、建筑污水排放达标率、工业污染治理投资占 GDP 的比重
资源效益指标	农业用地被征面积增长率、土地利用率、房屋销售比例

上述指标体系中大多数指标可以直接从中国统计年鉴中找到相应的数据，但有些指标只能通过在统计年鉴中查找的相关指标进行计算才可获得。对于这些指标可利用如下公式计算得出。

$$房地产业就业率提高程度=\frac{第\ t\ 年的房地产业从业人员数}{第\ t-1\ 年的房地产业从业人员数}-1$$

$$城镇居民居住条件改善程度=\frac{第\ t\ 年的城镇人均使用面积}{第\ t-1\ 年的城镇人均使用面积}-1$$

$$建筑污水排放达标率=\frac{第\ t\ 年的建筑污水排放达标量}{第\ t\ 年的建筑污水排放总量}\times 100\%$$

$$农业用地被征面积增长率=\frac{第\ t\ 年征用土地面积}{第\ t-1\ 年征用土地面积}-1$$

$$土地利用率=\frac{第\ t\ 年完成的开发土地面积}{第\ t\ 年待开发的土地面积+第\ t\ 年购置的土地面积}\times 100\%$$

$$房屋销售比例=\frac{第\ t\ 年的房屋销售面积}{第\ t\ 年的竣工房屋面积+第\ t\ 年初的房屋空置面积}\times 100\%$$

第三节　基于动态灰色模型的山西省房地产业可持续发展评价[①]

山西省作为中部发展地区，凭借煤炭的资源优势，在经济发展中取得了显著成效，一定程度上带动了山西省房地产业的发展。同时，房地产业的发展又反作用于经济，促进了山西省经济水平的进一步提高，但是否对资源的耗损以及环境保护和社会效益存在正面影响，即是否坚持了可持续发展的道路，需要进行深入研究。下面通过构建山西省房地产业可持续发展评价模型，利用调查搜集到的统计数据，对山西省的房地产业可持续发展程度进行客观评价，以期为整个产业的健康发展提供建设性意见。

一、房地产业可持续发展评价模型的构建

设系统中共有 m 个指标（此处 m = 14），第 i 个子系统包含 m_i 个指标（此处 i = 1，2，3，4，分别表示经济子系统、社会子系统、环境子系统和

---

① 本节的主要研究结果见赵华平和张所地合著的《山西省房地产业可持续发展动态评价模型研究——基于动态灰色评价模型》，发表于《技术经济》2009 年第 7 期。

资源子系统），x_{ij} 表示第 i 个子系统中第 j 个指标的值，则对每一个指标可形成时间序列数据 $x_{ij}(1)$，$x_{ij}(2)$，…，$x_{ij}(n)$，（$i=1, 2, 3, 4$；$j=1, 2, \cdots, m_i$），n 表示搜集到的每个指标的时间长度。为了构建灰色评价模型，首先需要对于发展性指标（效益指标）和限制性指标（成本指标）的时间序列数据分别采用如下公式进行标准化处理。

发展性指标（效益指标）：$y_{ij}(t)=\dfrac{x_{ij}}{\max\limits_{1\leqslant t\leqslant n} x_{ij}(t)}$

限制性指标（成本指标）：$y_{ij}(t)=\dfrac{\min\limits_{1\leqslant t\leqslant n} x_{ij}(t)}{x_{ij}(t)}$

标准化处理后可得到如下时间序列数据 $y_{ij}(1)$，$y_{ij}(2)$，…，$y_{ij}(n)$（$i=1, 2, 3, 4$；$j=1, 2, \cdots, m_i$），则第 i 个子系统在时刻 t 的发展向量为：$Y_i(t)=[y_{i1}(t), y_{i2}(t), \cdots, y_{im_i}(t)]^T(t=1, 2, \cdots, n)$。

假设通过主成分分析法和线性规划结合形成的 PC-LP 耦合模型[①] 求得每个指标的权重为 $\lambda_{ij}(j=1, 2, \cdots, m_i)$，则有：$y_i(t)=\sum\limits_{j=1}^{m_i}\lambda_{ij}y_{ij}(t)(i=1, 2, 3, 4; t=1, 2, \cdots, n)$

之后，我们即可得到房地产业可持续发展向量为：

$Y(t)=[y_1(t), y_2(t), y_3(t), y_4(t)]^T(t=1, 2, \cdots, n)$

其中 y_1，y_2，y_3，y_4 分别代表房地产业的经济系统、房地产业的社会系统、房地产业的环境系统和房地产业的资源系统。

令 $y_i^{(0)}(t)=y_i(t)$，则上述时间序列数据转化为 $\{y_i^{(0)}(t)|i=1, 2, 3, 4; t=1, 2, \cdots, n\}$，于是，房地产业可持续发展向量转化为：

$Y_i^{(0)}(t)=[y_1^{(0)}(t), y_2^{(0)}(t), y_3^{(0)}(t), y_4^{(0)}(t)]^T(t=1, 2, \cdots, n)$

对该向量进行灰色转换：$y_i^{(1)}(t)=\sum\limits_{k=1}^{t}y_i^{(0)}(k)(t=1, 2, \cdots, n)$，则时间序列数据又转化为 $\{y_i^{(1)}(t)|i=1, 2, 3, 4; t=1, 2, \cdots, n\}$，对其构造动态 GM（1，4）方程去评价房地产业可持续发展程度。

$$\frac{dy_1^{(1)}(t)}{dt}=a_{11}z_1^{(1)}(t)+a_{12}y_2^{(1)}(t)+a_{13}y_3^{(1)}(t)+a_{14}y_4^{(1)}(t)$$

① 钱明，柳培文．环境质量综合评价最佳权重的确定．南京林业大学学报（自然科学版），2000，8（24）：78-80.

$$\frac{dy_2^{(1)}(t)}{dt} = a_{21}y_1^{(1)}(t) + a_{22}z_2^{(1)}(t) + a_{23}y_3^{(1)}(t) + a_{24}y_4^{(1)}(t)$$

$$\frac{dy_3^{(1)}(t)}{dt} = a_{31}y_1^{(1)}(t) + a_{32}y_2^{(1)}(t) + a_{33}z_3^{(1)}(t) + a_{34}y_4^{(1)}(t)$$

$$\frac{dy_4^{(1)}(t)}{dt} = a_{41}y_1^{(1)}(t) + a_{42}y_2^{(1)}(t) + a_{43}y_3^{(1)}(t) + a_{44}z_4^{(1)}(t)$$

上述公式中，a_{ii} 是第 i 个子系统的发展系数。若 $a_{ii} > 0$，则表明第 i 个子系统是可持续的；若 $a_{ii} = 0$，则表明第 i 个子系统的可持续性是依赖于其他子系统；若 $a_{ii} < 0$，则表明第 i 个子系统是不可持续的。a_{ij} 是代表第 i 个子系统和第 j 个子系统间的协调系数。若 $a_{ij} > 0$，则表明第 j 个子系统的发展对第 i 个子系统的发展具有正向的促进作用；若 $a_{ij} = 0$，则表明第 j 个子系统和第 i 个子系统之间不相关；若 $a_{ij} < 0$，则表明第 j 个子系统的发展对第 i 个子系统的发展具有负面的阻碍作用。若 $a_{ij} > 0$ 且 $a_{ji} > 0$，则表明第 j 个子系统的发展和第 i 个子系统的发展是协调的；若 $a_{ij} < 0$ 且 $a_{ji} < 0$，则表明第 j 个子系统的发展和第 i 个子系统的发展是不协调的；若 $a_{ij} > 0$ 而 $a_{ji} \leq 0$，则表明第 j 个子系统的发展对第 i 个子系统的发展具有正向促进作用，但第 i 个子系统的发展却对第 j 个子系统的发展具有负面阻碍作用。

二、山西省房地产业可持续发展评价实证分析

在上述构建的山西省房地产业可持续发展评价指标体系中，资源效益指标中的农业用地被征面积增长率为限制性指标，其余均为发展性指标。这里所选指标搜集到的时间序列数据为 1999~2009 年，因此 n = 11。按照上述标准化处理方法处理后，可得到房地产业经济、社会、环境、资源四个子系统的可持续发展向量，如表 7-2、表 7-3、表 7-4、表 7-5 所示。

表 7-2 经济子系统可持续发展向量

$Y_1(t)$	X_{11}	X_{12}
1999	0.2196	0.6789
2000	0.2387	0.7018
2001	0.2537	0.6836
2002	0.2856	0.6517
2003	0.3455	0.5984
2004	0.4251	0.5455

续表

$Y_1(t)$	X_{11}	X_{12}
2005	0.5806	1.0000
2006	0.6562	0.9751
2007	0.7873	0.9303
2008	0.9638	0.9560
2009	1.0000	0.9245

表 7-3　社会子系统可持续发展向量

$Y_2(t)$	X_{21}	X_{22}
1999	-0.0826	0.0793
2000	0.0998	1.0000
2001	0.0512	-0.0367
2002	-0.0491	-0.0463
2003	0.1844	0.0788
2004	0.0000	0.0672
2005	-0.0178	0.1589
2006	0.0180	0.0829
2007	0.1333	0.0733
2008	-0.0330	0.0484
2009	1.0000	-0.0021

表 7-4　环境子系统可持续发展向量

$Y_3(t)$	X_{31}	X_{32}	X_{33}	X_{34}	X_{35}	X_{36}	X_{37}
1999	0.4957	0.9785	0.8443	0.6516	0.6416	0.5575	0.3581
2000	0.5652	0.9764	0.8578	0.5577	0.6373	0.6906	0.7695
2001	0.8404	1.0000	0.9595	1.0000	1.0000	0.9053	0.4642
2002	0.3898	0.8360	0.6793	0.4518	0.4435	0.9653	0.5191
2003	0.5067	0.8185	0.6898	0.4899	0.4764	0.9719	0.3390
2004	0.6066	0.8635	0.7861	0.5660	0.5222	1.0000	0.7521
2005	0.7333	0.9106	0.7822	0.6243	0.5672	0.8941	0.6121
2006	0.8076	0.9034	0.8541	0.6813	0.6481	0.7687	1.0000
2007	0.8685	0.9375	0.9107	0.7872	0.6116	0.9844	0.8289
2008	0.9306	0.9406	0.9466	0.8145	0.6824	0.9552	0.9863
2009	1.0000	0.9619	1.0000	0.8430	0.7167	0.9184	0.6794

表 7-5 资源子系统可持续发展向量

$Y_4(t)$	X_{41}	X_{42}	X_{43}
1999	-2.9233	0.8682	0.3643
2000	-11.3962	0.7351	0.5137
2001	1.0000	0.4591	0.4755
2002	-5.0508	0.4944	0.5239
2003	1.6784	0.5067	0.5608
2004	-6.1967	0.5829	0.6669
2005	6.1544	0.4044	0.9105
2006	3.9881	0.5533	1.0000
2007	17.2006	0.5436	0.9834
2008	-10.3881	0.5672	0.0032
2009	2.1157	1.0000	0.0033

通过 PC-LP 耦合模型求得 4 个子系统下的每个指标的权重如表 7-6 所示。

表 7-6 山西省房地产业可持续发展评价指标权重值

子系统	经济		社会		环境							资源		
指标	X_{11}	X_{12}	X_{21}	X_{22}	X_{31}	X_{32}	X_{33}	X_{34}	X_{35}	X_{36}	X_{37}	X_{41}	X_{42}	X_{43}
权重	0.78	0.22	0.35	0.65	0.27	0.14	0.1	0.15	0.17	0.09	0.08	0.12	0.59	0.29

经过灰色转换，构造动态 G（1，4）方程如下：

$$\frac{dy_1^{(1)}(t)}{dt} = -0.0209z_1^{(1)}(t) + 0.2780y_2^{(1)}(t) + 0.0784y_3^{(1)}(t) + 0.0242y_4^{(1)}(t)$$

$$\frac{dy_2^{(1)}(t)}{dt} = 0.0282y_1^{(1)}(t) + 0.2556z_2^{(1)}(t) + 0.0642y_3^{(1)}(t) + 0.0025y_4^{(1)}(t)$$

$$\frac{dy_3^{(1)}(t)}{dt} = 0.0057y_1^{(1)}(t) + 0.3365y_2^{(1)}(t) + 0.0578z_3^{(1)}(t) + 0.0189y_4^{(1)}(t)$$

$$\frac{dy_4^{(1)}(t)}{dt} = -0.1020y_1^{(1)}(t) + 0.3309y_2^{(1)}(t) + 0.1080y_3^{(1)}(t) + 0.0659z_4^{(1)}(t)$$

从上述模型中可以看出，山西省房地产业的社会子系统、环境子系统、资源子系统的发展均是可持续的，但经济子系统的发展却是不可持续的，说明山西省必须积极响应省委省政府的“转型跨越发展”战略思想，对产业结构进行调整，以加大第三产业来提升经济水平，保持经济的持

续增长。

经济子系统与社会子系统、环境子系统间是协调发展的，社会子系统与环境子系统、资源子系统也是协调发展的，环境子系统与资源子系统也是协调发展的，即它们之间是共同促进的作用。但经济子系统与资源子系统的发展是不协调的，即资源的可持续发展对经济的可持续发展具有正向促进作用，但经济的可持续发展对资源的可持续发展却具有负面阻碍作用。这正说明了保护资源的重要性，在房地产业发展中，不能过于追求房地产业带动国民经济发展，而要以保护资源可持续发展为前提条件推动经济发展。

第八章　结论与展望

信息技术使得房地产评估由传统的静态评估和手工外业勘测转化成了现代的动态预期评估和室内数字化作业。本书主要介绍了基于信息技术的房地产价格动态与预期评估方法、房地产业信息化发展评价体系、房地产业可持续发展动态灰色评价方法和基于这些方法的系统开发与应用研究，尝试性地对基于信息技术的房地产评估方法与应用进行了创新。

第一节　研究的基本结论

本书的研究主要围绕房地产价格评估、房地产业信息化发展评价和房地产业可持续发展评价三方面内容展开。主要研究结论如下：

一、基于信息技术的房地产价格评估方法与应用

信息技术改变了传统房地产价格评估的静态市场比较法和静态收益还原法，使得房地产价格评估可以有效利用价格或收益的历史数据，而不只是利用估价时点的静态数据进行评估，大大提高了评估结果的科学性和合理性。考虑到人们预期对房地产价格的重要作用，可以通过构建房地产价格预期评估模型来测度人们理性预期对房地产价格的影响效应。

在 GIS、RS、GPS、计算机技术、网络技术的支持下，以房地产价格动态评估方法为核心开发的城镇数字化地产评估系统和数字化房地产动态评估系统可以有效改善房地产评估的直观性和自动化，提高评估的效率，达到适时动态评估的目的。

二、房地产业信息化发展评价方法与应用

房地产业信息化建设水平直接影响着房地产业的可持续发展。本书从房地产业信息化建设内容出发，构建了包括信息基础设施建设状况、业务中信息技术的应用状况、信息产品开发建设情况、信息人员的引进与培训机制、信息的数字化处理状况和行政管理的信息化水平状况六个方面的评价体系。通过对山西省房地产开发企业、中介企业和物业公司三类房地产企业、智能化小区的开发建设和房地产管理部门的调研，对山西省房地产业信息化发展现状进行了客观分析，剖析了现存的问题，并相应地从政府、行政部门和房地产企业三大主体提出了未来的发展策略和建议。

三、房地产业可持续发展评价方法与应用

房地产业可持续发展是房地产业的必然选择。本书从我国房地产业可持续发展现状出发，分析了发展面临的问题，提出了发展的对策建议，指出要坚持房地产业与经济、社会、环境、资源的协调发展。通过分析房地产业与经济、社会、环境、资源之间的相互关系，构建了房地产业可持续发展评价指标体系。在此基础上，利用动态灰色评价模型对山西省房地产业可持续发展的现状进行了评价研究，为切实有效推进房地产业可持续发展提供了理论与方法参考。

第二节　有待进一步研究的问题

本书对于基于信息技术的房地产评价进行了方法上的创新与应用上的探讨，但是，在今后的研究工作中还需要对以下两方面内容进行更深入的研究。

一、房地产评价研究范围的进一步拓展

本书只是探讨了基于信息技术的房地产价格、房地产业信息化发展、房地产业可持续发展三大方面的评价方法与应用研究，但房地产投资风险评价对于政府、房地产管理者、开发商和消费者而言也是非常重要的，有必要开展基于信息技术的房地产风险评价方法与应用研究。面对目前政府对房地产市场宏观调控效果不尽如人意的现状，如何开展房地产宏观调控效果评价研究仍然是摆在我们面前的一个重要课题。因此，在今后的研究中需要向房地产投资风险评价与预警系统研究、房地产宏观调控效果评价研究等范围进一步拓展。

二、房地产预期特征价的评估研究

本书指出了预期对房地产价格的重要作用，并提出了房地产价格预期评估模型。该模型将理性预期纳入房地产价格评估中，改变了传统的忽略预期作用的静态评估方法，在一定程度上对房地产价格评估方法进行了创新研究。但是，该模型仍然无法分离房地产的预期特征价，因此，可以将城市规划形成的改善预期作为房地产价格的预期特征，以房地产现实特征和预期特征的历史数据纳入特征价格模型中，实现现实特征价与预期特征价的分离，实现房地产预期特征价的评估研究。

参考文献

1. Alan W. Evans. The Property Market: Ninety Per Cent Efficient? [J]. Urban Studies, 1995, 32 (1): 5-29.

2. Allen C. Goodman. Thomas G. Thibodeau, Where are the speculative bubbles in US housing markets? [J]. Journal of Housing Economics, 2008, (17): 117-137.

3. Andrey Pavlov, Susan Wachter. Subprime Lending and Real Estate Prices[J]. Real Estate Economics, 2011, 39 (1): 1-17.

4. Charles Goodhart, Boris Hofmann. Housing prices, money, credit and the macroeconomy [R]. ECB Working Paper, 2008.

5. Chen Xiuwan. Using remote sensing and GIS to analyse land cover change and its impacts on regional sustainable development [J]. International Journal of Remote Sensing, 2002, 23 (1): 107-124.

6. David Bywaters, D. Gareth Thomas. The Role of Price Expectations in the UK Housing Market [R]. University of Hertfordshire Business School Working Paper, 2009.

7. David R. Bowes, Keith R. Ihlanfeldt. Identifying the Impacts of Rail Transit Stations on Residential Property Values [J]. Journal of Urban Economics, 2001, 50 (1): 1-25.

8. Diane Hite, Wen S. Chern, Fred Hitzhusen, Alan Randall. Property Value Impacts of an Environmental Disamenity: The Case of Landfills [J]. The Journal of Real Estate Finance and Economics, 2001, 22 (2): 185-202.

9. Edwards K D. Prospect theory: a literature review[J]. International Review of Financial Analysis, 1996, 5 (1): 19-38.

10. Erik A. Hanushek, John M. Quigley. The Dynamics of the Housing Market: A Stock Adjustment Model of Housing Consumption. [J]. Journal of

Urban Economics, 1979, 6 (2): 90–111.

11. Florent Joerin, Marius Theriault. Andre Musy. Using GIS and outranking multicriteria analysis for land –use suitability assessment [J]. International Journal of Geographical Information Science, 2001, 15 (2): 153–174.

12. Franz Fuerst, Patrick McAllister. Green Noise or Green Value? Measuring the Effects of Environmental Certification on Office Values [J]. Real Estate Economics, 2011, 39 (1): 45–69.

13. Gao Zhiqiang, Deng Xiangzheng. Analysis on Spatial Features of Lucc Based on Remote Sensing and GIS in China [J]. Chinese Geographical Science, 2002, 12 (2): 107–113.

14. Gary Pivo, Paul McNamara. Responsible Property Investing [J]. International Real Estate Review, 2005, 8 (1): 128–143.

15. Gerrit J. Knaap, Chengr Ding. Lewis D. Hopkins. Do Plans Matter?: The Effects of Light Rail Plans on Land Values in Station Areas [J]. Journal of Planning Education and Research, 2001, 21: 32–39.

16. Ghebreegziabiher Debrezion, Eric Pels, Piet Rietveld. The impact of rail transport on real estate prices: an empirical analysis of the Dutch housing market [C]. Tinbergen Institute Discussion Paper, Free University, Berlin, 2006.

17. Giovanni Favaray, Zheng Song. House Price Dynamics with Dispersed Information [C]. Macro–International Seminar Discussion Paper, 2007.

18. Hao Zhipeng, Zhao Huaping. Study on Real Estate Investment Risk and Related Measures [J]. Proceedings of The International Conference on Management of Technology, 2009: 73–78.

19. Hong Harrison, Jeremy C. Stein. A Unified Theory of Underreaction, Momentum Trading, and Overreaction in Asset Markets [J]. Journal of Finance, 1999, 54 (6): 2143–2184.

20. Ioan Voicu, Vicki Been. The Effect of Community Gardens on Neighboring Property Values[J]. Real Estate Economics, 2008, 36 (2): 241–283.

21. J.A.Foster, A.T.McDonald. Assessing pollution risks to water supply

intakes using geographical information systems [J]. Environmental Modelling & Software, 2000, (15): 225-234.

22. Jian Zhou. Testing for Cointegration between House Prices and Economic Fundamentals [J]. Real Estate Economics, 2010, 38 (4): 599-632.

23. Jie Chen. Re-evaluating the Association between Housing Wealth and Aggregate Consumption: New Evidence from Sweden [J]. Journal of Housing Economics, 2006, 15 (4): 321-348.

24. Jie Zhang, Jianhua Wang, Aiyong Zhu. The relationship between real estate investment and economic growth in China: a threshold effect [C]. The Annals of Regional Science Discussion Paper, 2010.

25. Jim Clayton. Rational Expectations, Market Fundamentals and Housing Price Volatility [J]. Real Estate Economics, 1996, 24 (4): 441-470.

26. Jingyi Wu. Discussion on Evaluation of the Level of Real Estate Enterprise Informatization[J]. Information Technology, 2000, (6): 1-4.

27. Jon Strand, Mette Vȧgnes. The relationship between property values and railroad proximity: a study based on hedonic prices and real estate brokers'appraisals [J]. Transportation, 2001, (29): 137-156.

28. Joshua Gallin. The long-run relationship between house prices and income: evidence from local housing markets [R]. FEDS Working Paper, 2003.

29. Karl E. Case, Robert J. Shiller. Forecasting Prices and Excess Returns in the Housing Market [J]. Journal of the American Real Estate and Urban Economics Association, 1990, 18 (3): 253-273.

30. Karl E. Case, Robert J. Shiller. The Efficiency of the Market for Single-family Homes [J]. American Economic Review, 1989, 79 (1): 125-137.

31. Khoon Lek Goh, Richard Downing. Modelling New Zealand Consumption Expenditure over the 1990s [R]. New Zealand Treasury Working Paper, 2002.

32. Laurence Broze, Ariane Szafarz. The Econometric Analysis of Non-Uniqueness in Rational Expectations Models [M]. Elsevier Science Ltd, 1991.

33. Liu Jianjun, Li Chunlai, and Wan Yingxin. An Agricultural Land Resource Assessment Study Based on GIS—An Example from Guiyang City [J].

Chinese Journal of Geochemistry, 2002, 21 (1): 79-88.

34. Luděk Chomát, Petr Malounek. Intelligent House and Its Environment Control System [J]. Proceedings of the 15th Conference Student EEICT, 2009, 3: 27-31.

35. Malpezzi Stephen, Wacher Susan M. The Role of Speculation in Real Estate Cycles [J]. Journal of Real Estate Literature, 2005, 13 (2): 143-164.

36. Michael Ball, Andrew Wood. Housing Investment: Long Run International Trends and Volatility [J]. Housing Theory and Society, 1999, (14): 185-209.

37. Michael Iacono, David Levinson. Location, Regional Accessibility and Price Effects: Evidence from Twin Cities Home Sales [R]. the 90th Annual Transportation Research Board Conference, 2011.

38. Michael Nwogugu. Psychological factors in property taxation and property appraisals in the US housing industry [R]. SSRN Working Paper, 2005.

39. Miles Keeping, David Shiers. Sustainable Property Development: A Guide to Real Estate and the Environment [M]. Blackwell Publishing, 2004.

40. Monica Paiella. The Stock Market, Housing and Consumer Spending: A Survey of the Evidence on Wealth Effects [R]. Bank of Italy Research Paper, 2008.

41. Muellbauer John, Murphy Anthony. Booms and Busts in the UK Housing Market [J]. The Economic Journal, 1997, 107 (445): 1701-1727.

42. Robert Cervero, Michael Duncan. Land Value Impacts of Rail Transit Services in San Diego County [R]. Report Prepared for National Association of Realtors Urban Land Institute, 2002.

43. Robert J. Shiller. Market Volatility [M]. Cambridge, Massachusetts: The MIT Press, 1989.

44. S. Kalogirou. Expert Systems and GIS: An Application of Land Suitability Evaluation [J]. Computer and Environment and Urban Systems, 2002, (26): 89-112.

45. Sa Chau Ho. Diane Hite. Economic Impact of Environmental Health Risks on House Values in Southeast Region: a County-Level Analysis [R].

The Annual Meeting of The American Agricultural Economics Association, 2004.

46. Shang Chunming, Wang Yaowu, Liu Hongyu. Study on the standard system of housing and real-estate industry information in China [J]. Journal of Harbin Institute of Technology (new series), 2004, 11 (3): 313-317.

47. Shang Chunming, Wang Yaowu, Liu Hongyu, Yang Hongtao. Study on the standard system of the application of information technology in China's construction industry[J]. Automation in Construction, 2004, (13): 591-596.

48. Stephen A. Samaha, Wagner A. Kamakura. Assessing the Market Value of Real Estate Property with a Geographically Weighted Stochastic Frontier Model [J]. Real Estate Economics, 2008, 36 (4): 717-751.

49. Sue-Jing Lin. The Marginal Willingness-to-pay of Star Public Elementary and Junior High School Districts in Taipei City [J]. Journal of Housing Studies, 2004, 13 (1): 15-34.

50. Sung-Hoon Sim, Byoung-Ky Chang. Stock and Real Estate Markets in Korea Wealth or Credit-Price Effect[J]. Journal of Economic Research, 2006, (11): 99-122.

51. Susan M. Wachter, Grace Wong. What Is a Tree Worth? Green-City Strategies, Signaling and Housing Prices[J]. Real Estate Economics, 2008, 36 (2): 213-239.

52. Thomas A. Downes, Jeffrey E. Zabel. The impact of school characteristics on house prices: Chicago 1987-1991 [J]. Journal of Urban Economics, 2002, 52 (1): 1-25.

53. Thomas Lützkendorf, David Lorenz. Sustainable Property Investment: Valuing Sustainable Buildings through Property Performance Assessment [J]. Building Research & Information, 2005, 33 (3): 212-234.

54. Wang Jinhui, Dou Kaibin. Informatization Construction of Project Management for Real Estate Enterprise Based on BPR [J]. Construction Economy, 2008 (12): 21-23.

55. William C. Wheaton. Real Estate "Cycles": Some Fundamentals [J]. Real Estate Economics, 1999, 27 (2): 209-230.

56. William H. Hoyt, Paul A. Coomes. Amelia M. Biehl. Tax Limits and

Housing Markets: Some Evidence at the State Level [J]. Real Estate Economics, 2011, 39 (1): 97-132.

57. Xia Li, Anthony Gar -On Yeh. Neural -network -based cellular automata for simulating multiple land use changes using GIS [J]. International Journal of Geographical Information Science, 2002, 16 (4): 323-343.

58. Yan Qin, Zhang Jixian. Integrated Application of RS and GIS to Agriculture Land Use Planning [J]. Geo-Spatial Information Science, 2002, 5 (2): 51-55.

59. Ye Sun, Na Liu. Empirical Research on the Relationship between Real Estate and Stock Price Fluctuation in China Based on VAR Model [J]. Knowledge Acquisition and Modeling, 2009: 398-401.

60. Yong Tu, Hua Sun, Shi-Ming Yu. Spatial Autocorrelations and Urban Housing Market Segmentation [J]. Journal of Real Estate Finance and Economics, 2007, 34: 385-406.

61. Yong Wu, Qiangguo Pu, Nikos E. Mastorakis. Evaluation of the Level of Real Estate Enterprise Informatization [J]. WSEAS Transactions on Computers, 2003, 4 (2): 1242-1246.

62. Zhang Suodi, Ji Yingdong, Zhao Huaping. Exploitation and Study of the Appraisal System for Digitized Urban Landed Property [J]. Proceedings of 2003 International Conference on Management of e -Commerce and e -Government, 2003: 284-288.

63. ZHAO Huaping, YUAN Baorong. Analysis on Effect of Financial Environment on Real Estate Price Based on ECM [J]. Proceedings of The International Conference on Management of Technology, 2010, (1): 512-519.

64. 常乐，陈宏盛，景宁. 基于 Internet 的地理信息系统实现方式 [J]. 计算机工程与应用，2002，(3)：219-221.

65. 陈灿煌. 房价上涨与城市居民收入差距的关系 [J]. 统计与决策，2007，(22)：87-89.

66. 陈淮. 2010 蓝筹地产峰会报告 [R]. 2010.11.

67. 陈艳艳，宋健民. 基于地理信息系统及遗传算法的道路规划[J]. 计算机工程与应用，2002，(3)：21-22.

68. 迟旭锋，陈煜红. 基于 AHP 的房地产企业信息化优先序评价[J].

现代管理科学，2007，（8）：53–55.

69. 党洪亮，王振军，杨广云. C/S 与 B/S 体系结构在信息查询系统中的应用［J］. 信息技术，2002，（3）：32–33.

70. 丁攀，胡宗义. 股价与房价波动对居民消费影响的动态研究［J］. 统计与决策，2008，（15）：106–108.

71. 杜雪君，黄忠华，吴次芳. 房地产税、地方公共支出对房价影响——全国及区域层面的面板数据分析［J］. 中国土地科学，2009，23（7）：9–13，19.

72. 段忠东. 房地产价格与通货膨胀、产出的关系——理论分析与基于中国数据的实证检验［J］. 数量经济技术经济研究，2007，（12）：127–139.

73. 方志祥，黄全义，罗年学. 房地产管理信息系统特征及开发方案浅析［J］. 测绘通报，2001，（8）：43–44.

74. 冯群科，唐根年，王逸芬. 商品住宅价格与城市人居环境关系的定量研究——以杭州市区为例［J］. 生态经济（学术版），2007，（5）：336–338.

75. 高苛，刘长滨. 基于预期理论的住宅市场价格调控模型及其仿真分析［J］. 土木工程学报，2008，41（4）：95–99.

76. 谷晓玉，王卫安. 基于 GIS 技术的房地产估价系统［J］. 微型电脑应用，2003，19（9）：28–30.

77. 国家发展和改革委员会. 促进中部地区崛起规划［EB/OL］. 2010.8.

78. 郝前进，陈杰. 到 CBD 距离、交通可达性与上海住宅价格的地理空间差异［J］. 世界经济文汇，2007，（1）：22–35.

79. 何国栋，张岩. 利用 3S 技术进行土地利用现状变更［J］. 电脑开发与应用，2002，15（8）：27–30.

80. 何鸣，柯善咨，文嫣. 城市环境特征品质与中国房地产价格的区域差异［J］. 财经理论与实践，2009，30（2）：97–103.

81. 赫晓慧，常庆瑞，高亚军，贾科利. 基于 3S 技术的土地资源动态监测系统设计与建立［J］. 水土保持通报，2002，22（6）：52–55.

82. 洪涛，高波. 中国股价与房价关系分析：2001–2006［J］. 价格理论与实践，2007，（1）：64–65.

83. 胡慧萍. 货币政策的实施对房地产市场影响的实证分析［J］. 济南金融，2007，（3）：20–22，28.

84. 胡学锋. 房地产业可持续发展指标研究［J］. 统计研究，2000，（3）：48-52.

85. 胡宗义，刘亦文，戴钰. 基于 MTV 模型的中国房价与股价动态关系研究［J］. 统计与信息论坛，2009，24（6）：77-82.

86. 黄曼慧，黄小彪. 关于推进房地产业信息化建设的思考［J］. 中国房地产金融，2002，（12）：40-44.

87. 黄曦. 中国房地产业信息化发展的研究［D］. 重庆大学硕士学位论文，2008.

88. 黄瑜. 土地价格、居民收入对商品住宅价格影响的动态分析——基于状态空间模型的实证［J］. 经济与管理研究，2010，（10）：24-28.

89. 黄照强. 3S 的集成与一体化数据结构分析［J］. 地质与勘探，2001，37（5）：53-55.

90. 金一鸣，徐鑫鑫. 提高存款准备金率对房地产市场的影响及对策［J］. 辽宁工程技术大学学报（社会科学版），2006，8（6）：581-583.

91. 况伟大. 预期、投机与中国城市房价波动［J］. 经济研究，2010，（9）：67-78.

92. 况伟大. 住房特性、物业税与房价［J］. 经济研究，2009，（4）：151-160.

93. 赖明. 房地产企业信息化与数字社区［M］. 北京：中国建筑工业出版社，2002.

94. 李鹤元，朱文忠，王轩. 基于 Internet 的地理信息系统的设计与实现［J］. 测绘学院学报，2002，19（2）：131-133.

95. 李郇，符文颖. 城市政府基础设施投资在住宅市场的资本化考察——基于广州价格数据的 Hedonic 模型［J］. 地理研究，2010，29（7）：1269-1280.

96. 李磊，王博. 城市公共资源对无锡市房地产价格的影响研究［J］. 资源开发与市场，2010，26（9）：794-798，802.

97. 李堂军，李菁，王建奎. 青岛市房地产业可持续发展能力的综合评价与对策［J］. 山东科技大学学报（社会科学版），2007，9（4）：43-48.

98. 李一宁，汪泉弟，何为. 基于 C/S 和 B/S 混合模式的电能管理信息系统［J］. 重庆大学学报，2003，26（6）：56-59.

99. 李玉英. 地产价格评估的实证与创新［M］. 北京：中国财政经济出

版社，1999.

100. 李志，周生路，张红富等. 基于 GWR 模型的南京市住宅地价影响因素及其边际价格作用研究［J］. 中国土地科学，2009，23（6）：20-25.

101. 梁以德，徐佳娜，崔咏芯. 住宅市场价格波动的异质有限预期模型［J］. 应用数学和力学，2009，30（10）：1223-1233.

102. 梁勇，梁阜，刘颖杰，李希灿，邱健壮. 房地产评估系统的研究［J］. 山东农业大学学报（自然科学版），2001，32（4）：461-466.

103. 梁云芳，高铁梅，贺书平. 房地产市场与国民经济协调发展的实证分析［J］. 中国社会科学，2006，（3）：74-84.

104. 梁云芳. 我国经济转轨时期房地产增长周期波动——特征、成因和结构变化的计量分析［D］. 东北财经大学博士学位论文，2007.

105. 廖开际，奚建清. 城市综合地下管线信息系统开发模式与关键技术［J］. 计算机工程与科学，2002，24（6）：61-64.

106. 林增杰. 网络时代的房地产业［M］. 天津：天津大学出版社，2000.

107. 刘丹，霍德明. 基于时空模型的中国房价收入关系研究［J］. 中国经济问题，2010，（6）：3-10.

108. 刘光. 地理信息系统二次开发教程——组件篇［M］. 北京：清华大学出版社，2003.

109. 刘南，刘仁义. 基于 MapXtreme 的互联网地理信息系统开发与实现［J］. 浙江大学学报（理学版），2000，27（5）：573-577.

110. 柳开洋，韩道苑，马爱民. Web Browser/Server 方式的 GPS 车辆管理系统的设计与实现［J］. 计算机工程与科学，2001，（4）：127-129.

111. 龙胜平，王仁武. 房地产业信息化［M］. 上海：上海人民出版社，2002.

112. 陆绍波. 城市房地产信息化基础框架研究［D］. 同济大学硕士学位论文，2006.

113. 罗云启，曾琨，罗毅. 数字化地理信息系统建设与 MapInfo 高级应用［M］. 北京：清华大学出版社，2003.

114. 骆祚炎. 城镇居民金融资产与不动产财富效应的比较分析［J］. 数量经济技术经济研究，2007，（11）：56-65.

115. 马茜桦. 可持续发展评价指标体系的设计［J］. 统计与决策，

2006，(11)：31-33.

116. 马智利，黄曦. 我国房地产业信息化及其标准体系的研究［J］. 高科技与产业化，2008，(5)：86-88.

117. 钱明，柳培文. 环境质量综合评价最佳权重的确定［J］. 南京林业大学学报（自然科学版），2000，8（24）：78-80.

118. 强林飞，贺娜，吴诣民. 中国银行信贷、房地产价格与宏观经济互动关系研究——基于 VAR 模型的实证分析［J］. 统计与信息论坛，2010，25（9）：75-80.

119. 秦梓华. 我国房地产市场与货币供给量关系的实证研究［J］. 甘肃联合大学学报（社会科学版），2006，22（3）：33-36.

120. 任荣荣，刘洪玉. 土地供应对住房价格的影响机理——对北京市的实证研究［J］. 价格理论与实践，2007，(10)：40-41.

121. 任维春，王建卫，王歧岭. 综合利用 3S 技术监测土地利用变化［J］. 遥感信息，2000，(3)：117-123.

122. 山西省委. 中共山西省委关于制定国民经济和社会发展第十二个五年规划的建议［EB/OL］. 2010.12.

123. 邵黎霞. 基于 ANNGIS 预测地价的探讨［J］. 测绘通报，2000，(7)：4-6.

124. 沈悦，刘洪玉. 住宅价格与经济基本面：1995-2002 年中国 14 城市的实证研究［J］. 经济研究，2004，(6)：78-86.

125. 沈悦，卢文兵. 中国股票价格与房地产价格关联性研究［J］. 当代经济科学，2008，30（4）：87-92，127.

126. 沈悦，周奎省，张金梅. 异质有限理性预期与住宅价格动态反馈机制系统仿真［J］. 经济理论与经济管理，2010，(9)：20-28.

127. 施建刚，黄耀明. 基于模糊数学的房地产评估实务［J］. 东南大学学报（哲学社会科学版），2002（4）：30-33.

128. 石忆邵，张蕊. 大型公园绿地对住宅价格的时空影响效应——以上海市黄兴公园绿地为例［J］. 地理研究，2010，29（3）：510-520.

129. 石志宽，刘友兆. 农用地定级估价成果发布系统的实现［J］. 现代测绘，2003，26（4）：43-45.

130. 史文中，贺志勇，张肖宁. 浅析 3S 技术集成与公路交通建设［J］. 测绘通报，2003，(3)：12-15.

131. 宋勃，高波. 利率冲击与房地产价格波动的理论与实证分析：1998-2006［J］. 经济评论，2007，（4）：46-56.

132. 孙芸，聂琦波. AHP 法在房地产价格评估中的应用研究 ［J］. 南京建筑工程学院学报，2001，（4）：84-90.

133. 王德，黄万枢. 外部环境对住宅价格影响的 Hedonic 法研究——以上海市为例［J］. 城市规划，2007，31（9）：34-41，46.

134. 王琳. 城市轨道交通对住宅价格的影响研究——基于特征价格模型的定量分析［J］. 地域研究与开发，2009，28（2）：57-61，70.

135. 王乃合. 房地产价格变动对城市居民消费的影响研究 ［D］. 南开大学博士学位论文，2009.

136. 王松涛，刘洪玉. 土地供应政策对住房供给与住房价格的影响研究［J］. 土木工程学报，2009，42（10）：116-121.

137. 王要武. 房地产业信息化的现状与发展［J］. 建设科技，2002，（2）：43-45.

138. 吴冬梅，郭忠兴，陈会广. 城市居住区湖景生态景观对住宅价格的影响——以南京市莫愁湖为例［J］. 资源科学，2008，30（10）：1503-1510.

139. 吴公，龙奋杰. 中国城市住宅价格与居民收入关系的定量研究［J］. 土木工程学报，2005，38（6）：132-136.

140. 吴宇哲. 基于 GIS 的城市住宅价格时空演变规律探索及其应用研究 ［D］. 浙江大学博士学位论文，2005.

141. 伍冠玲，刘伯平. 谈灰色趋势法在房地产评估中的应用［J］. 房地产评估，2002，（4）：14-15.

142. 谢建春. 多层次模糊综合评判法在宗地估价中的应用［J］. 经济数学，2002，19（2）：64-67.

143. 徐涵秋，涂平，肖桂荣. 基于 3S 技术的县级土地资源动态监测技术系统［J］. 遥感技术与应用，2000，15（1）：22-27.

144. 徐新良，庄大方等. 基于 3S 技术的土地利用/土地覆盖变化野外采样框架设计——以东北地区黑龙江省为例 ［J］. 遥感技术与应用，2002，17（3）：135-139.

145. 徐莹. 大学对周边住宅价格影响范围的实证研究 ［J］. 中国物价，2009，（4）：39-41，45.

146. 许军，秦云，陈逸君. 上海点式住宅南北朝向价格差异分析［J］.

上海房地，2009，（1）：31-33.

147. 杨力. 基于 BP 神经网络的城市房屋租赁估价系统设计［J］. 中国管理科学，2002，10（4）：23-27.

148. 杨兆廷，庞如超. 从紧的货币政策对房地产行业投资的影响分析——基于存款准备金率、利率的调控分析［J］. 上海金融学院学报，2009，（1）：49-54.

149. 易金聪，张秀萍，宁正元. 基于 C/S 与 B/S 模式的管理信息系统的设计与实现［J］. 微型电脑应用，2003，19（4）：46-48.

150. 尹子民，初明畅. 城市房地产业可持续发展的实证分析与研究［J］. 中国管理信息化，2007，10（11）：31-32，33.

151. 袁炜. 广州市房地产业可持续发展评价研究［D］. 暨南大学硕士学位论文，2007.

152. 张飞舟，晏磊，孙敏. 基于 GPS/GIS/RS 集成技术的物流监控管理［J］. 系统工程，2003，21（1）：49-55.

153. 张怀莉. 基于 Web GIS 的房地产信息发布系统［J］. 测绘工程，2002，11（1）：28-31.

154. 张继贤，程烨. 3S 技术支持的土地利用现状图更新［J］. 中国土地科学，2002，16（1）：20-25.

155. 张娟锋，刘洪玉. 住宅价格与土地价格的城市差异及其决定因素［J］. 统计研究，2010，27（3）：37-44.

156. 张仁开. 我国房地产业信息化建设态势、问题及对策［J］. 住宅产业，2009，（1）：22-24.

157. 张所地，吉迎东. 城镇数字化地产评估系统及应用［J］. 山西财经大学学报，2003，25（3）：104-106.

158. 张所地，李怀祖. 城市土地定级估价综合模型［J］. 中国土地科学，1998，12（5）：21-24.

159. 张所地，王拉娣. 影响城市地价最优因素组合的选择及权重确定［J］. 数理统计与管理，2002，21（2）：1-3.

160. 张所地，赵华平. 不动产静态与动态评估方法［M］. 北京：中国科学技术出版社，2005.

161. 张所地，赵明伟，吉迎东，赵华平. 房地产管理信息系统［M］，大连：东北财经大学出版社，2006.

162. 张所地. 不动产动态评估 [M]. 北京：中国物价出版社，1999.

163. 张所地. 房地产预期评估方法及技术 [M]. 北京：中国物资出版社，2002.

164. 张夕琨，缪小林. 我国房地产价格与居民可支配收入关系的实证分析 [J]. 昆明理工大学学报（理工版），2007，(3)：104-107，112.

165. 张协奎，李树丞，成文山等. 基于人工神经网络的建筑物成新度评估 [J]. 中国管理科学，2000，8 (2)：7-14.

166. 张协奎，彭岳平. 灰色系统理论在地价评估中的应用 [J]. 房地产评估，2000，(8)：20-27.

167. 张宇，吴璟，刘洪玉. 中国住房信贷政策对城市住房价格的影响 [J]. 清华大学学报（自然科学版），2010，50 (3)：466-469.

168. 赵华平. 基于3S的不动产动态评估系统开发模式研究 [D]. 山西财经大学硕士学位论文，2004.

169. 赵华平，张所地. MapX在城镇数字化地产评估系统中的应用 [J]. 山西财经大学学报（高等教育版），2004，7 (3)：68-71.

170. 赵华平，张所地. 房地产业信息化评价指标体系的构建 [J]. 科技管理研究，2011，31 (2)：209-211.

171. 赵华平，张所地. 房地产价格预期评估模型研究 [J]. 中国房地主（学术版），2011，(5)：33-36.

172. 赵华平，张所地. 高速公路工程不动产价值评估动态收益还原法研究 [J]. 工业技术经济，2011，(9)：10-13.

173. 赵华平，张所地，吉迎东. 动态地理信息系统的构建及其在地产评估中的应用 [J]. 太原科技大学学报，2006，27 (3)：181-184.

174. 赵华平，张所地. 居民收入异质预期对房地产价格影响的实证研究 [J]. 统计与决策，已录用。

175. 赵华平，张所地. 论中国房地产业的可持续发展 [J]. 技术经济，2006，(4)：5-6，11.

176. 赵华平，张所地. 山西房地产业信息化发展的SWOT分析 [J]. 未来与发展，2011，(4)：107-109.

177. 赵华平，张所地. 山西省房地产业可持续发展动态评价模型研究——基于动态灰色评价模型 [J]. 技术经济，2009，28 (7)：57-61，86.

178. 赵华平，张所地. 住房价格变动对居民消费的影响效应研究——

基于山西省的实证分析［J］. 未来与发展，2010，（10）：56-61.

179. 赵文武，东野光亮，张银辉，贾炳浩. 3S 技术集成及其应用研究进展［J］. 山东农业大学学报（自然科学版），2001，32（2）：234-238.

180. 赵昕东. 中国房地产价格波动与宏观经济——基于 SVAR 模型的研究［J］. 经济评论，2010，（1）：65-71，97.

181. 郑应亨. 房地产业可持续发展及指标体系研究［D］. 重庆大学硕士学位论文，2003.

182. 周京奎，吴晓燕. 公共投资规模、居民支付意愿与住宅价格走势——基于中国 30 省市截面数据的实证检验［J］. 财贸研究，2008，（6）：53-61.

183. 周京奎. 货币政策、银行贷款与住宅价格——对中国 4 个直辖市的实证研究［J］. 财贸经济，2006，（5）：22-27.

184. 周京奎. 政府公共资本品供给对住宅价格的影响效应研究——来自天津市内六区的调查证据［J］. 经济评论，2008，（5）：50-58.

185. 宗臻铃. 基于人工神经网络的区域性房地产价格预测系统理论研究［J］. 房地产评估，2003，（3）：16-19.